Francesco Alberoni

Italien, Francesco Alberoni est né en 1929. Chercheur
spécialisé dans l'étude des émotions collectives et des
sentiments humains, il enseigne la psycho-sociologie
à l'université de Milan. Ses célèbres essais, comme
Le choc amoureux (1979), *L'érotisme, L'amitié, Le vol
nuptial, La morale,* ont été traduits dans dix-huit
langues. Il collabore également au prestigieux quotidien milanais *Il Corriere della Sera.*

JE T'AIME

FRANCESCO ALBERONI

JE T'AIME

Tout sur la passion amoureuse

PLON

TITRE ORIGINAL
Ti amo
Traduit de l'italien par Claude Ligé

© R.C.S. Libri & Grandi Opere S.p.A., Milan, 1996.
© Plon, 1997, pour la traduction française.
ISBN 2-266-08430-5.

CHAPITRE PREMIER

L'AMOUR ET LE COUPLE

Une science de l'amour

Il existe de nombreuses sortes d'amour : l'amour de
la mère, l'amour des frères et sœurs, l'amour des amis.
Mais nous parlerons de l'amour érotique, de la passion
amoureuse, de l'amour des amants, de l'amour des
époux, de l'amour du couple : l'amour qui nous fait
dire « je t'aime ». Nous essaierons de comprendre
comment il naît, quelles formes il prend, comment il
se développe, quelles difficultés il rencontre, pourquoi
il décline ou pourquoi il dure. Cet amour, en effet, peut
naître lentement de l'amitié ou apparaître soudainement comme un coup de foudre. Il peut s'agir d'un
engouement passager de quelques jours ou de quelques
mois. Ou bien il peut durer pendant de nombreuses
années et même toute la vie. Il peut être fait de sensualité brûlante ou de douce tendresse. Il peut rester une
passion insatisfaite ou s'épanouir dans un mariage. Il
peut être la source d'une idylle ou d'un conflit. Il peut
s'éteindre dans la monotonie ou, au contraire, conserver la fraîcheur frémissante des origines.

Celui qui aime, qui désire être aimé en retour, se
pose d'innombrables questions, car il sait que la passion, la jalousie, les rêves, les idéaux, l'érotisme et
l'amour peuvent rendre sa vie merveilleuse ou la transformer en un enfer. Les gestes qui nous rendent heureux ou les mots qui nous jettent dans le désespoir

viennent d'un très petit nombre d'êtres humains avec qui nous sommes liés d'une façon intense et essentielle[1]*. Le plus grand des triomphes peut être empoisonné par un mot méchant ou un manque d'attention de la personne aimée. Comment répondre à ces questions ? Il n'existe pas encore une théorie, une science de l'amour, une *érotologie*.

Et pourtant, le couple a pris une très grande importance dans le monde moderne. Autrefois, il y avait la famille étendue, il y avait la parenté. Aujourd'hui, les gens se marient parce qu'« ils s'aiment », parce qu'ils « sont amoureux » l'un de l'autre. Et ils restent ensemble aussi longtemps qu'ils continuent à s'aimer, aussi longtemps qu'ils se sentent toujours amoureux. Même les enfants ne constituent plus un motif suffisant pour rester unis, si l'« on n'est pas amoureux ». Pour cimenter l'union, il ne reste que le seul lien amoureux entre un homme et une femme. Et celui-ci unit deux individus beaucoup plus libres, riches et mûrs, chacun avec son propre réseau de relations, son travail, ses conceptions politiques et religieuses. Le couple est une unité dynamique, un creuset créatif dans lequel deux personnalités se fondent, s'allient, discutent et se complètent afin d'affronter un monde de plus en plus complexe. L'amour est le mordant de cette tension et de cette union.

Que signifie « je suis amoureux » ? Que signifie « je t'aime »[2] ? Certains disent qu'ils tombent continuellement amoureux, ou qu'ils ne cessent jamais de l'être. D'autres soutiennent, au contraire, qu'au cours d'une vie on ne peut vraiment tomber amoureux que quelques fois. Il arrive parfois qu'après avoir longuement parlé avec une personne, celle-ci nous avoue qu'elle a eu de nombreuses liaisons, mais un seul et unique grand amour. Les mots énamourement, amour, affection, tendresse, attachement, passion, attraction érotique ont des sens différents. Nous voulons mettre de

---

* Se reporter p. 349 pour les notes, où elles sont expliquées chapitre par chapitre.

8

l'ordre dans ce système d'expériences désordonné. Nous voulons créer les bases d'une véritable science de l'amour. Créer un catalogue des cas exemplaires, une typologie des formes d'amour, afin que chacun puisse se reconnaître en elles. Comprendre quels processus les ont déclenchées et quel est leur développement possible. Fournir un plan d'orientation, une explication, un guide.

Les liens amoureux

Il existe trois types de liens amoureux : les liens forts, les liens moyens et les liens faibles. Les *liens forts* sont ceux qui s'établissent pendant l'enfance entre l'enfant et ses parents, entre frères et sœurs. Les liens forts sont exclusifs. Personne ne peut prendre la place de notre père, de notre mère ou de notre enfant. Les liens forts résistent au changement du caractère ou à la modification de l'aspect physique. L'enfant continue d'aimer sa mère même quand elle est vieillie, enlaidie ou malade. La mère ou le père continuent d'aimer l'enfant même s'il devient un délinquant ou un drogué, même s'il est défiguré par la maladie.

La seule force capable d'établir un lien fort en dehors de l'enfance, en dehors des liens familiaux, est l'*énamourement*. Deux individus qui ne se connaissaient pas en tombant amoureux deviennent indispensables l'un à l'autre comme un enfant l'est à ses parents. C'est vraiment un phénomène déconcertant.

Les *liens moyens* sont ceux qui s'établissent avec les amis intimes. Ceux à qui nous nous confions, ceux qui jouissent de notre confiance. L'amitié est libre, désintéressée, exempte de la jalousie et des envies que nous trouvons parfois même entre frères. Mais même l'amitié la plus solide est vulnérable. Si notre ami nous déçoit ou nous trahit, quelque chose se brise pour toujours. Nous pouvons lui pardonner, mais nos rapports ne redeviennent pas aussi lumineux qu'ils l'étaient avant. Si nous nous querellons avec notre père, notre mère, ou bien notre frère, le lien résiste à l'épreuve. Au bout d'un certain temps tout est oublié. Ce n'est pas le cas pour l'amitié. Un heurt violent, les insultes, les menaces l'offensent, laissent une blessure difficilement cicatrisable. Nous pouvons préférer un ami à un frère, avoir plus de confiance dans le premier que dans l'autre. L'amitié, malgré tout, reste un lien du deuxième type. Elle est vulnérable aux offenses morales et, quand elle est brisée, elle l'est pour toujours.

Nous avons, en dernier lieu, les *liens faibles*. Ce sont ceux que nous établissons avec les camarades de travail, les voisins et les amis de vacances. De nombreuses formes d'attraction érotique, même intenses, créent des liens faibles. Une personne peut nous plaire, nous pouvons la désirer follement, mais il suffit d'un mot grossier, d'un geste vulgaire et méprisant, et nous n'avons plus envie d'être avec elle. Il arrive qu'une fois le rapport sexuel terminé nous voudrions être déjà loin.

Le fait que le lien soit faible ne signifie cependant pas que nous oublions la relation. Nous pouvons même nous la rappeler avec plaisir toute notre vie. Certaines expériences érotiques demeurent imprimées en nous d'une façon indélébile. Nous nous rappelons les regards d'entente, le désir, le contact frénétique de nos corps. Nous nous rappelons avec une pointe de nostalgie que quelque chose aurait pu naître. Entre deux personnes qui ont fait l'amour il reste souvent un lien subtil de confiance et d'intimité, voire de complicité, qui ressemble à l'amitié. La faiblesse du lien signifie seulement que nous n'éprouvons pas le besoin de nous trouver avec cette personne, que sa présence ne nous manque pas. Que nous ne formons pas avec elle une collectivité compacte, un « nous » solidaire, uni par une foi, par un amour, par un devoir ou par un destin.

D'où partir ?

Alors, d'où devons-nous partir pour notre recherche sur l'amour du couple ? De quelles sortes de liens ? Le couple est une relation stable qui dure dans le temps et nous devons, pour cette raison, considérer les *liens forts*. Si vous demandez aux gens pourquoi ils se sont mariés, ils vous répondent « parce que j'étais amoureux ». Nous devons donc considérer l'énamourement.

Et cependant, si on feuillette les magazines et les articles qui traitent de l'amour dans le couple, on constate qu'ils n'en parlent pas, qu'ils ne l'étudient pas. L'idée, venue de Freud[3], que l'amour naît peu à peu de l'attirance érotique satisfaite prévaut. Il commence avec un échange de regards. Si l'autre répond de la même façon, on passe à la rencontre progressive des corps : les mains s'effleurent, s'étreignent. Puis le premier baiser, le premier rendez-vous amoureux. Quand tout va bien, les rapports sexuels suivent, la fusion physique. Un peu plus tard, c'est au tour de la tendresse, de la passion, de l'intimité d'apparaître. Parce que, selon cette thèse, l'amour devient d'autant plus fort que l'entente et la satisfaction réciproque sont meilleures. Jusqu'à ce que l'autre nous apparaisse indispensable et que nous ressentions douloureusement son absence. Alors, nous sommes amoureux. En somme, l'énamourement naîtrait, peu à peu, de la satisfaction réciproque.

Cette conception de l'énamourement est démentie par la réalité. L'amour, après un début graduel et incertain, éclate d'ordinaire rapidement. En anglais et en français, en effet, on emploie l'expression *fall in love* et *tomber amoureux*. Il arrive souvent que deux personnes tombent amoureuses avant d'avoir eu des expériences sexuelles, se désirent avant de s'être très bien connues et se recherchent même sans qu'il y ait de réciprocité[4] ! La passion amoureuse ne croît pas graduellement par rapport à la satisfaction sexuelle mutuelle. Elle éclate de manière inattendue entre deux étrangers et les pousse, malgré eux, l'un vers l'autre. Et ce n'est pas seulement le désir sexuel, ce n'est pas seulement la tendresse. C'est quelque chose de différent. C'est un état émotif nouveau, inconnu, inattendu et enivrant. L'intensité maximale de l'amour, du désir, de la passion se situe précisément au début de la relation. Si elle doit décliner, c'est avec le temps, avec la connaissance et l'intimité. Exactement le contraire de ce qui devrait arriver selon le mécanisme du renforcement graduel.

Pour comprendre le processus amoureux il ne faut pas partir d'en bas, de l'attraction sexuelle, et s'élever ensuite graduellement, mais partir d'en haut, de l'explosion, de l'énamourement. Et l'énamourement n'est pas seulement érotisme ou plaisir. C'est une expérience unique et incomparable, un bouleversement radical de la sensibilité, de l'esprit et du cœur, qui fond ensemble deux êtres différents et éloignés. L'énamourement transfigure le monde, c'est une expérience sublime. C'est un acte de folie, mais aussi la découverte de sa propre vérité, de son propre destin. C'est une faim, un violent désir mais, en même temps, l'élan, l'héroïsme et l'oubli de soi. « Je t'aime », pour nous, dans notre tradition, ne veut pas seulement dire « tu me plais », « je te veux », « je te désire », « j'éprouve de l'affection pour toi », mais aussi « pour moi tu es l'unique visage parmi les innombrables visages du monde, le seul visage rêvé, le seul désiré, le seul auquel j'aspire par-dessus tout et pour toujours ». Comme il est dit dans le *Cantique des Cantiques* : « Il y a soixante reines, quatre-vingts concubines et des jeunes filles sans nombre. Une seule est ma colombe, ma parfaite ; elle est l'unique... »

Si nous voulons adhérer aux faits, il nous faut étudier le processus de formation du couple en partant de l'énamourement. C'est-à-dire d'un événement discontinu, explosif, extraordinaire. Entendons-nous bien : nous n'affirmons pas que tous les couples se forment de cette façon. Il y a des couples basés sur l'attirance érotique, le plaisir d'être ensemble, l'habitude, l'aide réciproque, le besoin économique et sur d'autres mécanismes que nous étudierons plus loin. Mais le mécanisme fondamental par lequel les liens amoureux forts se forment dans la vie adulte est l'énamourement.

De l'énamourement

Quand nous sommes amoureux, celui que nous aimons ne peut être comparé à aucun autre ni remplacé par aucun autre. Il est l'unique, le seul et unique être vivant capable de nous donner de la joie. Toute autre personne que nous rencontrons, fût-ce notre vedette préférée, ne nous satisfait pas. Si l'être aimé n'est pas là, le monde reste aride et vide. L'individu amoureux qui se demande si son amour est partagé, celui qui effeuille la marguerite, sait qu'aucune force ne pourra désormais déraciner son amour, et en même temps il redoute que l'objet aimé puisse encore être séduit et lui être ravi. C'est pourquoi il lui demande continuellement : « M'aimes-tu ? » Et il ne se lasse pas d'entendre la même réponse : « Oui, je t'aime. » Parce que cette réponse est l'unique point fixe sur quoi reconstruire le monde. Son univers a changé de centre, il tourne à présent autour de l'être aimé. Son amour est la condition préliminaire à tout autre désir, à toute autre activité.

La personne amoureuse se trouve dans une condition extraordinaire. Elle vit une sorte d'ivresse, une sorte d'extase. Platon considérait l'énamourement comme un délire inspiré par le dieu, une folie divine. De même que l'inspiration artistique et le don prophétique. L'individu amoureux voit tout transfiguré. La nature, l'air, les fleuves, les lumières, les couleurs sont plus lumineux, plus intenses. Il se sent tiré par une force cosmique qui le porte vers son but et sa destinée. Les contradictions de la vie quotidienne perdent leur sens. Il se sent esclave et prisonnier, et cependant, libre et heureux en même temps. Il souffre et se tourmente, mais il ne voudrait pour rien au monde renoncer à son amour.

L'énamourement agit sur la psyché comme la température sur les métaux. Elle les rend fluides et incandescents et ils peuvent ainsi se mélanger, se souder, prendre de nouvelles formes qui deviennent ensuite permanentes. L'amour rend les individus malléables, les fond ensemble, les transforme et les soude. Il crée des *liens forts* capables de résister à des traumatismes, à des conflits et à des déceptions.

Nous pouvons lutter contre notre amour, le refuser, faire tous les efforts possibles pour rester éloignés de la personne que nous aimons, pour l'oublier. Nous pouvons la juger méchante et cruelle, nous pouvons la haïr. Nous pouvons considérer notre amour comme une maladie. Nous tourmenter avec le doute et la jalousie. Mais notre amour continue malgré tout. Il s'impose à nous, il est le plus fort. C'est quelque chose qui va contre le jugement de notre intellect ou qui réussit subtilement à le séduire. Même quand celui que nous aimons nous traite mal, nous sommes toujours prêts à lui trouver une excuse. Nous pensons que, si nous réussissions à toucher certaines cordes de son cœur, il changerait. L'amoureux est convaincu de mieux connaître l'être aimé qu'il ne se connaît lui-même. Et il pense que, s'il se connaissait mieux, il ne pourrait pas ne pas partager son amour.

L'énamourement, même s'il doit disparaître ensuite, nous fait croire que nous aimerons toujours, quoi qu'il arrive. Il met spontanément sur nos lèvres les mots prononcés à la célébration du mariage : « Es-tu disposé à prendre cette personne en mariage et à l'aimer dans la bonne et dans la mauvaise fortune, dans la richesse et dans la pauvreté, dans la bonne santé et dans la maladie, jusqu'à ce que la mort vous sépare ? »

L'énamourement nous fait aimer l'autre pour ce qu'il est, il rend même ses défauts aimables, même ses manquements, même ses maladies[5]. Quand nous devenons amoureux, c'est comme si nous ouvrions les yeux. Nous voyons un monde merveilleux et l'être aimé nous apparaît comme un prodige de l'existence. Tout être est en soi-même parfait, différent des autres, unique, incomparable. Aussi remercions-nous l'être aimé d'exister parce que son existence ne nous enrichit pas seulement, mais enrichit le monde. Properce écrit : *Tu mihi sola domus, tu Cynthia sola parentes omnia tu nostrae tempora laetitiae*[6]. Il ne dit pas seulement : « je t'aime, je te désire », mais « toi seule es ma maison, toi seule ma famille, tu es tous les moments de notre joie ».

C'est ainsi qu'une mère voit son petit enfant et le petit enfant sa mère. Et pourtant le lien de l'énamourement apparaît soudainement entre deux êtres qui ne se sont jamais rencontrés. Grâce à l'énamourement, deux inconnus sentent entre eux une affinité profonde, une substance commune qui va au-delà de leurs personnes conscientes. C'est pourquoi elles peuvent se dire : « Je suis toi et tu es moi. » Dans *Le Banquet* de Platon, Aristophane explique cette sorte d'expérience en disant que les êtres humains étaient jadis une unité indivisible que Zeus a séparée plus tard en deux parties, pour toujours à la recherche de la moitié perdue.

Cependant, à la différence du lien de sang qui « existe », qui est « donné comme normal », ce lien est entièrement à construire, à réaliser. Les amants sentent l'accomplissement de leur amour comme un devoir sacré, comme un appel de la patrie ou de la foi. L'être amoureux se sent intérieurement obligé à s'engager, à conclure un pacte et à prêter serment. L'amour n'est donc pas seulement plaisir, désir, sentiment et passion, il est aussi engagement, serment et promesse. Les amants ne sont pas seulement tenus de « penser pour toujours », mais aussi de « s'engager pour toujours ». L'amour est un *projet* de construction de quelque chose qui se propose de durer dans le temps.

Le couple amoureux

L'énamourement a-t-il toujours existé ou a-t-il fait seulement son apparition dans le monde moderne ? Il a toujours existé. La Bible nous parle de l'amour d'Abraham pour Sarah, de Jacob pour Rachel, de la passion de la femme de Putiphar pour Joseph, de l'énamourement de David pour Bethsabée, de Samson pour Dalila. Platon traite de l'énamourement dans le *Phèdre*, dans le *Lysis* et dans le *Banquet*. Dans le *Lysis*, Hyppottalis est follement amoureux de Lysis, il ne fait que répéter son nom, l'appelle dans son sommeil, rougit, chante sur tous les modes, en vers et en prose, sa beauté. Dans le *Phèdre*, Socrate, après avoir plaisanté longuement, devient soudainement grave, dit qu'il a péché contre le dieu Éros et qu'il lui faut corriger ce qu'il a dit. L'amour ne peut pas être l'objet d'une plaisanterie profane, car il nous est donné par les dieux. Comme la divination et la création artistique, c'est une *folie divine*. Cette folie est un don, une révélation, un contact avec le monde suprême des idées. Celui qui aime s'élève hors du monde et entrevoit la beauté absolue. L'être aimé reflète la perfection éternelle du dieu. Enfin, dans le *Banquet*, Diotima explique à Socrate que l'amour est un désir d'immortalité, car son but est de s'approprier pour toujours le bien, et il se l'approprie en engendrant. Il est donc création, ascension, vers l'Absolu.

Dans le monde romain, nous trouvons l'énamourement dans les poésies de Catulle et de Properce. Nous le trouvons dans le *Mahabharata* indien, dans les *Mille et Une Nuits* arabes et dans toute l'histoire de la littérature occidentale depuis la *Vita nova* de Dante jusqu'à *Lolita* de Nabokov. Nous rencontrons partout cet amour violent, passionné, qui éclate en bouleversant les deux amants et les transporte dans une sphère supérieure. L'amour véritable, l'amour qui unit, se présente comme une expérience extraordinaire, une révélation, une passion.

Les recherches anthropologiques renforcent notre thèse. Helen Fisher écrit : « Même les populations qui nient posséder le concept d'"amour" ou d'"énamourement" n'agissent pas autrement. Les Mangaians de la Polynésie n'attachent pas grande importance à ceux qui sont leurs partenaires sexuels, mais il arrive qu'un garçon à qui on ne permet pas d'épouser la fille qu'il aime se suicide par désespoir. [...] Histoires d'amour, mythes, légendes, poésies, chansons, manuels, philtres d'amour, amulettes, querelles d'amoureux, rendez-vous, fuites et suicides font partie de la vie dans les sociétés traditionnelles du monde entier[7]. » Dans une recherche menée sur cent soixante-huit cultures, les anthropologues William Jankoviak et Edward Fischer réussirent à découvrir des preuves directes de la passion amoureuse dans quatre-vingt-sept pour cent de populations extrêmement diverses les unes des autres[8].

Une seule conclusion s'impose. L'énamourement est un fait universel et, dans la tradition de l'Occident, c'est un facteur essentiel de la formation du couple. C'est une des racines spontanées de la monogamie. Mais son rapport avec le mariage varie selon les époques. Pendant des millénaires, le mariage a été arrangé entre les familles. On pensait que l'amour naîtrait ensuite comme l'effet de la proximité, de l'aide mutuelle et de la naissance des enfants. L'éloge de l'énamourement est le produit de la société bourgeoise, de l'émergence de l'individu avec son choix personnel. Nous le voyons apparaître à Florence au XIIIe siècle, dans la poésie de Dante, des trouvères, dans les romans courtois du Moyen Âge, dans l'amour d'Abélard et Héloïse. Au Moyen Âge, toutefois, le mariage n'est pas encore fondé sur l'énamourement. La bourgeoisie naissante reste encore profondément influencée par les modèles culturels de la noblesse et du clergé.

Le thème de l'amour comme base du mariage éclate

dans la littérature populaire du XVIIIᵉ siècle. Toutefois, il s'affirme beaucoup plus lentement dans le monde intellectuel[9]. George Sand voit le mariage comme un abus de pouvoir, une limite, une prison, et elle le rejette. Stendhal traite de façon approfondie des diverses formes d'amour, mais il ne fait aucune place au mariage d'amour et à la vie conjugale[10]. Le modèle du mariage fondé sur l'énamourement se généralise dans toutes les classes sociales des pays occidentaux au cours du XIXᵉ siècle. Et il se répand dans le monde entier au XXᵉ siècle grâce aux films d'Hollywood.

On a observé dans les récents mouvements de jeunesse une tendance à la promiscuité et à la vie communautaire, mais, avec le retour de l'individu, l'énamourement, le couple et le mariage sont revenus. Et aujourd'hui, avec une durée de vie plus longue, l'émancipation féminine, la chute de la natalité, cette sorte d'amour est restée l'unique force capable d'unir, en les fondant ensemble, deux individus adultes, et d'en faire un couple amoureux.

Renversons la perspective

La majeure partie des sociologues et des psychologues n'ont jamais compris l'importance de l'énamourement. Ortega y Gasset, par exemple, le considère comme une imbécillité temporaire, une angine psychique[11]. Pour Denis de Rougemont, c'est une obscure survivance d'une hérésie médiévale, qui méprise le monde et tend à la mort[12]. Pour Fromm, l'amour véritable naît de la volonté, et il s'étonne grandement de le voir jaillir parfois du territoire brûlant et irrationnel de l'énamourement[13]. Les psychologues et les sociologues américains le considèrent comme un produit culturel récent[14]. Ils commettent une erreur, car, comme nous l'avons vu, l'énamourement a toujours existé.

Pour la psychanalyse, l'énamourement est le résultat

d'un désir sexuel frustré, dont l'objet est prohibé, tandis que la fusion entre l'amant et l'être aimé est le produit de la *régression* aux premiers mois de la vie, quand l'objet unique est la mère[15]. Tous les comportements des amoureux sont ramenés à la régression. Ne se disent-ils pas des petits mots tendres, ne se servent-ils pas de diminutifs ? Chacun ne recherche-t-il pas le corps de l'autre, avide de sa peau, de ses humeurs, comme fait le nourrisson avec le sein maternel ? Autrement dit, l'être aimé n'est que le substitut de la mère de la première enfance.

Cette thèse n'est pas soutenable non plus. L'énamourement développe la créativité, l'intelligence, la capacité d'affronter les problèmes concrets d'une manière adulte. Il est vrai que les amoureux tendent à se fondre ensemble physiquement et psychiquement comme ils l'ont fait dans l'enfance. Mais ce ne sont pas des petits enfants. Le mot *régression* doit être employé avec prudence. Freud l'a introduit pour expliquer les névroses et les psychoses — des expériences douloureuses et pathologiques. C'est un processus qui affaiblit les capacités critiques, qui fait vivre dans le passé. L'énamourement, au contraire, est un triomphe de la joie de vivre, il constitue un élan vers le futur, fait désirer le futur et projeter le futur. À la différence de la situation régressive, bloquée par la névrose, l'énamourement est une libération, une guérison.

Deux jeunes gens qui ont toujours vécu dans leurs familles dépendent de leurs parents ; grâce à l'énamourement, ils trouvent la force de quitter leur famille, de se rendre autonomes, d'en créer une nouvelle. Grâce à l'énamourement, deux êtres qui appartiennent à des nations, des races ou des religions différentes, trouvent l'énergie et le courage de rompre avec leur propre groupe social afin de former une entité nouvelle, où les vieilles haines et les préjugés hérités se trouvent surmontés. Leur amour rompt avec le passé et crée une entité culturelle et sociale qui n'existait pas avant.

Tel est notre point de départ. Pour comprendre un phénomène, il faut voir quel est son sens profond, ce qu'il produit dans la société. L'erreur essentielle commise dans toutes les études sur l'énamourement a été de l'étudier comme un fait psychologique, individuel. Une altération positive ou négative de l'esprit et du cœur. Une névrose ou une psychose, un état émotif normal ou pathologique. C'est comme si nous observions un individu au cours d'un combat, occupé à tirer sur d'autres êtres humains ou à faire sauter, à l'explosif, des ponts et des immeubles. Pour comprendre son action il n'est pas nécessaire de nous concentrer sur ses émotions. Nous devons essayer de comprendre le phénomène guerre, sa dynamique et son action sur les individus isolés.

Si nous observons l'individu amoureux, et que nous cherchons à comprendre la signification sociale de sa façon d'être et d'agir, nous découvrons alors que cet amour, ces émotions brisent des liens sociaux et en établissent de nouveaux. Ce ne sont plus, à la fin, les deux individus d'avant, mais deux personnes nouvelles, dans une *nouvelle collectivité*, le couple. La façon correcte de les analyser n'est pas celle de la psychologie individuelle, mais de la sociologie. Et même, plus spécialement, de la *sociologie des mouvements collectifs*[16].

C'est seulement de cette façon que nous pouvons comprendre pourquoi existent ces émotions particulières, pourquoi les individus vivent une transformation aussi profonde, aussi extraordinaire de leur propre être. Pourquoi, à ce moment-là, ils sont les auteurs et les protagonistes d'une nouvelle naissance, de l'émergence soudaine et de l'essor soudain d'une nouvelle société.

L'être humain naît physiquement de sa mère, et il forme avec elle un couple dans lequel il est complètement dépendant. Dans la langue quotidienne, pour les désigner, on dit : « J'ai vu une femme *avec* un bébé dans les bras. » Cet *avec* indique que le petit enfant est un objet, non un sujet, qu'il est le prolongement de la mère, sans laquelle il ne survivrait pas. Une grave erreur de la psychanalyse a été de prendre cette relation comme un modèle paradigmatique de toutes les autres. L'histoire de leur relation est exactement opposée à celle de l'énamourement. Avec le temps qui passe et la maturation, le petit enfant devient autonome et se détache de sa mère. Dans l'énamourement, au contraire, deux individus adultes et autonomes s'unissent et se fondent pour former une nouvelle entité sociale.

La société ne naît pas comme l'enfant naît de sa mère. Elle naît de la rencontre-fusion de deux individus adultes, héritiers de leurs propres sociétés d'origine, de leurs propres traditions, mettant en commun leurs histoires personnelles et leurs patrimoines culturels. Avec la fusion des deux patrimoines culturels ils créent quelque chose de nouveau, un *mutant social*.

Dans l'acte sexuel, un homme et une femme s'étreignent, unissent leurs organes sexuels, fondent leurs âmes pour quelques instants dans l'extase de l'orgasme, et cela suffit pour féconder un œuf et produire un embryon. Mais dans l'énamourement, ce processus de fusion implique toute la personnalité et toute l'histoire de deux individus qui sortent de cette union transformés par un lien profond et durable. Un lien qui les conduit à changer, à s'adapter l'un à l'autre, à se heurter, à vivre ensemble et à restructurer toutes leurs relations sociales. L'énamourement est le prototype et le paradigme de cette naissance sociale, le *big bang*, l'apparition d'une nouvelle entité collective qui va recréer ensuite sa propre niche écologique et son propre monde.

La vie humaine, en réalité, n'a pas une seule naissance, une seule enfance, elle est faite de plusieurs renaissances, de plusieurs enfances. Quand nous sortons de notre famille et entrons dans le groupe d'amis de l'adolescence, quand nous devenons amoureux et formons un nouveau couple, quand nous commençons un nouveau travail exaltant, quand nous participons à une transformation sociale, politique ou religieuse, quand nous émigrons, une renaissance advient, qui concerne en même temps et l'individu et la collectivité. Aucune collectivité ne peut naître si les individus ne renaissent pas à leur tour. L'expérience extraordinaire, la folie divine de l'énamourement n'est pas une régression ou une névrose, elle est l'expérience du réveil, l'*incipit vita nova*, quand tout paraît possible comme au premier jour de la création. L'énamourement est l'expérience intime, subjective, de la naissance, de la création d'un monde nouveau.

L'énamourement est la cause de la naissance de la plus petite communauté possible, celle qui est formée par deux personnes seulement. Mais elle est, en même temps, la renaissance de l'individu, parce qu'il ne peut y avoir d'individu sans une collectivité. C'est pourquoi il est naissance, émergence, affirmation joyeuse et enthousiaste du nouveau sujet individuel et collectif. Le cri de l'être nouveau qui se réalise en édifiant un soi, avec sa propre biographie, son histoire et sa vie personnelle, tout à fait particulier.

La vie, la naissance, c'est le point central et essentiel de l'énamourement. La naissance de l'individu et la naissance de sa société au moment même où, en affrontant l'existence, ils tendent tous deux à la perfection et à la joie. Nous ignorons ce qu'éprouve le petit enfant à la naissance. Freud a imaginé quelque chose d'angoissant, le traumatisme de la naissance, paradigme de toutes les autres formes d'angoisse[17]. Mais est-ce vrai ? Nous savons seulement de façon certaine ce qu'éprouve l'individu adulte qui se renouvelle et renaît dans la conversion religieuse, dans la découverte, dans l'énamourement, dans l'émergence d'un nouveau groupe social. Et ce n'est pas de l'angoisse. Il brise une enveloppe qui l'emprisonne, sort d'une modalité erronée de l'existence qui s'est prolongée outre mesure. C'est un réveil, une vision, un étonnement. Et le monde qui se présente à lui apparaît extraordinairement beau, parfait, fait spécialement pour lui qui a été appelé à y habiter et à y vivre.

L'individuation, la naissance, n'est pas un détachement douloureux de la grande paix silencieuse, de la félicité amniotique. Ce n'est pas un déchirement, un « être jeté dans le monde », *Geworfen*, comme l'écrit

Heidegger[18]. C'est un réveil, une libération, c'est regarder quelque chose qui n'est pas un désert, mais la Terre promise. En regardant autour de lui, le re-né reconnaît la valeur, la bonté de tout ce qui est. Maslow a décrit cette expérience de joie extatique comme *Peak-Experience*, Expérience de l'Être[19]. L'Être est beau en soi, l'Être est bon en soi. Et c'est dans cet univers merveilleux que l'individu naissant sent qu'il possède un endroit créé pour lui et qu'il a un but et un destin.

La naissance de l'individu adulte est à la fois la naissance de l'individu et celle de sa collectivité qui s'affirme dans le monde. Ce n'est donc pas un acte de régression, mais de maturation individuelle et sociale. L'amour d'Héloïse et Abélard, celui de Dante pour Béatrice, les histoires d'amour racontées par les poètes et par les dramaturges, de Shakespeare à Goethe, à Manzoni, font partie des pas en avant de la civilisation.

CHAPITRE DEUX
L'ÉNAMOUREMENT

Pourquoi devient-on amoureux ?

Nous commençons par un cas qui, à première vue, semble fait exprès pour démontrer la théorie psychanalytique. À savoir que l'énamourement serait le produit d'une sexualité refoulée qui, à un certain moment, se manifeste sous une forme explosive, en idéalisant l'objet. C'est le cas d'un garçon que nous appellerons *L'étudiant*. Celui-ci, avant de devenir amoureux, avait eu des expériences sexuelles modestes. Il était timide, inhibé, avec des fantasmes érotiques continuels. Après un amour passionné et malheureux, il devient un entreprenant don Juan. Tous les éléments sont réunis ici pour parvenir à la conclusion que l'énamourement, brisant la barrière qui le refrénait, a permis à sa sexualité réprimée de s'exprimer librement.

Mais, si l'on examine avec soin les particularités de ce qui lui est arrivé, on découvre que ce n'est pas le cas. Notre garçon est allé à l'université, il a surmonté les premières épreuves, et il obtient de bons résultats. Un jour, il commence à éprouver de la sympathie pour une camarade d'études, un désir violent de la rencontrer, d'être avec elle, de lui parler. Sans aucune imagination érotique particulière, sans aucun rêve érotique, rien. Il est heureux lorsqu'il est auprès d'elle, il pense à elle quand ils ne sont pas ensemble. Mais il ne comprend pas qu'il est amoureux. Il n'applique pas ce mot à son état. Et cependant il a déjà eu une expérience enfantine d'énamourement, une expérience intense qu'il se rappelle très bien.

Peu à peu son désir grandit, devient violent, douloureux. Il le reconnaît alors, parvient à lui donner un nom : il est amoureux. Il éprouve le besoin de le dire à la fille. Et il se rend tous les soirs sous ses fenêtres dans l'espoir de pouvoir la rencontrer et de pouvoir lui parler. Mais elle l'évite. Elle a très bien compris que ce beau garçon aux regards enflammés qui déambule sous ses fenêtres est amoureux d'elle. Et comme elle ne veut pas l'encourager, elle s'emploie à ne jamais le rencontrer quand elle est seule. Pendant des mois, elle se fera accompagner par un ami ou par une amie. Lui, il lui faudra beaucoup de temps pour déchiffrer dans ce comportement un refus.

Posons-nous maintenant cette question : si l'énamourement est le symptôme d'une pulsion sexuelle, quelque chose aurait dû se manifester. Est-il possible que le symptôme ne laisse rien transparaître de l'impulsion qui l'a causé ? Le symptôme est un compromis. Qu'est-ce qui l'attire dans la femme dont il est amoureux ? Ce n'est pas son corps. Il ne la désire pas érotiquement. Ce qui le séduit, ce sont ses façons de parler, sa grâce, ce qu'elle dit de l'existence qu'elle mène, une vie supérieure à la sienne, plus riche, plus intéressante. *L'étudiant* est pauvre, elle est d'une famille aisée. Elle lui parle des endroits où elle passe ses vacances, de voitures, de voyages à l'étranger avec des amis. Des choses auxquelles lui n'a même jamais pensé mais qui, dites par elle, le ravissent, lui font entrevoir un monde merveilleux. Cette femme évoque pour lui un milieu, une façon de vivre raffinée, et la lui fait désirer.

À quoi se prépare *L'étudiant* lorsqu'il devient amoureux ? À l'expression de sa sexualité ou à un genre de vie sociale plus élevé, plus mûr ? Qu'exprime donc, comme symptôme, son énamourement ? Le besoin d'un corps féminin ou celui de sortir du milieu étroit, renfermé, dans lequel il a toujours vécu, pour avoir accès, avec cette femme, à une autre façon de vivre ?

Il aspire à une existence nouvelle. La sexualité existait avant et elle existera après puisque, comme nous l'avons dit, il avait une forte pulsion érotique. Mais ce qui importe à notre garçon, pendant l'énamourement, c'est une chose à laquelle il n'avait jamais pensé : un rapport amoureux véritable avec cette femme. Une intimité spirituelle et physique qui pourrait continuer durant toute la vie, une intimité pour toujours. Il se sent prêt pour ce nouveau type d'expérience jamais vécue avant.

Voilà l'essentiel, le pas en avant décisif, la « maturation » produite par l'énamourement. Dans l'esprit de cet homme, un projet est en train de naître qui englobe sa sexualité et va au-delà. Ce n'est pas le besoin d'une mère et de ses soins, c'est le projet d'une vie où lui, devenu adulte, vit avec une femme adulte. C'est le projet d'une vie à deux. Une vie sociale avec un appartement à eux, des amis à eux, dans le monde. Une vie à laquelle il n'avait jamais pensé. En effet, avant cet événement, il avait été un fils, élève d'une école, un mâle désireux d'une femme. Il avait vécu avec les autres, mais il n'avait jamais été prêt à partager sa propre existence avec une autre personne, à être un mari, avec les devoirs, les obligations et les engagements que cela comporte.

Une femme n'aurait pas agi comme *L'étudiant*. Une femme aurait aussitôt compris la nature de son désir, parce qu'elle est habituée dès l'enfance à imaginer sa propre vie avec le mariage et les enfants, parce qu'elle est éduquée à se penser comme le membre d'un couple. Mais ce jeune homme n'avait pas eu ce genre de pensées. Aussi le nouveau désir se présente-t-il comme une irruption étrangère à laquelle il n'est pas même capable de donner un nom. Un engramme génétique s'active, mais ce n'est pas celui du désir sexuel. C'est celui du désir d'une vie dans un couple, d'être une partie d'un couple, où il ne peut pas se passer de l'autre, parce que l'autre est la condition de la pensabilité même de son désir. *Son énamourement est un « moi » qui est en train de devenir un « nous ».* C'est pourquoi il se perçoit désormais lui-même comme un individu isolé, mutilé, incomplet. Avant, il était un fils, un élève, le membre d'un groupe d'amis. Il est maintenant la moitié d'un couple qui aspire à l'existence.

Mais cet amour naissant n'est pas partagé. Il est aussitôt repoussé, sans possibilité d'appel, au moment même où il devient conscient. Pendant près d'une année *L'étudiant* est comme fou de douleur, il n'arrive pas à comprendre pourquoi un aussi grand amour est ignoré. Le monde lui paraît absurde, il pense au suicide.

C'est à partir de cet échec douloureux que *L'étudiant* développe une sexualité séparée de l'amour. Lorsqu'il comprend que cette femme ne veut même pas le rencontrer, il se demande pourquoi elle fréquente d'autres hommes, ce qu'ils ont de plus que lui et de différent de lui. Il pense que son échec a dépendu de son inexpérience et de sa timidité. Il regarde autour de lui et voit que des garçons de son âge sont plus sûrs d'eux, savent faire la cour à une fille. Son attention s'arrête en particulier sur celui qui lui semble le plus mûr et le moins inhibé de son groupe : un don Juan. Et, pour la première fois, il ressent de la jalousie. Parce qu'il pense qu'avec son expérience le don Juan aurait pu réussir là où lui a échoué. Alors il se rapproche de lui, gagne sa faveur, fait en sorte de devenir son ami. Puis, quand il est sûr de leur amitié, il lui révèle son amour, son secret. On peut demander à un ami de ne pas courtiser la femme qu'on aime, on peut même lui demander de vous aider. Pendant ce temps il l'observe, l'étudie et l'imite.

Cette amitié et l'identification avec son ami lui permettent de faire les premiers pas dans une direction complètement différente de celle qu'il avait suivie avant de tomber amoureux, et de celle qu'il aurait suivie si son amour avait été partagé. Pour ne plus jamais devoir se trouver dans la situation d'aimer une femme qu'il n'est pas capable de conquérir par inexpérience, il prend pour modèle l'ami qui a le plus d'expérience. Ils vont danser ensemble, ils font connaissance avec des filles. Il connaît de nombreuses expériences sexuelles. Mais il en éprouve bien peu de plaisir. En réalité, il n'a aucun intérêt érotique. Il les fait parce qu'il veut apprendre. Et il apprend. C'est un excellent élève, il accomplit d'incroyables progrès. Il acquiert sûreté de soi, agressivité et charme. Il a du succès et il a de très nombreuses aventures. Mais les femmes qu'il trouve ne sont pas un substitut de la femme aimée. Elles lui servent seulement à connaître la mentalité de la femme, à apprendre à la séduire, à apprendre l'art de l'escarmouche érotique, afin de ne pas retomber dans la même erreur. Afin de ne pas se présenter impréparé au rendez-vous de l'amour. La sensualité et la séduction ne sont pas une fin mais un moyen.

Que nous a enseigné ce cas ? Que l'énamourement n'est pas simplement l'explosion d'une sexualité dont l'objet est prohibé. Ni une régression. C'est une maturation. Le passage à une vie à deux, à une communauté érotico-amoureuse adulte. Dans le cas de *L'étudiant*, la tentative échoue. Il se prépare alors pour une nouvelle rencontre. Et c'est ce qui arrive. Bien des années après, il tombera follement amoureux. Et, cette fois, l'amour sera réciproque. Il vivra avec cette femme une extraordinaire expérience érotique et aventureuse.

Quand devenons-nous amoureux ?

Nous devenons amoureux quand nous sommes prêts à nous transformer, quand nous sommes prêts à abandonner une expérience déjà faite et usée, et que nous avons l'élan vital nécessaire pour accomplir une nouvelle exploration, pour changer de vie. Quand nous sommes prêts à exploiter une capacité que nous n'avions pas exploitée, à *explorer* des mondes que nous n'avions pas encore explorés, à réaliser des rêves et des désirs auxquels nous avions renoncé. Nous devenons amoureux quand nous sommes profondément insatisfaits du présent et que nous avons assez d'énergie intérieure pour entamer une nouvelle étape de notre expérience.

Certaines personnes racontent qu'elles deviennent continuellement amoureuses, chaque mois, chaque année. C'est impossible. Elles donnent le nom d'énamourement à l'apparition soudaine d'une attirance, d'un désir érotique. Elles appellent énamourement une toquade, une de ces attirances soudaines qui sont seulement des *explorations* et ne se développent pas ensuite pour devenir un amour véritable.

L'amour véritable est différent. Partons du cas raconté par Dino Buzzati dans son roman *Un amour*. Un homme d'âge mûr, *Antonio*, après une vie solitaire, s'éprend follement d'une jeune prostituée. Pourquoi ? Il nous l'explique lui-même à la fin du livre, quand Laïde, la prostituée, dont il est épris et dont il a été follement jaloux, tombe enceinte. Alors, il éprouve enfin un sentiment de paix et comprend. Il comprend que, jusqu'au moment où il est devenu amoureux, sa vie avait été mutilée, incomplète. Il avait toujours renoncé aux femmes, à l'amour, parce qu'il n'avait jamais eu le courage de prendre un risque. L'amour pour Laïde n'est donc pas un acte de folie, mais un acte de maturation qui aurait dû arriver des années plus tôt. « Qu'a donc été Laïde, conclut-il, sinon la concentration en une seule personne des désirs germant et fermentant pendant si longtemps et jamais satisfaits[1] ? » Le désir de toutes les femmes qu'il n'avait pas eu la force ou la capacité de faire siennes. « Il les rencontrait, elles lui semblaient des créatures inaccessibles, il était inutile d'y penser, de toute façon elles ne lui auraient pas répondu [...] Il suffit qu'il leur adresse un seul mot pour qu'elles semblent importunées, même ses regards les ennuient, à peine les a-t-il portés sur elles, elles tournent la tête de l'autre côté[2]. » Aussi *Antonio*, toute sa vie, a-t-il renoncé à les séduire, à les conquérir, a-t-il renoncé à leur amour. Il s'est toujours contenté de rapports avec des prostituées. Jusqu'au seuil de la vieillesse, quand, à l'improviste, quelque chose en lui se rebelle, rompt les barrages et le porte à désirer follement non une femme vénale, mais une femme entièrement à lui, une femme qui l'aime. « Mais n'était-il pas étrange et comique que ces tourments lui fussent octroyés à l'âge tendre de cinquante ans[3] ? » se demande-t-il. Non. L'énamourement est sa dernière tentative désespérée pour changer de vie, pour avoir, lui aussi, ce que d'autres avaient eu avant, pour accéder à une condition humaine complète et à une dignité à laquelle tout homme a le droit d'aspirer.

Le cas d'*Antonio* n'est pas essentiellement différent de celui de *L'étudiant*. *Antonio* est âgé, *L'étudiant* est jeune, mais ils passent tous deux du désir sexuel au désir de former un couple. L'énamourement est un acte de maturation qui, chez *L'étudiant*, a lieu à vingt ans, mais très tard chez *Antonio*, quand il est déjà près de la fin. Cependant, chez les deux hommes l'énamourement arrive seulement quand ils ont accumulé un tel refus du passé et un tel désir de vivre, un tel élan vital qu'ils rendent possibles un nouveau bond en avant, une nouvelle renaissance, avec tous les risques que cela comporte.

Il y a donc des périodes où l'être humain n'est pas en condition de devenir amoureux, quel que soit le stimulant, quelle que soit la séduction. L'une est représentée par la dépression : quelqu'un de déprimé ne peut pas devenir amoureux parce qu'il n'a pas d'élan vital, qu'il n'a pas un désir de vivre suffisant[4], qu'il n'a pas d'espérance. Pour tomber amoureux il faut pour le moins une lueur d'espoir de voir son sentiment partagé[5]. Le même phénomène se produit aussi après la mort d'une personne aimée profondément, dans le *deuil*, quand l'énergie vitale est entièrement employée à soigner la blessure[6] et que le monde paraît sans aucun attrait.

L'autre situation qui rend *l'énamourement* impossible est le fait que nous sommes déjà amoureux. En effet, l'amour de l'être aimé est la source de nos désirs. Avec lui, ou avec elle, nous désirons manger, danser, être avec les amis. Sans lui notre esprit se vide de tout désir, se pétrifie. Quand nous sommes amoureux, une autre personne ne nous plaît que si nous sommes sûrs d'être payés de retour par celui que nous aimons. Au moment précis où nous en doutons, le désir disparaît et nous tombons dans la solitude la plus sombre. La personne aimée n'est pas un objet d'amour parmi tant d'autres. C'est la porte[7] qui nous donne accès à tous les autres objets.

Si quelqu'un nous dit qu'il était amoureux d'une certaine personne, mais qu'ensuite, soudainement, il est devenu amoureux d'une autre, nous devons avoir des doutes sérieux sur le premier type d'énamourement et des doutes aussi forts sur le second. Devenir amoureux signifie qu'on a placé quelqu'un au-dessus de tous les autres, qu'il est pour nous l'unique, l'irremplaçable, celui auquel aucun autre ne pourra être comparé. Roland Barthes écrit : « Est *atopos* l'autre que j'aime et qui me fascine. Je ne puis le classer, puisqu'il est précisément l'Unique, l'Image singulière qui est venue miraculeusement répondre à la spécialité de mon désir[8]. » Si quelqu'un dit qu'il est amoureux de deux personnes, en réalité il veut dire autre chose : par exemple, qu'il *aime bien* l'une, mais qu'il est amoureux de l'autre. Ou bien qu'il se livre à des *explorations* amoureuses. L'énamourement, en effet, commence toujours par des *explorations*, des tentatives qui, pour une part, ne se développent pas. Au cours de ces explorations, il arrive que quelqu'un hésite entre deux pôles d'attraction. Mais on ne peut pas encore dire qu'il est devenu amoureux.

L'énamourement suppose un malaise dans le présent, la lente accumulation d'une tension, beaucoup d'énergie vitale et, enfin, un facteur déclenchant, un stimulant approprié. En termes sociologiques cela suppose la crise des rapports entre le sujet et sa communauté, puis quelque chose qui pousse le sujet vers un nouveau type de vie, jusqu'à un *seuil*, à un point de rupture, d'où il se lance vers le nouveau. L'énamourement véritable est précédé par une crise des rapports existants, par l'impression d'avoir commis une erreur, par une impression d'irréalité, d'inauthenticité. Et, en même temps, par la nostalgie aiguë d'une vie plus vraie, plus intense, plus réelle.

Dans le roman d'Edith Wharton *Le Temps de l'innocence*, le jeune Archer Newland est sur le point d'épouser May quand la comtesse Olenska, une femme séduisante et mystérieuse, arrive d'Europe. Il commence alors à douter de son monde. Ses valeurs lui paraissent conventionnelles, fausses, inauthentiques. Archer épouse cependant May, mais, pendant la cérémonie nuptiale, songeant à lui-même, à ce qu'il fait, il a l'impression que tout est irréel. « Et pendant ce temps, pensait-il, il y a dans le monde des êtres réels, qui se débattent dans la vérité de la vie[9] ! »

Dans *L'Amant de lady Chatterley*[10], Constance se marie pendant la guerre. La guerre finie, son mari revient, paralysé et impuissant. Ils vont vivre dans une propriété située dans un bassin minier empli de fumées. Elle trouve cet endroit affreux et angoissant. La vieille demeure lui paraît momifiée, morte. « [...] une anarchie méthodique, dépourvue de la chaleur qui lui eût donné une homogénéité organique. La maison avait la tristesse d'une rue désaffectée. [...] Quant au reste, c'était une non-existence. Wragby, les domestiques n'avaient qu'une existence spectrale[11]. » Son mari lui explique que « ce qui compte c'est l'union de toute une vie, c'est vivre ensemble jour après jour, et non pas coucher une ou deux fois. Toi et moi nous sommes mariés, quoi qu'il nous arrive. [...] Peu à peu, en vivant ensemble, deux personnes découvrent une sorte d'unisson et vibrent, intimement mêlées l'une à l'autre. C'est cela le vrai secret du mariage[12] ». Mais elle ressent un sentiment de vide encore plus grand, d'inutilité totale : « Connie éprouvait, devant toute son existence, un sentiment d'exténuation, et l'impression de vivre une éternité d'insatisfaction[13]. » C'est à ce moment que Mellors, le garde-chasse qui deviendra son amant, fait son apparition. Avec lui, l'impression d'irréalité et de mort finira. Pour lui elle quittera son mari, et elle créera avec lui une vie nouvelle et une nouvelle communauté.

Le détachement qui, ici comme dans la plupart des cas, mûrit intérieurement, peut être causé parfois par des forces extérieures. Nous savons tous que, pendant les longues vacances, les toquades et les énamourements sont extrêmement fréquents. Parce que les vacances forment comme une île, séparée du reste du monde. Les liens habituels se relâchent et l'élan vital essaie d'en créer de nouveaux. Pour la même raison, l'énamourement est plus probable quand un garçon ou une fille vont à l'université. C'est un monde nouveau, une vie nouvelle où, d'ordinaire, on entre avec un amour. Il y a des gens qui deviennent amoureux lorsqu'ils changent de travail et de ville, surtout s'ils restent longtemps éloignés de la femme ou du mari. Ils sont ouverts à la nouveauté, pleins de vie et désireux d'agir. Et les rapports anciens paraissent lointains et affaiblis. Le mari ou la femme ne prennent pas part aux problèmes de l'autre, ils ne peuvent pas être un compagnon et un complice. Tandis que, sur le lieu du travail, il y a un collègue, un homme ou une femme, avec qui ils passent des journées ensemble, avec qui ils combattent, font des projets et des voyages. Progressivement ils deviennent amis, puis intimes, et cette intimité peut aller jusqu'à l'érotisme. Alors ils deviennent facilement amoureux l'un de l'autre. C'est ce qui arrive assez fréquemment aux acteurs de cinéma lorsqu'ils travaillent pendant des mois aux côtés d'un camarade de l'autre sexe, dans un pays étranger et peut-être même en interprétant une histoire d'amour. Dans ce cas, ils se trouvent dans une situation qui réunit la communauté d'intérêts, l'isolement des vacances et l'intimité.

De tout ce qui a été dit découle un corollaire fondamental : quand un être change, se transforme, fait des expériences nouvelles, il se trouve souvent dans la condition de devenir amoureux une autre fois. En conséquence, une vie longue et intense a peu de chance d'être caractérisée par un seul et unique amour. Bien sûr, il existe des couples qui continuent à s'aimer durant toute la vie. Mais, même chez eux, il est probable qu'au moins l'un des deux a fait l'expérience d'aimer une autre personne. Même s'il décide ensuite d'y renoncer afin de ne pas mettre son rapport fondamental dans une grave difficulté.

De qui devenons-nous amoureux ?

La psychanalyse soutient que nous devenons amoureux de quelqu'un qui nous rappelle les personnes aimées pendant l'enfance. L'homme tombe amoureux d'une femme qui calque psychologiquement ou physiquement le modèle maternel. La femme, celui du père. Il peut s'agir aussi d'une autre personne, pourvu qu'elle appartienne au monde de l'enfance. Le paradigme de la psychanalyse exige que tout ce qui arrive d'important dans la vie adulte soit la réplique d'un événement arrivé dans la vie de l'enfant. Pour la psychanalyse, tout est souvenir. Même l'énamourement.

Pour l'expliquer, les psychanalystes citent le plus souvent l'essai de Freud *Le Délire et les rêves dans la Gradiva de Wilhelm Jensen*[14]. Voici, en résumé, l'histoire. Un jeune archéologue, Norbert Hanold, découvre un bas-relief pompéien représentant une jeune fille en train de marcher. Il reste fasciné par elle et lui donne un nom : « Gradiva » — celle qui marche. Dans un état de délire, il se rend à Pompéi où, devant la maison de Méléagre, il voit marcher la jeune fille du bas-relief. Il pense d'abord que c'est une vision, puis un fantôme, pour finir il découvre que c'est une femme réelle ; elle s'appelle Zoé et elle montre qu'elle le connaît très bien. C'est Zoé qui lui dévoile elle-même le mystère. Tous deux étaient camarades d'enfance, ils avaient joué ensemble, ils s'aimaient bien, mais, ensuite, s'étaient perdus de vue. Quand Hanold a découvert le bas-relief, s'il est resté fasciné, c'est justement parce que Gradiva ressemblait à Zoé. L'histoire se termine par le mariage de Hanold et de Zoé, amoureux l'un de l'autre et heureux.

Pour la plupart des psychanalystes, chaque fois que nous tombons amoureux, nous sommes attirés par quelque chose qui nous rappelle notre mère ou une autre personne aimée. Ce sont toujours les images et les amours de notre passé qui guident notre futur[15]. Une version rajeunie de cette même théorie nous est fournie par John Money, selon qui les enfants entre cinq et huit ans effectuent une sorte de carte de l'amour. Sur la base des expériences faites, ils construisent une image mentale du compagnon idéal, des situations qu'ils trouvent séduisantes et excitantes. Ensuite, lorsqu'ils rencontrent quelqu'un qui répond à ces conditions idéales, ils en deviennent amoureux[16].

La conception que nous exposons dans ce livre va dans la direction opposée. L'amour, même s'il part des désirs et des rêves du passé, est appelé, évoqué par le futur. Les grandes amours sont des accélérations du processus de mutation, des mouvements en avant. Elles tendent à substituer une société nouvelle à l'ancienne, un nouveau rapport érotique au rapport ancien détérioré, créant ainsi un nouveau couple, une nouvelle communauté. Naturellement, elles peuvent échouer, mais leur intention, leur signification est d'explorer la possibilité d'une vie mieux remplie.

L'énamourement advient quand nous rencontrons quelqu'un qui nous aide à croître, à réaliser de nouvelles possibilités. À aller dans une direction qui réponde à nos exigences intérieures, aux pressions que la société exerce sur nous. Le fait que la personne aimée ressemble à notre mère, à notre tante, ou à toute autre image de notre enfance est seulement le moyen, l'instrument par lequel se manifeste l'élan vital. Si nous avons fait des rêves, si nous avons aimé et admiré un acteur ou une actrice célèbres, la personne dont nous tombons amoureux nous la rappellera. Mais nous la choisissons parce qu'elle arrive au moment opportun, parce que, au moins sur le plan symbolique, elle nous paraît propre à résoudre notre problème existentiel.

Wilhelm Meister, un des personnages les plus célèbres de Goethe[17], lisait dans sa jeunesse la *Jérusalem délivrée* du Tasse et il sanglotait quand il arrivait à la scène où Tancrède blesse mortellement Clorinde, qu'il aime, et, désespéré, s'agenouille auprès d'elle. Wilhelm rêve d'une femme guerrière comme Clorinde. Un jour, au théâtre, il voit jouer une jeune actrice, Marianne, costumée en officier, avec une casaque rouge et un chapeau emplumé. Une image de guerrière moderne qui correspond à Clorinde. Il en tombe amoureux, la suit et devient lui-même acteur[18].

Que signifie cette histoire ? Que Wilhelm Meister devient amoureux parce qu'il a rencontré une femme costumée en homme qui lui rappelle Clorinde ? Bien sûr, mais avec cette adjonction qu'il l'a rencontrée dans un théâtre et que c'est une actrice. Et que lui, Wilhelm Meister, avait déjà rêvé de théâtre, avait déjà rêvé d'une vie libre qui lui permette d'exprimer son imagination et sa vocation théâtrale. C'est ainsi que cette casaque rouge active son imagination enfantine, son besoin d'amour et sa vocation artistique. Marianne n'est pas seulement l'image mentale de la femme idéale, Clorinde, mais l'évocation d'une possibilité, d'une vocation, d'un destin.

Chaque grand changement dans la vie de Wilhelm Meister est marqué par un amour. Quand Marianne le quitte, il mène pendant des années une vie aride et sans joie, jusqu'à ce qu'il rencontre une nouvelle fois une compagnie théâtrale. Il s'y joint avec plaisir et s'éprend de Philine, simple, gaie et insouciante. Avec elle il connaît l'accomplissement de sa vocation théâtrale : il devient directeur de sa propre compagnie. C'est la deuxième étape à laquelle succédera une troisième, lorsqu'il fera son entrée dans la société des nobles et dans le monde de la culture. Pour y parvenir, il deviendra amoureux de Nadine. Ici encore, un souvenir d'enfance est appelé. Tout petit, il s'arrêtait longuement devant un tableau de son grand-père qui représentait le roi Antiochus, malade, aux pieds de la reine Stratonice. Un jour, Meister, traversant un bois, est attaqué et blessé. Quand il reprend ses sens, il voit, penchée sur lui, une jeune amazone, Nadine, entourée de soldats.

Deux souvenirs se fondent dans cette image : le prince malade du tableau et Clorinde mourante[19]. Et c'est ainsi qu'il tombe amoureux de Nadine. Celle-ci, cependant, n'est plus une actrice, mais elle est la sœur de Lothaire, un noble dont il est l'hôte. Nadine l'épouse et Meister est introduit dans une nouvelle société aristocratique, imprégnée des valeurs de la franc-maçonnerie et des Lumières.

Nous pouvons donc devenir amoureux de quelqu'un qui évoque pour nous une image d'enfance ou de rêve, un idéal, un personnage de roman, de cinéma ou de la télévision, une star. Mais ce qui compte est sa signification symbolique à ce moment-là, la porte ouverte sur le futur. Erica Jong observe que beaucoup de féministes, beaucoup de femmes écrivains se sont éprises follement de mauvais sujets, de rebelles. Elle écrit en effet : « Les jeunes femmes rêvent d'amour et de passion comme les hommes rêvent de conquête, parce que ces rêves sont des aiguillons qui nous poussent à quitter l'enfance et à grandir. Sinon, comment expliquer que les plus virulentes féministes aient aussi été les amantes les plus passionnées ? [...] Nous nous trompons si nous ne voyons en elles que des victimes. Elles étaient avant tout des aventurières[20]. » Non, elles tombaient amoureuses de ce que leur préparait le destin.

Si le sujet est déjà prêt à un changement radical, il suffit d'un stimulant minime, presque d'un prétexte, pour déclencher l'énamourement. On s'éprend véritablement de la première personne qui passe à ce moment, comme il arrivait à ceux qui buvaient à la fontaine de l'amour, située dans la forêt des Ardennes, du *Roland furieux*[21]. Nous en avons un exemple dans le cas que j'appellerai *L'homme de Turin*.

L'homme de Turin s'était marié sans être vraiment amoureux. Il avait subi une déception amoureuse cuisante, et, quelques années plus tard, il rencontre une femme douce, maternelle, entre les bras de qui il se sent en sécurité. Après son mariage, il se jette fanatiquement dans le travail, renonçant à ses aspirations artistiques. Il réussit, gagne beaucoup d'argent, et il est satisfait de la situation qu'il a réussi à atteindre, du prestige social conquis. Cependant, il a le sentiment d'avoir trahi sa vocation. Il a endossé une cuirasse dans laquelle il étouffe et qu'il ne peut pas ôter. Plus le temps passe et plus il trouve sa femme laide et intellectuellement démunie. Son corps le repousse. Il a des rapports sexuels par devoir et n'éprouve de plaisir qu'avec les prostituées. Dans sa profession, il entre en conflit avec son patron. Il se sent incompris, persécuté. Il commence à présenter de graves symptômes psychosomatiques et entame une psychothérapie. Tout cela dans une période de fermentation politique et sociale. Un soir où, plus sombre et solitaire que jamais, il erre au hasard dans la ville, il rencontre un ami qui l'introduit dans un cercle culturel d'avant-garde. Là, il y a une jeune femme pleine de vivacité, déchaînée, qui s'amuse à lui décocher des piques. Elle dit vouloir devenir réalisatrice de films. Elle l'invite à aller avec elle au théâtre. Il accepte. C'est un milieu inconnu qui l'attire et l'étourdit. Ils continuent à parler jusqu'au matin. De tout, de la vie, de l'amour et du destin. Elle, c'est une rebelle, elle le pousse à se secouer et à faire tomber tous les freins, à être libre et à faire ce qu'il veut. Ils s'embrassent et font l'amour. Et lui s'aperçoit qu'il est amoureux.

C'est un amour-révolte, un amour qui bouleverse le genre de vie équilibré et bien convenable qu'il s'était imposé. Comme celui que décrit Buzzati dans son roman *Un amour*. C'est une révolte contre la vie qu'il a menée jusqu'à ce moment-là, qui advient quand la tension a atteint un *seuil critique*. Alors, les qualités de la personne qui déclenche l'énamourement comptent relativement peu. Elles doivent seulement symboliser un mode de vie libre et plein de joie et représenter la transgression. Il n'est pas nécessaire qu'il y ait entre les deux personnes une affinité intellectuelle et émotive profonde.

Dans les cas décrits jusqu'ici, la force qui pousse au changement est si forte que le stimulant produit immédiatement l'énamourement. Tandis que, le plus souvent, le sujet n'est pas prêt, la personne qu'il rencontre n'est pas appropriée, ou d'autres conditions font défaut. Le processus d'énamourement s'arrête au stade initial et se présente sous la forme d'un bref engouement, d'une toquade qui disparaît bientôt. Quelque temps après, le sujet se sent attiré par une autre personne. Il est encore à la recherche de quelqu'un capable de résoudre son problème, de donner une réponse juste à ses questions. Il fait ainsi de nouvelles tentatives, de nouvelles *explorations*.

Comme dans le cas que j'appellerai *La femme de Milan*. Venue de la province, elle avait épousé un cadre supérieur ambitieux qui s'était donné corps et âme à son travail. Elle n'avait jamais été amoureuse de lui, mais il lui plaisait et lui donnait la sécurité et une bonne position sociale. Elle a deux enfants de lui. Le mari se lance dans la finance et gagne beaucoup d'argent. Elle devient une femme riche, mais solitaire. Elle a de l'argent à dépenser, mais elle s'ennuie. Son mari est toujours pris pas ses affaires et, lorsqu'il rentre, le soir, il se consacre aux enfants.

Elle rencontre un jour un jeune collègue de son mari et celui-ci, par courtoisie, lui fait un brin de cour. Elle se découvre femme. Elle est envahie par un désir violent. Elle est sur le point de perdre la tête pour lui. Mais les vicissitudes de la vie les séparent, et il ne se passe rien. Il aurait suffi d'un peu plus d'insistance de sa part, à lui, et l'occasion de rester seuls, pour déclencher l'énamourement. La première exploration de *La femme de Milan* est un échec. Mais il lui reste une envie de vivre frénétique. Elle maigrit, va chez l'esthéticienne, dépense une fortune en toilettes, elle rajeunit et regarde les hommes avec des yeux ardents. À une réception qu'elle donne chez elle se trouve une de leurs connaissances, un très bel homme, un don Juan réputé. Il sait parler aux femmes avec une voix séduisante, joue du piano et chante. Elle le compare à son mari insipide, qui l'observe en silence. Elle est saisie d'une grande colère et du désir de le trahir, de le punir, pour se venger de ses silences, de l'aridité de leurs relations.

Le don Juan l'invite chez lui, ils ont deux ou trois rapports sexuels. Elle est bouleversée. Elle est convaincue qu'elle est tombée amoureuse. Elle lui écrit des lettres passionnées auxquelles il ne répond pas. Il se fait toujours plus distant et lui dit qu'il part pour de longs voyages. Un jour, dans un lieu de villégiature, elle le rencontre avec sa maîtresse. Elle comprend qu'il la trahit, qu'il la trahira toujours. Exaspérée, elle lui fait de violents reproches, lui la chasse. C'est la fin.

Quelque temps après, elle fait une croisière avec des amies. Elle rencontre un jeune ingénieur allemand passionné de musique classique. Cette fois aussi, elle est sur le point de devenir amoureuse. Mais l'Allemand retourne dans son pays et ne se manifeste plus. Ce qui lui laisse une profonde mélancolie et le sentiment qu'elle va chercher, désormais, l'homme de sa vie. Les frustrations subies l'ont rendue coléreuse et elle s'en prend à son conjoint qui représente la cause de son malheur. Elle lui reproche d'être vieux, laid et aride. Elle l'accuse de l'avoir violée. Elle demande la séparation. Entre-temps, elle rencontre un garçon brillant et agressif, aux débuts de sa carrière. Lui est frappé par cette femme extrêmement élégante et énergique qui peut être l'occasion de sa vie. Elle, elle se sent forte, libérée et amoureuse. Une fois le divorce obtenu, elle l'épouse.

Cependant, l'énamourement n'est pas toujours une révolte contre une vie quotidienne ennuyeuse et étouffante. C'est parfois la voie de la découverte d'un nouveau monde, comme dans le cas que j'appellerai *Le manager du Japon*. Il se rend dans ce pays pour une multinationale, avec un contrat de plusieurs années. Ses collègues n'attendent que le moment de rentrer en Europe. Lui se sent à la fois attiré et repoussé. Il subit le charme d'un pays qui demeure pour lui fermé, inaccessible. Il se met à étudier le japonais, à fréquenter le théâtre. Il a aussi de brèves aventures dans lesquelles il savoure un érotisme différent et mystérieux. Mais il se sent seul et triste. Et, cependant, plein de vitalité aussi, avide de quelque chose qu'il est incapable de formuler.

À ce moment, il fait la connaissance d'une jeune universitaire mariée, mais dont l'union traverse une crise, car elle n'aime pas son mari. C'est un homme rigide, traditionaliste, alors qu'elle veut le changement, et elle est séduite par la vie occidentale. Une relation commence que tous deux ont l'intention de maintenir sur le plan de l'amitié érotique. Mais ils deviennent amoureux l'un de l'autre. Lui est conquis par la force de l'érotisme japonais. Cette femme lui apparaît comme une geisha, experte en un art érotique troublant et mystérieux. Elle sait couvrir et découvrir son corps, le rendre désirable comme aucune professionnelle occidentale ne saurait le faire. En même temps, la pureté de sa passion ainsi que sa détermination lui rappellent les samouraïs. Il a l'impression d'avoir découvert chez elle l'essence de la féminité, une féminité totalement inconnue en Occident. Grâce à cette féminité il parvient à pénétrer, avec un acte immédiat d'identification, dans le monde asiatique, comme si une barrière, un mur s'était abattu. Il ne se sent plus seulement occidental, mais aussi japonais et il éprouve le sentiment d'un extraordinaire enrichissement.

Lorsqu'une personne est amoureuse, elle reçoit de l'autre un flux incroyable d'informations. C'est une vie entière, c'est le monde vu à partir d'une autre existence qui affluent en elle. Une telle expérience peut seulement être faite par les parents qui suivent la croissance de leurs enfants, en participant à leurs jeux, en partageant leurs goûts, jusqu'à leurs modes musicales. Nous disons en effet que les parents restent jeunes avec leurs enfants. Tout cela se déroule au cours des années. Dans l'énamourement, au contraire, l'irruption de la vie d'un autre être a lieu en quelques mois. C'est comme si un univers nouveau s'ouvrait, car chaque être humain est un univers. C'est pourquoi aimer veut dire aussi renaître, dans ce sens que nous devenons un autre, que nous nous dédoublons, que nous avons une seconde vie parallèle à la nôtre.

Dans la rencontre entre deux personnes venant de cultures différentes, la culture se transvase tout entière :

elle nous pénètre, nous emporte avec elle, nous enrichit et nous laisse stupéfaits et pleins d'admiration. Parce que nous ne la connaissons plus de l'extérieur, mais de l'intérieur, comme si nous y avions grandi depuis l'enfance. Les gestes les plus intimes, les refrains enfantins, les diminutifs, les relations entre cousins, les rues, les places, les couleurs du ciel, tout cela est à nous. Pas seulement les choses présentes, celles aussi du passé, vues par les yeux de l'être aimé lorsqu'il était un petit enfant. En se rencontrant, en s'aimant, *Le manager du Japon* et la femme font cette expérience. Il pénètre dans le monde oriental. Elle, dans l'Occident. Chacun aide l'autre à se compléter et à atteindre son but.

Pour opposer de façon synthétique notre point de vue à celui de la psychanalyse, disons que l'individu ne devient pas amoureux de son passé, mais de son futur, de ce qu'il peut devenir.

La chose apparaîtra clairement aussi dans cet autre exemple que nous appellerons *La fille qui voulait faire des études*. Née très pauvre dans une province désolée du Sud, elle avait toujours eu le désir ardent de faire des études, d'aller à l'université, de devenir écrivain. Cela paraissait un rêve impossible. Jusqu'au jour où le hasard lui permet d'aller à Rome, où elle entre en contact avec cette foule de gens qui vivent en marge du monde du spectacle, du cinéma et de la télévision. Des fortunes soudaines y sont possibles, mais on y rencontre aussi des individus qui vivent d'expédients, d'embrouilles et d'illusions. C'est un milieu où une femme doit se donner sans trop de façons à ceux dont elle veut obtenir des faveurs. Notre héroïne, qui est très jolie, se voit aussitôt approchée par plusieurs hommes qui lui promettent une carrière rapide.

Elle rencontre un jour un homme important de la télévision qui lui fait la cour et par qui elle se sent attirée. Il est intelligent, cultivé, tourmenté. Elle est séduite par sa culture et le regarde comme un maître. Avec lui, elle fait la connaissance d'intellectuels et d'artistes. Elle vit une sorte d'ivresse. Mais il est marié et veut garder de bons rapports avec une épouse riche et puissante. Peu à peu, la jeune femme découvre que sa culture dissimule lâcheté et corruption. Et, un soir, elle s'aperçoit qu'il a une autre maîtresse. Amèrement déçue, elle décide de le quitter.

Elle va se fixer à Milan, où elle se contente d'un travail modeste, et elle s'inscrit à l'université. Elle y découvre une autre culture, plus sérieuse et plus profonde. C'est une expérience enthousiasmante : c'est ce dont elle avait rêvé. Elle travaille dans la journée et étudie la nuit, mais elle est heureuse. Bien que beaucoup d'hommes lui fassent la cour, étudiants et professeurs, elle les évite, elle vit aussi solitaire qu'une vestale. Jusqu'à ce qu'elle fasse la rencontre d'un grand érudit, un homme exceptionnel. Elle le fréquente, l'admire et l'estime. Ils travaillent ensemble sans avoir de rapports érotiques. Une véritable intimité spirituelle s'établit entre eux. Il est en mesure d'apprécier son intelligence, sa moralité et son courage. Ils ont de longues conversations. Ils deviennent amis. Un soir, marchant le long des Navigli, elle a l'impression qu'il y a dans l'air une lumière différente et elle est envahie par un sentiment de paix et de bonheur. Quand lui se penche sur elle pour l'embrasser, elle comprend que cet homme sera son grand amour. « C'était comme si j'étais arrivée au port, raconte-t-elle, comme si j'étais arrivée chez nous. »

Dans ce cas aussi la préparation a été longue, de nombreuses explorations se sont succédé. *La fille qui voulait faire des études* avait déjà derrière elle les voies les plus faciles, elle avait appris à reconnaître les vraies valeurs. Et l'homme dont elle s'éprend n'est pas le « premier qui lui tombe sous la main », c'est vraiment « le mieux fait » pour elle. C'est celui qui lui permet de devenir ce à quoi elle s'était préparée.

Nous avons une perception obscure de nos capacités et de notre destin. Et certains l'ont dans une plus grande mesure. C'était le cas, dès son enfance, de *La fille qui voulait faire des études*. Elle avait, alors, visé trop haut, compte tenu de ses possibilités du moment.

Mais nous pouvons dire aujourd'hui qu'elle avait visé haut parce que c'était son destin de s'élever.

Le coup de foudre

Nous pouvons devenir amoureux à l'improviste, en quelques jours, voire en quelques heures, de quelqu'un que nous n'avions jamais vu avant. C'est à ce phénomène qu'on donne le nom de coup de foudre. Nous en avons eu un exemple typique dans le cas de *L'homme de Turin* chez qui tout s'est déroulé dans le cours d'une nuit. En étudiant d'autres cas de coup de foudre, je me suis cependant aperçu que, le plus souvent, il apparaît seulement après un certain nombre d'explorations, après une série de tentatives et d'erreurs.

On le voit bien dans le cas que j'appellerai *L'homme ambitieux*, un cadre supérieur qui avait épousé une femme plutôt laide mais très riche, et qui est arrivé au sommet d'une grande entreprise dans le sillage d'un aventurier sans scrupules. Il a du pouvoir, du prestige, il est riche et il est entouré de beaucoup de belles femmes qui lui font paraître la sienne insignifiante. Il la trahit ; et elle, pour se dédommager, s'en va de temps en temps avec les enfants. Puis l'empire de l'aventurier s'effondre et son mariage avec. Se sentant libre, il va vivre avec une femme très belle et bien plus jeune que lui, mais l'histoire se termine bientôt. Il fait un nouvel essai avec une autre femme, elle aussi belle et voyante. Mais il se sent seul et vide. À ce moment-là, un de ses amis lui propose d'entrer comme associé dans son agence de publicité. Il accepte avec enthousiasme. Son activité nouvelle lui plaît, il établit des projets et voyage beaucoup. Un jour, à l'aéroport de Rome, il rencontre une très belle femme allemande. Ils voyagent ensemble jusqu'à Milan. C'est le coup de foudre. *L'homme ambitieux*, troublé, déconcerté, comprend qu'en réalité il n'était jamais tombé amoureux. Il n'avait jamais pensé qu'à l'argent et à sa carrière. Il avait toujours vu dans les femmes des trophées à exhiber. Tandis que le sentiment nouveau qu'il éprouve à présent est l'amour, et pour cet amour cela vaut la peine de combattre jusqu'au bout. Il la suit à travers l'Allemagne entière en lui faisant une cour acharnée sans se soucier du temps ni de l'argent, sans lâcher prise jusqu'à ce que, pour finir, elle divorce de son mari et l'épouse. Un mariage réussi. Le cas de *L'homme ambitieux* nous montre qu'en réalité le coup de foudre est le dernier acte d'un long processus de recherche, jusqu'à ce que l'individu arrive au degré de maturation nécessaire, et rencontre la personne qui réponde à ses exigences profondes.

Moments de discontinuité. Mais l'expression « coup de foudre » est utilisée aussi avec une autre signification. Comme un moment magique où nous restons frappés, emportés, et ravis. Dans cette seconde acception il ne coïncide pas avec l'énamourement, il est seulement un moment du processus. En effet, dans tous les énamourements, y compris ceux qui se développent de façon progressive entre amis et connaissances, nous avons l'impression qu'il y a un moment particulier, où le changement advient. Comme si un interrupteur se déclenchait, comme si une lumière s'allumait, comme si un voile tombait. Ce qui explique les expressions du genre *tomber amoureux, fall in love*.

D'où vient cette impression de *discontinuité ?* Pour répondre à cette question, examinons un cas dont nous avons déjà parlé : l'homme de Turin. *L'homme de Turin* affirme qu'il est devenu amoureux au moment précis où la fille qui l'a entraîné dans la balade nocturne, après lui avoir parlé de son enfance, lui jette les bras autour du cou et éclate en sanglots. En réalité, ce geste serait resté sans conséquences s'il ne l'avait pas revue les jours suivants, et s'ils n'étaient pas allés vivre ensemble. Le moment qui marque le destin, pour cette raison, n'est reconnu qu'après coup, dans la suite. Tandis qu'il le vivait, il n'avait pas conscience que quelque chose d'irréversible se produisait en lui. Il éprouvait une émotion particulièrement intense, rien de plus. Cependant, ce furent ces larmes qui ouvrirent la porte à l'amour, qui firent tomber les barrières qui le défendaient, pour ouvrir une brèche sans laquelle le processus n'aurait pas pu se poursuivre.

Prenons maintenant un autre cas que j'appellerai *L'homme de Bari*. Il s'agit de quelqu'un qui vit éloigné de sa femme. Il rencontre un jour une jeune femme qui le frappe par sa façon de regarder : un regard ironique, séduisant et troublant. Il ne la revoit pas avant plusieurs mois. Entre-temps, ses rapports avec sa femme se sont détériorés. Quand il la rencontre une seconde fois, il l'invite à dîner, ils sortent, il la prend dans ses bras et ils échangent des baisers. Lui sent le corps souple et potelé de la fille contre le sien. Il éprouve une impression très forte. Cependant, jusqu'à ce moment, nous ne pouvons pas dire que *L'homme de Bari* soit devenu amoureux. S'il ne l'avait plus revue, il n'aurait gardé d'elle qu'un souvenir agréable. Mais, justement à ce moment-là, il reçoit une nouvelle inattendue qui provoque la rupture avec sa femme. Il en reste troublé et furieux. Il rencontre de nouveau la fille et, cette fois, s'abandonne. Ils vont dans un motel et il la déshabille. Quand il la voit nue sur le lit, il est bouleversé par la beauté de ses seins. Il dira toujours par la suite que ce fut à cet instant qu'il est devenu amoureux. Mais nous nous souvenons que, plusieurs mois auparavant, il avait été frappé par ses yeux. Ensuite par le contact de son corps. L'effet très violent de la vue de ses seins arrive seulement quand, après la grave rupture avec sa femme, il s'abandonne à l'attirance, laissant tomber ses défenses.

Ces *moments de discontinuité* sont donc des instants où le sujet s'abandonne, s'ouvre à l'émotion. Nous résistons toujours à l'amour, à l'impulsion de nous laisser aller. Nous ne percevons pas les stimulants qui nous sollicitent. Puis vient un moment où nous abandonnons nos défenses, où nous nous ouvrons et nous rendons. C'est un peu comme ce qui se passe dans l'hypnose, où le sujet, à un certain moment, baisse la garde et collabore avec l'hypnotiseur. Alors que ceux qui ne veulent véritablement pas se laisser hypnotiser se ferment d'une façon impénétrable.

Alors, qu'est donc le *coup de foudre* ? L'effet de la décision de nous abandonner totalement, sans réserve, au processus de séduction. Lorsque, au contraire, le sujet se défend contre la séduction amoureuse, qu'il ne veut pas céder, le processus a lieu par étapes successives, par de petites révélations successives, par des *moments de discontinuité* successifs.

C'est le cas de *L'homme prudent*. Il avait déjà deux divorces derrière lui et, de plus, il avait toujours été jaloux. Aussi avait-il dressé de formidables barrières contre un nouvel énamourement. Il fait la connaissance d'une jolie femme avec qui il travaille pendant un an sans même voir en elle un objet érotique possible. Il a l'occasion de l'apprécier, de l'estimer intellectuellement et moralement. Ils deviennent amis et ont de longues conversations. Un soir, à une réception, il la regarde pendant qu'elle se penche pour servir les invités et il est soudain frappé par la beauté de son dos et de ses jambes. Pour la première fois, il « la voit ». Une seconde révélation violente a lieu quand elle lui apparaît, toute bronzée, en costume de bain. Il est littéralement bouleversé par sa beauté. Mais c'est seulement plus tard qu'il comprend qu'il en est follement amoureux. Quand il vit déjà avec elle et qu'ils ont eu un très léger différend. Il sort de chez lui pour se rendre au travail et, brusquement, il est saisi par la peur que, dans son irritation, elle ne veuille plus le voir. Fou d'inquiétude, il court à sa recherche et la trouve calme et souriante. Il la serre contre lui en tremblant. La dernière barrière est tombée. Il sait à présent que cette femme lui est devenue indispensable et qu'il ne peut pas vivre sans elle.

Un amour vient donc des profondeurs de l'être et regarde vers le futur. Il exige cependant que le sujet l'accepte, plus qu'il le veuille. Dans le conflit entre le processus d'énamourement et les résistances du sujet, il y a des sauts, des reculs discontinus et des prises de conscience soudaines. *L'homme de Turin* comprend immédiatement qu'il est amoureux. Il se définit aussitôt lui-même en ces termes. *L'homme de Bari* le fait seulement après avoir reçu une nouvelle qui bouleverse sa vie. *L'étudiant*, au contraire, s'en aperçoit seulement très tard, parce que son amour n'est pas partagé. Enfin, *L'homme prudent* se défend bien que la femme en question l'aime.

Le coup de foudre n'est donc pas un phénomène névropathe, comme le disent de nombreux psychanalystes. Pour eux, dans le coup de foudre nous ne connaissons pas l'autre personne, car ce que nous voyons en elle est notre projection. Tandis que, quand nous la connaissons bien, notre amour naît du principe de réalité. Les cas que nous avons exposés les démentent. L'être que nous voyons dans l'énamourement est toujours quelque chose de mystérieux et d'inconnu qui nous appelle. Même quand nous devenons amoureux de notre ami ou de notre amie, il y a toujours un instant prodigieux où nous l'observons avec des yeux neufs et où nous découvrons, d'un seul coup, qu'il ou elle possède des qualités extraordinaires, que nous n'avions pas remarquées avant.

Le pire danger dissimulé dans l'énamourement soudain dérive du fait que les deux amoureux peuvent avoir des projets différents et qu'ils l'ignorent. C'est ce qui arrive aux héros du film de Visconti, *Obsession*. Lui est un chauffeur de camion, il veut voyager, connaître le monde. Elle est une femme jeune et belle, mariée avec un homme riche et grossier. Ils s'éprennent l'un de l'autre. Ils tuent le vieux mari, en simulant un accident. Ils sont libres de s'aimer. Mais c'est justement lorsqu'ils peuvent faire ce qu'ils veulent, qu'une divergence apparaît entre eux. Il veut seulement sa maîtresse, la maison et le restaurant n'ont pas d'importance pour lui. Il veut continuer à voyager avec la femme aimée. Tandis qu'elle a un autre projet : elle a goûté au plaisir d'être la maîtresse de maison, le plaisir de posséder des biens. Et elle veut les partager avec l'homme qu'elle aime. Lui ne veut pas rester sur le lieu du crime, il sait que c'est dangereux, que, tôt ou tard, ils seront découverts. Elle s'obstine à ne pas vouloir bouger de là, elle veut savourer le plaisir d'une situation aisée. Cette maison est le symbole de sa conquête, de sa délivrance. Alors, il tente de partir, de se distraire avec une autre fille. Mais c'est inutile. La voix de l'amour est plus forte, et il revient. Maintenant, elle aussi a compris qu'ils doivent s'en aller. Mais c'est trop tard. Ils s'enfuient, poursuivis par la police, leur voiture est précipitée dans un ravin et elle meurt entre les bras de son amant.

Les affinités électives

Dans le film *La Leçon de piano*, de Jane Campion, une jeune Anglaise est donnée en mariage à un cultivateur de la Nouvelle-Zélande. La jeune fille est muette depuis l'âge de six ans, elle communique par gestes et par écrit, et a une passion pour le piano. Quand le bateau aborde la côte, on débarque aussi son piano, mais il ne peut pas être transporté dans la jungle et il reste sur la plage. Comme son mari et ses belles-sœurs ne lui prêtent pas attention, elle demande à un voisin de l'accompagner jusqu'au piano pour pouvoir en jouer. Le voisin y consent. Arrivés sur la plage, il l'entend jouer et il est profondément impressionné. Il achète alors l'instrument au mari. Il le transporte chez lui, le fait accorder et, ensuite, demande à la jeune femme de lui donner des leçons de piano.

En la regardant jouer, il est saisi d'un désir violent, irrésistible, de sa personne, de sa musique, de son corps. S'apercevant que, pour elle, le piano représente la vie, il exerce sur elle un chantage : il consent à le lui donner si elle se laisse regarder avec les épaules nues, si elle se laisse toucher, si elle s'étend, nue, à son côté. En somme, il lui propose d'acheter le piano avec son propre corps, morceau par morceau. Elle accepte. Arrive le moment où l'homme s'aperçoit qu'il est vraiment amoureux et il a alors une crise de remords : il a honte d'avoir abusé de son besoin, honte de l'avoir traitée comme une prostituée. Il lui fait cadeau du piano et s'en va. Puisqu'il l'aime, il ne veut pas qu'elle fasse rien contre sa propre volonté.

C'est alors à la femme de s'apercevoir qu'elle l'aime. Elle l'aime parce qu'il a été le seul à la comprendre, le seul à comprendre son langage. À la suite d'une explication violente avec le mari, elle s'enfuit avec lui. Pendant le voyage, elle décide de se libérer complètement du passé et fait jeter le piano dans l'océan. Mais l'instrument en tombant l'entraîne dans sa chute. Elle ne s'était pas aperçue qu'une de ses chevilles était restée prise dans le cordage qui le tenait attaché au bateau. Dans un acte de volonté désespéré, elle parvient à se libérer de la corde et revient à la surface. Elle est maintenant libérée de son passé, et, avec celui qu'elle aime, elle pourra recommencer une nouvelle existence en Europe.

Dans cette délicieuse histoire, l'amour prend naissance sur la base d'une affinité élective. L'homme est resté fasciné par la femme en train de jouer du piano : par son corps, par son visage et par le moyen par lequel elle s'exprime : la musique. Un art inconnu qui lui révèle son âme et l'âme de la femme. La musique est quelque chose qu'ils ont en commun d'une façon exclusive. Eux seuls la comprennent. Le mari pense uniquement à acquérir des terres et il attend que l'amour conjugal naisse de la vie commune. Tandis que lui, même s'il la traite comme une prostituée, la désire dans son intégralité, corps et esprit. En effet, la musique est son esprit. Il est le premier homme qui ne sépare pas son corps de sa musique, qui fonde ensemble sexualité et art. Cela éveille l'érotisme de la femme, le fait surgir et, en même temps, lui redonne l'usage de la parole. Ce qui les unit est donc une profonde affinité : le respect réciproque de leurs essences physiques et spirituelles.

Un autre exemple d'affinité élective réelle est celui

du compositeur Giuseppe Verdi et du soprano Giuseppina Streppони. Verdi était né dans une bourgade d'Émilie, dans une famille pauvre. Il avait pu faire des études grâce à un homme généreux, dont il avait plus tard épousé la fille. Mais les difficultés de l'existence et les incompréhensions rencontrées pendant sa jeunesse lui avaient laissé un caractère renfermé et taciturne. Comme pour l'héroïne de *La Leçon de piano*, sa forme d'expression n'était pas la parole, mais la musique. C'est ce que comprend une cantatrice belle et célèbre, Giuseppina Streppони. Elle pénètre dans l'âme du jeune compositeur ombrageux et y fait naître les chants les plus beaux. De façon analogue, Verdi entrevoit chez la Streppони la réalisation de sa musique et le couronnement des valeurs de loyauté et de simplicité en lesquelles il croit. Ils resteront unis toute la vie et il ne la quittera jamais.

Ce genre d'affinité ne doit pas être confondue avec celle qu'éprouvent les êtres épris l'un de l'autre et qui dérive de caractères propres de l'*état naissant* amoureux. Tous les amoureux, en effet, ont l'impression qu'une affinité profonde, et même une essence commune, existe entre eux. Comme si l'un des deux avait toujours été à la recherche de l'être aimé et, finalement, l'avait *reconnu* parmi les mille visages de la foule. La *reconnaissance* est un phénomène qu'on peut expliquer en ayant présent à l'esprit que, dans la phase initiale de l'énamourement, nous subissons une transformation émotionnelle et mentale profonde. Notre sensibilité s'élargit et nous devenons capables de comprendre, d'apprécier et d'aimer l'être en lui-même. C'est comme si nous devinions l'essence de l'autre, celle que lui-même ne connaît pas. Et c'est cette essence que nous reconnaissons. Mais cette *reconnaissance* ne signifie pas qu'une affinité profonde existe entre nous, une communauté de goûts et de valeurs. L'énamourement peut attirer aussi des personnes qui découvrent seulement leur diversité par la suite.

C'est le cas de *Madame Bovary*. Elle n'aime pas son mari et se sent incomprise dans le village où elle vit.

Elle lit des livres romantiques, des histoires d'amour, rêve d'aventures et de voyages. Un jour, Léon, un jeune clerc de notaire, vient habiter dans la maison située en face de la sienne ; elle commence à parler avec lui de Paris, de la mer, de voyages. Elle a alors l'impression d'avoir trouvé quelqu'un qui a la même sensibilité et les mêmes valeurs qu'elle. Est-ce vrai ? Léon est jeune, il a la sensibilité et les rêves d'un gamin. Mais il n'a ni caractère ni esprit d'aventure. Il finira, en fait, par se faire entretenir par elle, sans même soupçonner la tragédie vécue par la femme qui l'aime. Il n'existe entre eux aucune affinité élective véritable, seulement une vague concordance d'aspirations et de rêves.

La même chose se produit dans le cas du grand compositeur Gustav Mahler et de sa femme, Alma. Mahler dirige l'Opéra de Cour de Vienne. Il est célèbre comme chef d'orchestre, mais sa grande musique n'est pas encore comprise. Il lutte désespérément pour l'imposer et, dans la personne aimée, il recherche aussi une alliée, une complice. Alma a vingt-deux ans. Elle est très belle, intelligente, séduisante, et elle compose aussi de la musique. Si elle apprécie et admire le chef d'orchestre, elle ne comprend pas et n'aime pas ses œuvres. Bien qu'il soit follement épris, Mahler lui écrit quelques lettres dramatiques où, avec une très grande clarté, il lui expose ses desseins artistiques. Pour les réaliser il lui faut aller au bout d'un terrible effort, d'une peine surhumaine, et il a besoin d'elle, de son aide. Il lui demande de renoncer à la musique qui plaît à tout le monde et de se consacrer à celle qu'il est en train de créer[22]. Alma accepte et l'épouse, mais, au fond d'elle-même, elle n'est pas convaincue. Au bout de quelques mois elle est déjà malheureuse. Son mari ne lui plaît pas physiquement, elle souffre du manque de ses amis et admirateurs, et de sa propre musique. Entre les deux, en réalité, il n'y a aucune affinité élective. Pour finir, Alma s'éprend de l'architecte Gropius, et, peu de temps après, Mahler meurt.

De l'amitié à l'amour

Il existe aussi une forme d'amour qui naît, progressivement, de l'amitié. Un amour qui ne se présente pas comme l'explosion du sentiment entre deux inconnus, mais où deux êtres, pour commencer, se rencontrent sur le terrain délicat de l'estime et de la confiance réciproques. Le désir érotique apparaît ensuite. Et l'érotisme, au début, est seulement une adjonction, ou un désir de se connaître mieux. Seule l'intimité érotique, en effet, révèle des aspects inconnus et profonds de la personne. La confiance en l'ami ou en l'amie permet un abandon plein de sérénité. Nulle mise en scène, nulle nécessité de séduire, de faire une apparition imprévue.

Dans le coup de foudre violent, les amoureux ne se connaissent pas. Ce sont deux inconnus séduits par leur affinité et leur diversité, et qui, en réalité, ne savent rien l'un de l'autre. Bien différemment, dans l'énamourement né de l'amitié, il existe déjà une *affinité élective* ainsi qu'une base solide de confiance, d'estime et d'intimité.

Mais attention : même dans le cas de l'amitié, l'énamourement demeure imprévu et imprévisible. Il se manifeste pour son propre compte, jaillit du monde intérieur, des profondeurs de l'être. Il y a toujours un moment magique où l'ami ou l'amie que nous croyions si bien connaître nous apparaissent, à l'improviste, différents et merveilleux. Distants l'un de l'autre et, en même temps, tissés de ce mystère que seul l'énamourement est capable de révéler chez les êtres humains. Cet énamourement, dans sa structure, est absolument identique à celui qui apparaît entre deux inconnus. Cependant l'amitié, la longue et sereine amitié, lui confère quelque chose de précieux, d'aussi précieux que l'état naissant même. Car l'énamourement n'est pas un acte, c'est un processus. C'est une succession de révélations et de questions, c'est une succession de mises à l'épreuve. L'énamourement, pour devenir l'amour, doit aussi connaître par l'expérience ce qu'est l'autre. Nous pouvons nous éprendre de quelqu'un qui se révèle différent de celui que nous avions imaginé. Qui nous déçoit, qui détruit nos illusions. Tout cela se découvre avec le temps. Comment faire pour savoir si l'autre nous aime ? Si l'autre ne nous ment pas ? Nous posons des questions, nous le mettons à l'épreuve, et l'autre fait de même à notre égard. C'est seulement ainsi que l'amour devient une connaissance véritable et non un rêve. L'amour, pour durer, doit devenir aussi confiance et estime. Autrement dit, il doit acquérir quelques-unes des caractéristiques de l'amitié.

L'amour qui naît de l'amitié a déjà parcouru une étape de ce chemin. Nous connaissons notre ami, ses limites, mais aussi ses qualités. Et surtout, nous avons confiance dans sa loyauté. S'il n'en était pas ainsi, il ne serait pas devenu notre ami. L'amitié a une substance morale. C'est sur ces connaissances, sur ces sécurités morales silencieuses que l'amour naissant peut compter. L'amour demeure un tourment et une crainte, il demeure une émotion et des larmes, il demeure un désir indicible d'avoir l'être aimé en nous. Mais, à côté de ces sentiments, mêlés à eux, l'amitié y insère l'intimité, la confiance partagée et le respect de la liberté. Aussi l'énamourement qui naît dans l'amitié est-il plus limpide et plus serein.

acte, c'est un processus. C'est une succession de rêves, larvas et de quoi... c'est une succession de pensées à l'épreuve. Le contradicteur, pour sa part, l'amour doit ainsi construire par l'expérience de qu'est l'autre. Nous pouvons nous connaître, de quelqu'un, as résulte différer de celui que nous avions imaginé. On nous déçoit, une déçoit nos illusions. Tout cela se découvre avec le temps. Comment faire pour savoir si l'autre nous aime ? S'il n'aime nous trend pas, nous posons des questions, nous le mettons à l'épreuve, et l'autre fin de même à notre égard. C'est seulement ainsi que l'amour devient une connaissance véritable et non un rêve. L'amour, pour durer, doit devenir aussi confiance et estime. Autrement dit, il doit acquérir quelques-unes des caractéristiques de l'amitié.

L'amour qui finit de l'amitié a déjà parcouru une étape de ce parcours. Nous connaissons notre partenaire mais, avec ses qualités. Il suffirait, nous avons continue dans sa savante. S'il n'en était pas ainsi, il ne serait pas devenu notre ami. L'amitié a une substance morale. C'est sur ces connaissances sur ces secrètes promesses, il recouse que l'amour naissant peut compter. L'amour demande un contrat et une crainte. Il demande une émotion et des larmes. Il demande un désir indicible d'avoir l'être aimé en soi. Mais il doit de ses sentiments mêlés à eux, l'amitié, l'intérêt intime, la confiance partagée et le respect de la liberté. Alors, l'enracinement qui fait plus l'amitié est-il plus limpide et plus serein.

CHAPITRE TROIS
LES LIENS AMOUREUX

Quels sont les mécanismes fondamentaux sur lesquels est fondé l'amour ? Toutes les formes d'amour ? De quoi dépendent l'énamourement, la formation de couple et son destin ? Ce sont : le principe du plaisir, la perte, la désignation et l'état naissant.

Le principe du plaisir

Commençons par *le principe du plaisir*. C'est le point de départ le plus répandu et le plus universellement accepté. Nous nous lions avec les êtres qui satisfont nos besoins et nos désirs. Si quelqu'un nous procure du plaisir, nous aurons tendance à retourner chez lui, à rester plus longuement avec lui et à établir avec lui des rapports plus étroits. Le plaisir renforce le lien, la frustration l'affaiblit. Ce mécanisme est à la base des réflexes conditionnés et des théories de l'apprentissage. C'est sur la base de ce mécanisme que l'enfant chérit ses parents, parce que ceux-ci satisfont ses besoins essentiels, le nourrissent, le maintiennent en vie et lui donnent l'affection dont il a besoin. C'est aussi le mécanisme qui est à la base de l'amitié. Nous devenons les amis de ceux qui nous sont sympathiques, qui nous comprennent, qui nous écoutent et qui sont à nos côtés dans les moments de joie, de tension et de douleur. Être avec un ami nous procure du plaisir, nous égaie, et nous nous sentons bien. Chacune des rencontres avec un ami nous aide à découvrir quelque chose de nous et du monde[1]. Son expérience nous enrichit et sa solidarité nous rend plus forts. Nous avons confiance en notre ami et nous avons recours à lui en cas de besoin, pour lui confier un de nos problèmes ou un secret. Et comme il répond à nos questions, satisfait nos exigences, le lien se renforce avec le temps. Si, au contraire, l'ami nous déçoit, nous trompe, nous trahit, le lien s'affaiblit et, à un certain point, se rompt.

Chaque rencontre érotique agréable, chaque extase à laquelle nous parvenons renforcent notre besoin de l'autre. Si l'expérience du plaisir est partagée également, un lien durable s'établira entre les deux personnes. Chacun cherchera à être agréable à l'autre, à lui plaire et à le rendre heureux. Il évitera les situations déplaisantes et fera en sorte que la rencontre soit pleine de joie et parfaite. Parfaite pour tous les deux, pour qu'ils puissent se retrouver de nouveau et continuer leur relation.

L'amour naît quand nous rencontrons une personne qui possède les qualités qui ont de l'importance pour nous, qui satisfont les désirs, les rêves et les ambitions profondes qui se sont formés au cours de notre vie, à partir de notre toute première enfance, dans notre rapport avec les parents[2]. Des besoins réels et des besoins symboliques, parfois conscients, parfois inconscients. Pour que l'amour soit également partagé il faut que ces besoins coïncident dans la réciprocité. Mais la vie amoureuse du couple exige aussi une activité intelligente, une maîtrise du rapport. Chacun doit comprendre ce qui fait plaisir à l'autre, tenir compte de ses exigences, de ses espoirs et de ses craintes. C'est seulement dans ces conditions que la satisfaction réciproque atteint son maximum.

Cependant, le principe du plaisir, à lui seul, ne suffit pas à expliquer l'énamourement. En effet, pour créer des liens forts, ce mécanisme a besoin de temps. Plus la satisfaction réciproque se répète, plus le temps passe, et plus le lien devient fort. Comme cela arrive dans le rapport entre enfants et parents, et entre amis. Le lien fort est le résultat d'une histoire qui a bien tourné. Nous pouvons, au contraire, devenir amoureux dans un temps très bref d'une personne que nous ne connaissons pas, dont nous ignorons si elle nous aime et qui, parfois, nous fait affreusement souffrir. L'amour, dans l'énamourement, se présente comme quelque chose qui s'empare de nous, qui nous attache contre notre volonté, parfois comme une folie, comme une maladie dont nous voulons nous libérer. Nous aimons ainsi des personnes en qui nous n'avons pas confiance, qui nous trahissent. Et nous continuons de les aimer, en dépit de la douleur, en dépit du désespoir, en dépit de la haine. Comme disait Madame de La Fayette au sujet de la princesse de Clèves : « Elle ne pouvait s'empêcher d'être troublée de sa vue, et d'avoir pourtant du plaisir à le voir ; [...] il s'en fallait de peu qu'elle ne crût le haïr pour la douleur que lui donnait cette pensée[3]. »

La perte

Le deuxième mécanisme est celui de la perte. Il nous arrive souvent de nous apercevoir qu'une personne nous est indispensable seulement quand nous risquons de la perdre, quand elle s'éloigne de nous ou quand une puissance négative — la maladie, la violence ou la mort — nous l'enlève. Prenons un exemple. Il y a des parents fatigués, affairés, en colère contre un enfant rebelle qui n'étudie pas et qui est désobéissant. Ils le réprimandent sévèrement. Un jour, cependant, à l'improviste, ils s'aperçoivent que le gamin a disparu. Aussitôt reproches et colères sont oubliés. Ils abandonnent tout pour se mettre à sa recherche. Ils ne pensent plus qu'à le retrouver. Ils se rendent compte qu'ils l'aiment désespérément, et que tout le reste n'avait aucune importance. *L'être-qu'on-perd* devient un objet absolu d'amour. Il faut qu'il soit retrouvé pour que tout le reste puisse recouvrer un sens. Le retrouver devient la fin ultime et le reste devient un moyen pour atteindre cette fin. Cela hiérarchise donc toutes les autres relations, sépare ce qui est essentiel de ce qui ne l'est pas. Si l'enfant est retrouvé quelques heures après, l'angoisse et le désir se dissipent comme un mauvais rêve. Ils savent maintenant que son existence est essentielle pour eux et qu'ils l'aiment. Si, au contraire, la recherche continue fiévreusement pendant des jours et des jours, pendant des mois et des mois, alors leur vie quotidienne tout entière se réorganise par rapport à la tâche essentielle qui est de le retrouver, de le reprendre dans leurs bras.

Ce type d'expérience nous révèle que l'objet aimé est plus important que nous-mêmes, tant il est vrai que, pour le sauver, nous sommes prêts à sacrifier notre propre vie. La perte crée une discontinuité : d'un côté il y a l'essentiel, de l'autre ce qui ne l'est pas. Et les deux plans sont incommensurables, impossibles à comparer. Nous sommes dans le domaine des absolus, où règne la loi du tout ou du rien.

Le mécanisme de la perte ne fonctionne pas seulement pour les objets individuels d'amour. La perte nous révèle aussi la valeur que des objets collectifs ont pour nous. La valeur de notre patrie, de notre groupe ethnique, de la liberté, nous apparaît quand elle est menacée, quand l'ennemi nous envahit ou tue certains des nôtres. Nous sommes prêts alors à combattre jusqu'à la mort. À Massada, les zélotes assiégés tuent les membres de leurs familles avant de se suicider pour ne pas devenir esclaves des Romains. Les Romains choisissent de périr dans l'incendie de Sagonte pour ne pas devenir prisonniers des Carthaginois. Au cours de l'extermination des Tutsis, au Ruanda, de nombreuses mères ont préféré tuer leurs enfants pour ne pas les voir torturés et, ensuite, massacrés à coups de machette.

La perte peut se présenter dans deux situations différentes : dans la première, ce n'est pas un adversaire, un ennemi qui nous menace, qui veut s'emparer des objets de notre amour, ou les détruire. C'est le cas du petit enfant qui se perd. C'est le cas de la maladie. C'est le cas de l'angoisse que nous éprouvons quand nous avons le sentiment que la personne aimée nous néglige ou ne nous aime plus. Dans la seconde situation, la perte dépend d'un *agresseur*, d'un *ennemi* qui attaque et menace l'objet aimé. Comme dans le rapt ou dans l'invasion. La *jalousie* est le produit des deux composantes. En effet, pour qu'on puisse parler de jalousie, il doit y avoir un rival, quelqu'un qui nous enlève l'objet d'amour et prend notre place. Mais la complicité, le consentement de la personne aimée sont aussi nécessaires. Dans la jalousie, nous craignons que la personne aimée ne nous préfère l'autre. C'est pourquoi notre agressivité peut viser autant celui que nous aimons que celui qui nous le prend. Pour indiquer la force qui nous enlève la personne aimée, quelle que soit sa forme (perte, maladie, séducteur ou ennemi), nous emploierons l'expression : *puissance du négatif*.

Dans la perte, nous nous apercevons que nous aimons quelqu'un qu'en réalité nous aimions déjà avant. La perte est une sorte de reconfirmation brutale et dramatique de ce que nous aurions déjà dû savoir. L'expérience de la perte ne nous révèle pas seulement un amour préexistant. Elle ajoute quelque chose qui nous fait saisir plus profondément l'importance de l'objet. Elle nous attache davantage à l'objet aimé. Le lien amoureux se renforce donc dans une succession d'expériences de la perte. La mère attend dans l'inquiétude son enfant dès avant sa naissance et le protège ainsi contre les dangers, les maladies, le sauve, le met au monde. Puis elle le nourrit, veille sur lui, le berce quand il pleure, le soigne lorsqu'elle croit qu'il est malade. Pendant son sommeil elle se tient à côté de lui, dans la crainte qu'il puisse se réveiller et crier de peur. Elle le protège et, toujours aux aguets, le défend contre tous les dangers. Elle le sauve de la *puissance du négatif*. Et, chaque fois, elle le redécouvre comme fin ultime, comme valeur. C'est ce qui explique la conclusion d'une extrême importance à laquelle nous sommes parvenus : *la perte ne se limite pas à nous dévoiler un amour qui existe déjà, elle contribue à le créer.*

Parlant du mécanisme du plaisir, nous avons dit que le lien amoureux est le précipité historique des expériences positives que nous avons eues. Nous pouvons ajouter que nos objets aimés sont aussi le précipité historique du combat que nous avons soutenu pour eux contre les puissances du négatif. C'est pourquoi nous aimons ce qui nous a donné du plaisir, mais *nous aimons aussi ce que nous avons sauvé du néant.* Ce *à quoi nous avons donné la vie et que nous avons conservé en vie.*

Nous aimons ce qui, par le moyen de notre travail, de notre effort et du don de nous-mêmes est devenu une objectivation de notre personne, le lieu où nous avons mis le meilleur de nos énergies vitales. Nous aimons le résultat de notre générosité, le don de notre vie qui, en s'objectivant dans quelque chose d'autre que nous, devient plus important que nous-mêmes.

Les parents aiment leurs enfants parce qu'ils les ont nourris et défendus, qu'ils ont passé des nuits blanches à leur chevet, parce que, en chaque occasion, devant un danger, une menace, ils ont d'abord pensé à eux, parce qu'ils en ont fait une fin ultime et qu'ils ont considéré tout le reste comme un moyen. Parce qu'ils ont été prêts à donner leur vie pour eux. Nous aimons notre patrie, notre parti parce que nous nous sommes battus, que nous leur avons consacré notre vie et que nous avons toujours été prêts à la sacrifier pour eux.

Pour cette raison, l'amour des enfants pour leurs parents est différent de celui des parents pour leurs enfants. L'amour des enfants naît du principe du plaisir, c'est-à-dire de la satisfaction des besoins. Comme l'amitié ou le lien érotique. Celui des parents naît, au contraire, du don et de l'oubli de soi. Comme l'amour de la patrie. Les deux mécanismes, évidemment, se mêlent souvent et l'amour concret jaillit de tous les deux. La tendre affection des enfants fait le bonheur des parents.

Les enfants sont inquiets pour la vie de leurs parents et font ce qu'ils peuvent pour ne pas les faire souffrir et les rendre heureux. Mais il est important d'avoir présent à l'esprit que les principes qui sont à l'origine de l'amour sont séparés.

À la différence du mécanisme du plaisir qui crée un lien d'autant plus fort qu'il est davantage satisfait, le mécanisme de la perte est soumis à un processus de *saturation*. La lutte pour retenir en vie quelqu'un que nous aimons produit de la souffrance. Et si la lutte se prolonge trop, si la souffrance devient trop grande, nous nous révoltons, nous nous défendons. C'est le cas du malade chronique, du malade incurable que nous assistons avec patience et dévouement. Tout d'abord notre amour grandit, mais ensuite, quand la situation se prolonge, qu'il n'y a pas d'améliorations ou que l'issue devient inévitable, la peine et la souffrance commencent à nous peser de plus en plus. Peu à peu, le détachement se produit. Et nous commençons à souhaiter que cette torture prenne fin.

Dans son essence, le mécanisme de la perte est une lutte. Et lorsqu'il n'y a plus d'espoir de victoire, que la lutte paraît sans but, le mécanisme s'épuise. Il existe au moins deux autres situations où un amour basé sur la perte s'évanouit ou se transforme même en rancœur. Le premier cas se présente quand, après avoir tellement lutté, nous sommes payés par l'ingratitude. Le second, quand nous nous apercevons que l'autre personne a exercé sur nous un chantage en feignant d'être malade ou nous a rendus jaloux pour nous tenir attachés.

Dans la perte nous nous lions à ce que nous tentons de retenir, à quelque chose qui nous est enlevé. C'est une défense contre une puissance extérieure, la *puissance du négatif*. Il existe aussi une tendance à s'emparer de ce qui est aux autres, à étendre son propre territoire, à soumettre, à dominer, à vaincre. L'animal défend son territoire contre l'agresseur étranger, mais, en même temps, il cherche à envahir le territoire de l'autre. Une tendance à l'*affirmation*. Pensons à deux personnages comme don Juan et Casanova. Ils brûlent d'amour, de désir et de passion pour une femme. Ils l'assiègent avec toute leur séduction. Mais une fois que la femme s'est donnée, qu'elle a « capitulé », leur intérêt disparaît. L'*affirmation* épuise son effet dans la victoire. Elle ne crée pas un amour durable.

Beaucoup de femmes se sont affirmées grâce à la séduction. Quand nous séduisons quelqu'un, quand l'autre nous aime, nous acquérons un immense pouvoir sur lui. Et certaines femmes aiment ce pouvoir. Elles aiment se sentir aimées, adorées. Elles aiment dominer. Françoise Giroud attribue ce caractère à Alma Mahler, la femme du grand compositeur viennois. Le peintre Klimt, avant de devenir célèbre, s'éprend d'elle. Mais Alma lui tient la dragée haute, elle l'attire et le repousse, et lui, en adoration, la poursuit. C'est ensuite le tour de Zemlinsky, son professeur de musique. « Celui-là, écrit Françoise Giroud, elle l'a rendu fou. Se laissant embrasser, caresser, autorisant toutes les privautés sauf la dernière, parlant de fiançailles, refusant le mariage, jetant le chaud et le froid, elle entretient avec lui une correspondance enflammée, elle va le torturer pendant deux ans[4]. » Le cas de Lou Salomé, dont nous parlerons longuement plus loin, est du même type. Elle veut être aimée par Rée, par Nietzsche et par Andreas, les tenir tous attachés à elle, tous l'adorant, sans jamais se donner. Dans tous ces cas, le véritable mécanisme qui crée amour et dépendance est celui qui retient, qui conserve : le mécanisme de la *perte*.

La désignation

Ce mécanisme a été analysé de façon approfondie par René Girard[5], qui l'a placé à la base de sa théorie socio-philosophique. Pour Girard, chacun de nos désirs prend naissance parce que nous imitons et faisons nôtres les désirs des autres. Prenons deux frères encore enfants. Donnons une pomme au premier et rien au second. Bientôt le second la veut lui aussi. Non parce qu'il a faim, mais parce que le premier l'a eue. Il s'est identifié à son frère et s'est approprié son désir. « ... l'homme désire intensément, écrit Girard, mais il ne sait pas exactement quoi, car c'est l'être qu'il désire, un être dont il se sent privé et dont quelqu'un d'autre lui paraît pourvu. Le sujet attend de cet *autre* qu'il lui dise ce qu'il faut désirer [...] Ce n'est pas par des paroles, c'est par son propre désir que le modèle désigne au sujet l'objet suprêmement désirable[6]. » Ce sont les autres, avec leur désir, qui nous désignent ce qui est désirable.

Nous voulons quelque chose seulement parce que nous nous identifions à un autre qui désire la même chose. Et, parce que nous voulons exactement le même objet que lui, nous entrons en compétition avec lui. Nous le retrouvons sur notre chemin comme un adversaire. « La rivalité, écrit Girard, n'est pas le fruit d'une convergence accidentelle des deux désirs sur le même objet. Le sujet désire l'objet parce que le rival lui-même le désire. En désirant tel ou tel objet, le rival le désigne au sujet comme désirable[7] », et, en même temps, lui barre la route parce que lui le veut. Tout amour est donc triangulaire. Il est fait de jalousie et de compétition.

Selon Girard, nous devenons toujours amoureux de quelqu'un qui est déjà aimé par un autre (le médiateur) et qui nous le désigne comme désirable par son propre amour. La personne aimée nous paraît extraordinaire et mystérieuse parce que le désir du médiateur nous l'impose. Le sujet exalte, transfigure, divinise une personne d'autant plus qu'elle est aimée et admirée par les autres.

C'est l'*amour de vanité* dont parle Stendhal. Celui qui est devenu amoureux prend seulement conscience de cette illusion quand il parvient à atteindre son but. Quand la personne aimée lui dit enfin oui, quand l'adversaire, enfin vaincu, disparaît. Mais alors le désir disparaît aussi. L'adversaire dont nous prenions le désir à notre compte une fois évanoui, notre idéalisation s'évanouit aussi.

Ce mécanisme, comme nous le verrons, est important pour expliquer certaines formes d'amour compétitif ou encore celui qui se tourne vers les stars. Celles-ci sont aimées, adorées par des millions de gens. C'est cette désignation collective qui nous les fait apparaître belles, désirables, extraordinaires. Cependant, ce mécanisme agit également dans les situations normales. Nous connaissons tous le proverbe qui dit : « Le pré du voisin est toujours plus vert que le nôtre. »

Le *principe du plaisir*, la *perte* et la *désignation* sont trois mécanismes indispensables pour expliquer l'expérience amoureuse. Mais, à eux seuls, ils ne suffisent pas à expliquer comment l'énamourement soudain est possible. En effet, le mécanisme du plaisir demande du temps. Il demande qu'il y ait eu de nombreuses expériences positives de nature à renforcer le désir. La perte présuppose un attachement antérieur. Et, enfin, la désignation ne peut pas expliquer pourquoi nous devenons souvent amoureux de quelqu'un qui ne nous est désigné par personne, et sans qu'il y ait de rivaux. Il nous faut donc identifier un autre mécanisme fondamental, le plus important de tous et demeuré inconnu jusqu'à présent : l'état naissant.

L'état naissant

Quel est le principe de base de l'état naissant ? Le passage du désordre à l'ordre. La solution d'un problème[8]. Arthur Koestler écrit dans *L'Acte de création* : « Quand la vie nous présente un problème, nous devons nous attaquer à celui-ci conformément au code de règles qui nous a permis, dans le passé, de traiter des problèmes analogues [...] Mais [...] la nouveauté peut arriver à un tel point [...] à un tel niveau de complexité que cela rend impossible de résoudre le problème avec les règles du jeu appliquées aux situations passées. Quand cela arrive nous disons que la situation est bloquée. [...] Une situation bloquée accroît la tension d'un désir frustré [...] jusqu'à ce que le hasard ou l'intuition fournissent une liaison avec une matrice *toute différente*[9]. » Alors, nous voyons, nous découvrons quelque chose de complètement nouveau.

Quel est le problème dont l'énamourement est la solution ? Celui-ci : les humains, dès l'enfance, ont besoin d'objets d'amour absolus, dans leur totalité. Comme notre mère, Dieu, la patrie ou le parti. Quelque chose de plus important que nous et qui nous transcende.

Les objets d'amour concrets, au contraire, sont limités et ils deviennent souvent oppressifs et frustrants. En outre, plus ils sont importants pour nous, et plus ils peuvent nous décevoir. Ce qui a peu d'intérêt pour nous ne peut nous faire que peu de mal. Si, au contraire, c'est pour nous essentiel, une simple négligence nous blesse. C'est ainsi que nous finissons par éprouver des sentiments agressifs envers ceux que nous aimons. Les enfants envers leurs parents, les femmes envers leurs maris. Et vice versa. Freud a appelé *ambivalence* ce sentiment double. *L'ambivalence est une confusion, un désordre*, et elle nous cause de la souffrance[10]. Nous tentons alors de la diminuer en idéalisant nos objets d'amour, en prenant sur nous la responsabilité de la situation ou en l'attribuant à des causes extérieures[11]. Le mari se sent en faute quand sa femme est nerveuse. La femme cherche à justifier la mauvaise humeur du mari par la fatigue, le travail et les soucis. Nous appellerons *dépressifs* les mécanismes par lesquels nous prenons sur nous l'agressivité que nous ne tournons pas vers notre objet d'amour. Ceux par lesquels nous déchargeons l'agressivité sur un objet extérieur, nous les appellerons mécanismes de *persécution*[12].

Nos objets d'amour (mari, épouse, amant et amante, enfants, parti, Église, toutes les choses avec lesquelles nous nous identifions et que nous aimons) sont donc toujours une construction idéale, le résultat d'une élaboration. Ils sont situés dans un mythe personnel, continuellement réélaboré, continuellement remanié pour réduire les tensions, pour les faire apparaître bons et radieux, et pour abaisser le niveau d'ambivalence. Dans certains cas, ce travail continuel de réparation, d'ajustement, de compromis pratiques et de révisions idéales peut échouer. Au cours de l'existence nous changeons, ce qui allait bien auparavant ne nous suffit plus. Des expériences nouvelles font naître en nous de nouvelles exigences. Le but une fois atteint, les désirs auxquels nous avons dû renoncer émergent en nous. Même les personnes que nous aimons changent. Elles deviennent différentes, veulent d'autres choses, incompatibles avec celles qui nous plaisent. C'est pourquoi les relations du couple se détériorent. C'est pourquoi les gens rompent avec de vieux amis, divorcent, se querellent avec les enfants. Ou bien l'on continue à faire comme si tout était comme avant alors qu'en réalité tout est profondément changé. On continue à jouer une comédie où l'on ne sait plus ce qui est vrai et ce qui est faux. On ne sait même plus ce qu'on veut.

C'est cette situation d'ambivalence, de désordre, d'*entropie*, où tant les mécanismes dépressifs que ceux de persécution échouent, parce qu'ils ne parviennent plus à idéaliser les objets d'amour. Avec les mécanismes traditionnels, le problème est insoluble. Ceux-ci sont entrés en *surcharge*. Un sentiment de vide, d'inutilité et d'échec s'installe. Les impulsions vitales ne savent pas où se diriger. Elles errent au hasard, en quête de nouvelles voies. L'individu fait l'expérience d'une grande potentialité vitale gâchée. Il a l'impression que les autres sont les seuls à être heureux. Il les voit rire, s'amuser, et il en éprouve une envie qui le ronge. Comme si ses désirs profonds ne pouvaient plus se révéler directement à lui. Il les perçoit chez les autres. Dans le désert de l'ambivalence et du désordre, il sent, autour de lui, des désirs et des passions démesurés, des bonheurs qui lui sont interdits. C'est dans cette situation que les adolescents se trouvent souvent. Pleins de vie, mais incapables de donner à cette vie ses objets et ses buts.

La solution de ce problème est toujours une *redéfinition de soi-même et du monde*. Ce peut être une conversion religieuse. Le sujet prend soudain conscience que toutes les choses qui le faisaient souffrir n'ont aucune valeur. Qu'il suivait de fausses routes. Dans la nouvelle secte, dans la nouvelle Église, tout devient simple et clair. Ce peut être encore une conversion politique. Là aussi, il trouve ce qui est essentiel et il subordonne le reste à ce qui a le plus de valeur.

Ce peut être, enfin, l'*énamourement*. Sa fin ultime devient alors une personne, car c'est à travers elle qu'il entrevoit tout ce qui est désirable et la perfection de son être. L'*état naissant* marque le moment où le monde ancien, désordonné et ambivalent, perd de la valeur, et où un nouveau apparaît, brillant et radieux. C'est le moment de la mort et de la renaissance.

Au commencement de l'état naissant, la première expérience est celle de l'étonnement. Nous sommes surpris parce que le monde habituel nous est devenu étranger et sans valeur. Et nous sommes parfois pris par un sentiment de tristesse et de précarité. Mais aussitôt après, nous sommes saisis par une grande joie. Nous sentons affluer en nous les énergies vitales de la terre et il nous semble que tout refleurit comme par magie. Dans l'état naissant de l'énamourement, cette renaissance de la vie se fait par le contact et la relation avec une personne bien définie. Elle est l'unique porte qui nous fait entrer dans un monde nouveau.

Lorsque nous nous rapprochons de notre amour, nous nous sentons enfin nous-mêmes et libres. En même temps, nous avons le sentiment que notre liberté peut seulement se réaliser lorsque nous faisons ce à quoi nous sommes appelés : réaliser notre destin. Jusqu'à la mort. La littérature amoureuse, qui nous parle si souvent de mort, ne trahit pas un jeu macabre ou un signe de névrose du narrateur, elle révèle que, dans l'énamourement, le sens de la vie est mis en question. Nous nous posons vraiment la question métaphysique : « Qui sommes-nous ? Pourquoi sommes-nous ici ? Quelle valeur la vie a-t-elle ? » Notre existence ne nous apparaît plus comme quelque chose de naturel, qui est ainsi parce que ainsi va le monde. Mais comme une aventure dans laquelle nous avons été impliqués et que nous pouvons refuser. Une route sur laquelle nous nous sommes engagés presque par hasard, mais que nous pouvons quitter pour une autre. Notre passé nous revient à l'esprit et nous l'analysons et le jugeons. L'état naissant est aussi le jour du jugement.

Lentement, dans notre conscience, un partage s'établit entre ce qui est essentiel et ce qui ne l'est pas. Dans la vie quotidienne tout nous semble essentiel, même les choses les plus sottes. Mais, dans l'état naissant, nous découvrons l'inutilité et la vanité de nombreuses préoccupations qui, auparavant, nous tourmentaient, quand nous les comparons avec ce qui devient pour nous le bien suprême, le sens même de la vie.

Même chez l'individu le plus las, l'amour est comme un réveil. Le monde se révèle stupéfiant. Celui qui connaît cet état n'arrive plus à vivre dans la grisaille inerte du passé. Celui qui est épris désire aimer, même s'il souffre, même s'il se tourmente. La vie sans amour lui paraît aride, morte, insupportable. L'être que nous aimons n'est pas seulement plus beau et plus désirable que les autres. Il est la *porte*, l'unique *porte* pour pénétrer dans ce monde nouveau, pour avoir accès à cette vie plus intense. C'est par lui, en sa présence, grâce à lui, que nous trouvons le point de contact avec la source première des choses, avec la nature, avec le cosmos, avec l'absolu. Notre langage habituel devient alors inadapté à l'expression de cette réalité intérieure. Et nous découvrons spontanément le langage du pressentiment, de la poésie et du mythe.

L'état naissant, ce n'est jamais arriver quelque part, c'est entrevoir. Comme ce fut le cas de Moïse, le plus grand des prophètes, à qui il fut seulement accordé de voir de loin la Terre promise, non de la fouler. La personne aimée nous est infiniment proche, mais infiniment lointaine. Parmi tous les êtres, c'est pour nous le plus cher. Et cependant nous le voyons comme notre fin idéale inconnaissable et impossible à atteindre. S'il nous aime, ce n'est certainement pas parce que nous le méritons. Mais en vertu d'une sorte de miracle. Son amour est un don. L'être aimé est porteur d'un pouvoir extraordinaire qui nous émerveille et qui nous paraît incroyable. Comme un rêve qui pourrait s'évanouir.

La force de l'état naissant est une puissance rédemptrice qui transfigure toutes les choses. De la personne aimée nous aimons même les défauts, même les insuffisances, même les organes internes : les reins, le foie, la rate. L'être vraiment amoureux voudrait les caresser, leur donner des baisers comme il le fait pour les lèvres, les seins et le sexe. C'est une erreur de parler d'idéalisation. C'est une *transfiguration*, une rédemption de ce qui est considéré habituellement comme inférieur. Ce qui est caché est mis au grand jour, sur le même plan que ce qui est noble, admiré par la société.

L'énamourement réciproque est la reconnaissance de deux individus qui entrent dans l'état naissant et qui remodèlent leur propre vie à partir de l'autre personne. Pour qu'il y ait un énamourement également partagé il faut donc que l'autre aussi soit prêt à répondre, à s'ouvrir de la même façon, à renaître.

Le processus d'état naissant débute le plus souvent chez l'un des deux qui, ensuite, le déclenche chez le second, mettant fin à son état d'équilibre instable. L'état naissant a une énorme capacité à se communiquer. C'est une puissance de séduction extraordinaire qui assaille son objet et l'entraîne avec lui. Une chose que Dante avait bien comprise. En effet, Francesca dit : *Amor ch'a nullo amato amar perdona* — « amour qui ne permet pas de ne pas aimer à qui est aimé ».

L'énamourement réciproque n'est donc pas la reconnaissance de deux personnes dans des conditions normales, avec leurs qualités définies. Mais bien la reconnaissance de deux personnes qui sont dans un état extraordinaire, l'état naissant. Deux personnes qui entrevoient la fin de la séparation entre sujet et objet, l'extase absolue, la perfection. Pour cette raison, elles sont, l'une pour l'autre, d'un côté, des êtres en chair et en os, avec un nom, un prénom, une adresse, avec des besoins et des faiblesses ; de l'autre, ce sont des puissances transcendantes à travers lesquelles passe la vie dans sa totalité[13].

Le « nous », la communauté

Un type particulier de processus social que nous appelons *mouvement collectif* commence avec l'état naissant. Dans un accès de foi et d'émotion, le mouvement collectif crée une nouvelle *communauté*[1]. Selon notre thèse, l'*énamourement est le plus simple des mouvements collectifs*. Formé seulement de deux personnes, il ne crée pas une Église, une secte ou un parti, mais le couple. *Le couple est donc la plus petite des communautés*.

Dans l'état naissant, les individus, qui étaient auparavant différents, isolés, séparés, en compétition, sentent qu'ils partagent une profonde affinité, qu'ils ont le même but, le même rêve et le même destin. Ce processus commence avant qu'une idéologie, une explication du monde se soient construites. Ils *se reconnaissent* non parce qu'ils ont les mêmes idées, mais parce qu'ils ont le même élan et le même espoir. Et ils tendent à s'unir, à se fondre, à former une collectivité compacte, une communauté, un *nous* solidaire.

Les mouvements, dans leur état naissant, sont capricieux et changeants, mais, avec le temps, ils tendent à devenir des structures sociales permanentes d'une très grande solidité : les *institutions*. L'*institution* est ce qui a été choisi, voulu et défini. Mais, dans le mouvement, elle ne naît pas de la seule raison, elle naît de la ren-

73

contre dramatique de l'espoir utopique de l'état naissant et de la nécessité de vivre et de se réaliser dans le monde. Des exemples de mouvements collectifs : le christianisme, l'islam, le mouvement franciscain, le luthéranisme, le calvinisme, le méthodisme, le chartisme, le marxisme, mais aussi les mouvements nationaux. Ils créent ces communautés que nous appelons sectes, Églises, partis, syndicats et nations.

Le couple commence aussi avec l'état naissant de l'énamourement, mais il peut ensuite se stabiliser et devenir une institution. L'état naissant de l'énamourement a des caractères particuliers par rapport aux autres. Avant tout l'érotisme. Dans tous les processus d'état naissant, les individus s'aiment, mais l'énamourement est seul à connaître le bonheur érotique, le jeu amoureux, la fusion physique des corps et des esprits. L'énamourement crée en outre un lien intime, intense, joyeux entre deux personnes exactement égales. Dans l'état naissant de groupe, on voit émerger un chef charismatique tandis que, dans l'énamourement, chacun est le chef charismatique de l'autre, il n'y a pas de hiérarchie.

Création et destruction

Jusqu'ici, nous avons décrit l'énamourement comme une force qui crée et qui unit. C'est aussi une force qui divise et qui détruit. Pour Tristan et Iseut, pour Lancelot et Guenièvre, pour Paolo et Francesca, l'énamourement est une force créatrice qui unit ; pour le roi Marc, pour le roi Arthur, pour le mari de Francesca da Rimini, ce même amour est trahison, adultère, destruction. L'amour agit ici comme une puissance révolutionnaire qui brise les liens les plus sacrés du mariage et de la fidélité à son roi. L'amour de Lancelot pour Guenièvre, épouse du roi Arthur, est une cause de violence et de destruction qui impliquent non seulement les amants, mais la société tout entière. C'est avec cet adultère que commence la succession de guerres et de tragédies qui, pour finir, détruisent le royaume[2].

L'état naissant amoureux est la tentative faite pour changer de façon radicale sa propre vie, exactement comme le fait un grand mouvement collectif dans la société. Il est animé par un enthousiasme irrésistible. Et ceux qui y participent ont le sentiment que tous les maux et toutes les injustices peuvent être résolus. C'est pourquoi on se heurte aux institutions existantes en cherchant à créer d'autres rapports sociaux. Dans les cas extrêmes, le mouvement subvertit réellement ce qui existe et détruit impitoyablement le passé[3].

Tout énamourement est virtuellement révolutionnaire. Son effet est toujours double. Ce qui est joie, libération et renaissance pour l'un, pour un autre est dévastation et destruction. Il cause inévitablement un heurt, un conflit entre ceux qui appartiennent à la nouvelle communauté qui émerge et ceux qui se trouvent dans la communauté déchirée. Un conflit qui peut être sans la moindre gravité dans le cas de deux jeunes épris l'un de l'autre qui ne rencontrent pas l'opposition de leurs familles et vont tranquillement vivre ensemble ou se marier. Ils révolutionnent seulement leurs vies, sans rompre brutalement avec le passé. C'est bien différent s'ils sont mariés, ou sont liés par des engagements et des lois religieuses comme l'ordination sacerdotale.

Dans l'énamourement, la violence est toujours présente. Tout ce qui détruit les liens passés, tout ce qui subvertit les rapports existants est violent. Celui qui devient amoureux ne veut pas faire de mal. Mais, pour réaliser son rêve, pour donner naissance à la nouvelle communauté, il peut en faire. Il peut blesser des êtres qui, il y a peu de temps encore, lui étaient chers. Leur causer une terrible douleur, leur briser le cœur. Simone de Beauvoir, dans *Une femme brisée*, a fait entendre cette douleur.

Naissance et moralité

Au cours de ce siècle, sous l'influence de la psychanalyse, l'idée que les expériences enthousiasmantes et exaltantes, les élans passionnés du cœur, les émotions les plus profondes seraient seulement des survivances de l'enfance s'est répandue. Mais il n'en est pas ainsi. L'expérience exaltante qui est vécue dans l'état naissant, quand nous nous sentons en contact avec l'absolu, avec l'essence, quand nous entrevoyons l'harmonie qui existe entre la nature et le cosmos, entre le plaisir et le devoir, est une propriété fondamentale de l'*esprit humain*.

La vie humaine n'a pas une seule naissance, une seule enfance, elle est faite de plusieurs renaissances, de plusieurs enfances. L'état naissant est, chaque fois, une mort-renaissance, la destruction et la restructuration du sujet et de son univers. Cela advient dans l'énamourement individuel, qui est un nouvel *imprinting*, dans la découverte scientifique, dans la conversion religieuse, dans l'émergence d'un nouveau groupe politique, religieux ou scientifique.

L'expérience extraordinaire, l'*incipit vita nova*, est un rajeunissement de l'individu et de son cosmos, où tout redevient intense et vibrant, débordant de vie. Un bond en avant, une sortie hors de l'existant, du quotidien, la vision fugitive d'une façon d'être hors de l'ordinaire, que le sujet, ou le groupe, essaie ensuite de réaliser dans le monde. L'évolution, la perfection et la liberté ne sont pas le résultat du renoncement au rêve afin de s'adapter à la réalité, mais bien de la tentative de réaliser le rêve dans la réalité. De modeler la réalité sur le rêve, sur l'idéal.

L'homme est capable de dépasser l'existant et il peut vivre dans une dimension où tout aspire à sa perfection. L'idée du Paradis terrestre n'est pas seulement le souvenir de l'enfance, quelque chose de régressif, à dépasser. Sans cette aspiration à ce qu'il y a de plus haut, sans ce rêve extraordinaire, aucun rêve, aucun idéal ni aucune civilisation ne pourraient exister. L'idée du Paradis terrestre est l'Étoile polaire qui guide l'homme vers la perfection.

Toute société vieillit, perd sa souplesse, se sclérose, exactement comme tout individu. Alors, on voit émerger de son sein une puissance régénératrice qui la subvertit, la détruit afin de créer une entité nouvelle. Cette puissance se présente comme un réveil, la vision fugitive d'une vie nouvelle. C'est cette vision qui donne à la société, aux peuples, à l'histoire leur caractère évolutif. Les mouvements, leurs espoirs, leurs utopies ont été le levain qui a incité les hommes à tenter de réaliser, fût-ce en passant par d'innombrables erreurs et échecs, des sociétés meilleures et plus justes. C'est sous leur pression que sont nés les grands idéaux de l'humanité. La puissance régénératrice se révèle d'abord comme une intuition soudaine, comme un éclair, ensuite comme une lumière brillante, répandue partout, solaire, universelle, qui embrasse l'univers tout entier. L'état naissant est donc la vision d'un monde nouveau. Et ceux qui ont vu ce monde veulent le transporter sur cette terre. C'est pourquoi ils en font un projet concret, historique. Une part de l'idéal est toujours réalisée aussi dans l'action concrète, sous la forme de l'*institution*. L'institution est, en partie, la gardienne et l'héritière de la promesse de l'état naissant.

Mais ce qui va naître s'oppose toujours à quelque chose. Ce qui se libère est toujours libération de quelque chose. Naître signifie aussi détruire. La puissance régénératrice qui veut le nouveau s'oppose rageusement, parfois cruellement, à ce qui lui fait obstacle. Les amoureux aiment le monde, l'univers, ils désirent que tous les êtres vivants soient heureux, mais ils ne supportent pas d'être séparés et sont prêts à tout pour réaliser leur amour.

Pour celui qui est amoureux, le monde est un paradis, mais aussi un obstacle. Le monde nouveau va à sa rencontre avec toute sa splendeur, chargé de promesses. Mais il le place devant des tâches démesurées. Il s'aperçoit qu'il lui est impossible de réaliser tout ce qu'il a entrevu. Il devra se heurter à l'existant, le dominer et le détruire pour ne pas être vaincu par lui. Ou bien se plier et en venir à des compromis. Ceux qui aiment rêvent que tout le monde les aime et les approuve. Ils restent douloureusement frappés quand ils s'aperçoivent que ce n'est pas vrai. Ils se promènent dans le monde ancien comme des enfants naïfs. Ils voient avec épouvante les obstacles que le monde ancien dresse devant eux pour empêcher leur nouveau mode d'être. Les obstacles qu'il entasse sur leur chemin. Ils se battent alors sauvagement pour ne pas être étouffés et arrêtés dans leur marche par eux. Mais ils ne sont pas indifférents. Ils ne sont pas avides ni dépourvus de morale. Ils sont, au contraire, extrêmement sensibles au mal et à la douleur.

L'état naissant, justement parce qu'il donne une couleur de valeur absolue à tout ce que nous aimons, le nouveau monde comme l'ancien, nous montre avec horreur le choix qu'il s'agit de faire. Car ce n'est pas un choix entre le meilleur et le pire, entre le bien et le mal, mais entre deux biens dans la splendeur du premier jour. C'est pour cette raison que le choix se présente comme un *dilemme*[4]. Tout être qui renaît, en regardant le monde, se trouve comme son ancêtre dans le jardin d'Éden et il est forcé de faire un choix qui l'éloignera du Paradis. Quel que soit le choix qu'il fasse — obéir à son propre groupe ou s'affirmer lui-même, choisir le nouvel amour ou rester fidèle à l'ancien —, une des deux décisions se révélera mauvaise. Le monde sera désormais divisé. Le devoir et le plaisir suivront deux chemins différents. Il devra gagner sa vie à la sueur de son front, c'est-à-dire qu'il connaîtra la vigilance, le soupçon, la lutte. Mais il lui restera le souvenir de quelque chose d'infiniment plus élevé et plus beau.

La *moralité* qui se dégage de l'état naissant n'a pas

un seul visage, elle a deux aspects[5]. Le premier aspect de la moralité est celui qui précède le choix et qui l'esquive. Elle veut exister sans rien refuser, exister sans détruire, exister sans s'opposer. Elle aspire à un monde différent, indivisé, à un monde d'harmonie et de paix. Elle tend à éviter la séparation absolue entre le bien et le mal. Elle cherche à ne pas être forcée de juger. Le deuxième aspect est celui de la moralité de l'existence. Elle justifie la lutte et la résistance et leur donne une légitimité. C'est la moralité qui sépare l'ami de l'ennemi, qui juge et qui condamne.

L'homme et la femme

L'énamourement est identique chez l'homme et chez la femme, chez les jeunes comme chez les vieux, chez l'homosexuel et chez l'hétérosexuel. Mais le sentiment de faute, le dilemme sont profondément influencés par la culture et par l'histoire, par le type de moralité apprise. En dépit du rapprochement progressif des deux sexes, des différences subsistent encore en ce moment[6]. En général, la femme considère l'amour comme un acte positif et moral. Sa morale tradition-nelle lui dit : si tu aimes quelqu'un, va avec lui. Chez l'homme, au contraire, l'amour appartient au domaine du plaisir. Sa morale traditionnelle lui dit : sois fidèle aux pactes conclus, prends soin de ceux qui dépendent de toi, ne fais pas souffrir ceux qui t'aiment et qui dépendent de ton soutien. Chez l'homme, seul l'éna-mourement a pour effet une légitimisation partielle de l'amour. C'est comme une explosion qui subvertit les règles morales courantes. Il sent, dans son for intérieur, qu'il a le droit de suivre son amour. Mais, même dans ce cas, l'autre morale, la morale de la responsabi-lité, continue d'agir[7]. C'est pourquoi, très souvent, l'homme amoureux continue de se préoccuper de la femme qu'il laisse, il se sent responsable de sa souffrance. Et c'est la nouvelle femme aimée qui le pousse à abandonner l'autre. D'ordinaire, c'est cette femme qui lui explique qu'il a le droit de le faire, plus : qu'il en a le devoir, car s'il reste avec l'autre tout en ne l'aimant pas, il ne peut que lui faire du mal.

Ce serait une erreur de voir dans ce comportement une compétitivité particulière des femmes envers leur propre sexe. La femme pense simplement que, si elle aime quelqu'un, elle doit aimer seulement celui-ci et qu'il n'y a pas d'autres obligations éthiques à respecter. En allant vivre avec celui qu'elle aime, la femme respecte ses obligations morales. Tandis que l'homme, pendant des milliers et des milliers d'années, a appris que son premier devoir est envers la communauté, la famille, l'épouse et les enfants. Et que l'érotisme est quelque chose en plus. Quelque chose qu'il peut obtenir de son épouse ou encore des concubines ou des esclaves. Quelque chose qu'il peut obtenir aussi à la faveur de la guerre et du pillage. Mais cela ne doit pas interférer avec ses premiers devoirs, qui ne sont pas érotiques.

Quand les femmes disent que les hommes sont plus hésitants, plus incertains qu'elles, et moins sûrs d'eux dans les choses de l'amour, elles disent la vérité. Elles sont pour le oui ou le non, sans positions intermédiaires. Et lorsqu'une relation est finie, c'est pour toujours, elles ne continuent pas à éprouver des devoirs de solidarité avec ceux qu'elles ont cessé d'aimer. Françoise Giroud fait dire à son héroïne à propos de son mari : « ... mais la psychologie féminine n'était pas son affaire. Ignorait-il qu'une femme qui a cessé d'aimer efface purement et simplement de sa mémoire l'objet de son amour ? Qu'elle l'abolit[8] ? »

L'homme, au contraire, pendant des millénaires, a été habitué à penser qu'il a des responsabilités, des devoirs et des droits qui continuent après. Depuis peu de temps seulement, avec la disparition du patriarcat, avec l'indépendance de la femme, avec la chute de la natalité, avec la sécurité sociale, tant le poids que les prétentions traditionnelles de la responsabilité de l'homme vont en s'atténuant. Ce qui demeure est une habitude mentale, un type de sensibilité morale qui n'a plus de justification objective. Aussi le modèle féminin tend-il de plus en plus à prévaloir. Et l'homme sent maintenant son incertitude, son indécision, non comme une qualité, mais comme une faiblesse coupable. Son incertitude, il la vit encore une fois et paradoxalement comme *un sentiment de faute*.

Les questions morales

Dans le domaine de l'érotisme et de l'amour, le monde ancien avait des règles morales rigides. Il prohibait l'inceste, fixait des obligations conjugales, condamnait l'adultère, la rupture de la promesse de mariage, et décrétait l'obligation d'épouser la jeune fille enceinte. Ces règles ont vieilli et, de jour en jour, elles perdent de leur importance. Les relations érotiques et amoureuses sont de plus en plus laissées à la libre expression individuelle, à la préférence et au plaisir. Nous l'observons chez les adolescents. Si un garçon s'engoue d'une fille plus jolie, laisser la précédente ne lui pose aucun problème. Si une fille rencontre un garçon qui lui plaît davantage que celui qu'elle fréquentait, elle le lui fait savoir. Et si celui-ci continue à l'aimer, s'il souffre, s'il se suicide ? Ce sont ses problèmes. Dans le domaine de l'amour, le sujet ne se sent pas responsable de ce que sent ou fait l'autre.

Ce type de comportements caractéristiques de l'adolescence est en train de s'étendre à la vie adulte. La morale défendue à la télévision par les feuilletons affirme clairement que la seule force capable de tenir un mariage uni est l'amour. L'amour justifie tout. La morale nouvelle a un seul commandement : « Va où ton cœur te porte[9]. » Si quelqu'un n'aime plus, s'il est pris de colère et de haine, il part sans se retourner pour observer la douleur et la dévastation qu'il laisse derrière lui. Le résultat est que, dans la vie réelle, le monde de l'amour et de l'érotisme est de plus en plus dominé par la logique de la préférence et de la loi du plus fort. Prenons le cas d'une femme qui a aidé son mari dans sa carrière, qui lui a donné des enfants et l'aime tendrement. Lui tombe amoureux d'une fille plus jeune et il l'épouse. La femme se met à boire et, quelques années après, meurt d'une cirrhose du foie. L'ex-mari ne se considère pas comme responsable moralement de cette mort. Prenons un autre cas : un homme de soixante ans subit un désastre financier, il tombe malade et la femme qui vit avec lui l'abandonne. Il meurt d'un infarctus. Dans ce cas non plus la femme ne pense pas avoir la moindre culpabilité, puisqu'elle ne l'aimait plus. Tout cela est-il juste ?

Évidemment, il n'y a aucun contrat, aucune loi morale qui puisse nous imposer d'aimer quelqu'un que nous n'aimons pas. Mais il ne s'ensuit pas automatiquement que nous ne sommes pas responsables des conséquences de nos actes. Cela reviendrait à violer les principes moraux fondamentaux de notre civilisation : le commandement biblique de ne pas faire aux autres ce qu'on ne voudrait pas qu'on vous fasse, l'enseignement de Kant d'agir selon la maxime que nous voudrions voir appliquée par tous et l'éthique de la responsabilité de Max Weber. Nous sommes toujours responsables du mal que nous causons aux autres et nous devons essayer de le réduire au minimum. S'il est vrai que nous ne pouvons pas nous forcer à aimer celui que nous n'aimons pas, il est tout aussi vrai que nous pouvons agir avec prudence, le traiter aimablement, l'aider dans le besoin et respecter sa dignité et sa valeur.

Nombre de gens soutiennent que l'amour ne se commande pas. Cela dépend du type d'amour. Beaucoup de prétendus grands amours ne sont que des engouements, des caprices, des toquades passagères. Même le véritable énamourement commence toujours par des explorations et, pour se développer, il a besoin de notre assentiment, de notre complicité. Que dire encore de la fausseté, de l'égoïsme et des méchancetés faites au nom de l'amour ? Quand l'amour est de la partie, devons-nous justifier toutes les turpitudes ? Un grand nombre de gens estiment aujourd'hui qu'aller où les porte leur cœur est toujours juste et légitime. Et ils s'indignent en entendant parler de responsabilité.

CHAPITRE CINQ

LE VÉRITABLE ÉNAMOUREMENT

Comment faire pour distinguer un véritable énamourement d'un faux énamourement, d'un engouement ? Y a-t-il une expérience typique et indubitable du véritable énamourement ? Nous pensons que oui. L'énamourement véritable est dominé par le mécanisme de l'*état naissant*, pas les autres. En examinant attentivement l'expérience typique de l'état naissant, nous avons la clé qui permet de comprendre si nous nous trouvons en présence d'un vrai énamourement. Cette expérience est assez complexe, mais elle mérite que nous l'examinions d'une façon détaillée. C'est seulement quand nous trouverons réunies toutes les caractéristiques énoncées ci-dessous que nous pourrons parler d'un vrai énamourement.

1. *L'expérience de libération.* Nous avons l'impression qu'une période d'emprisonnement est terminée. Nous avons brisé les chaînes, nous sommes sortis à l'air libre. Nous savourons la liberté. Nous nous étions soumis, par paresse, par passivité et par peur. Nous nous forcions à faire ce qu'exigeaient de nous les autres. Nous obéissions à leurs règles, non à nos aspirations les plus profondes. Nous n'étions plus nous-mêmes. Nous nous étions progressivement enfermés dans une prison invisible. Maintenant, nous en avons arraché les barreaux et nous sommes enfin devenus ce que nous voulons être.

2. *La révélation.* C'est comme si le bandeau qui

nous aveuglait était tombé comme par magie. Nous savons à présent quels sont nos vrais désirs. Nous connaissons notre essence véritable. Nous savons ce qui est juste, ce qu'il est bon de faire. Nous étions aveuglés, endormis, comme presque tous ceux qui nous entourent. Et que nous regardons maintenant avec étonnement car il nous semble impossible qu'ils se contentent de ce qu'ils sont et de ce qu'ils ont. Nous aussi avons été comme eux. Nous n'étions pas vrais, nous n'étions pas vivants. Nous savons à présent ce que signifie vivre vraiment. Et que tout dépend de l'amour. L'amour est un don merveilleux, même quand il fait souffrir. Le perdre, c'est retourner parmi les aveugles, dans la condition des zombies.

3. *L'unique.* L'être aimé n'est comparable à aucun autre. Il est l'unique, absolument l'unique être vivant que nous pouvons aimer. Tout autre que lui que nous rencontrons, fût-ce notre vedette préférée, ne peut le remplacer. Nous n'en trouverons aucun autre comme lui, meilleur que lui. Si notre amour est partagé, si lui nous aime, nous sommes émerveillés par l'incroyable, l'extraordinaire bonne fortune qui nous est échue. Nous avons le sentiment que quelque chose nous a été donné que nous n'avions même pas imaginé pouvoir obtenir. Aussi toute femme amoureuse rencontre-t-elle vraiment le Prince charmant qui existe seulement dans les contes. Tout homme amoureux rencontre l'actrice divine, la reine inaccessible qu'il n'aurait jamais osé regarder. Ce don est tellement grand, tellement inouï que nous n'arrivons pas à y croire. C'est pourquoi naît en nous la détermination de le protéger contre les adversités, de le cultiver avec un soin inquiet.

4. *Réalité-contingence.* Maintenant que nous parvenons à voir l'essence des choses, nous savons que tout est animé par une force ascendante, qui aspire au bonheur, à la joie, à rendre tout harmonieux et parfait. C'est la vérité profonde du réel. La douleur, l'imper-

fection et la méchanceté ne sont qu'une apparence, une contingence. Elles disparaîtront un jour. Pour nous, pour tous. Et l'on verra s'imposer la vérité de l'amour et le bonheur. Il faut avoir confiance et résister dans l'attente.

5. *L'expérience de l'être*. Nous sentons que tout ce qui existe, tous les êtres animés et inanimés ont un sens. Le souffle de l'absolu respire dans tout. Tout ce qui est éclairé par la lumière de l'être est beau. L'être est beau en soi, logique, nécessaire, admirable et merveilleux. Et tout ce qui existe : une colline, un arbre, un mur au couchant, et même un insecte nous paraissent d'une beauté émouvante.

6. *La liberté-destin*. Quand nous aimons, nous nous mettons dans la grande respiration de l'univers. Nous devenons une partie de son mouvement et de son harmonie. Nous nous sentons mus et traversés par une force transcendante. Nous sommes comme une note d'une grande symphonie. Et cependant nous ne nous sentons pas prisonniers. Au contraire, nous nous sentons libres et nous aimons par-dessus tout notre liberté. En allant vers l'être aimé nous répondons à l'appel de l'être. Nous réalisons à la fois notre volonté et notre destin. Personne n'est « esclave » de son amour. Car c'est sa vérité, sa vocation, son destin.

7. *L'amour cosmique*. Quand nous sommes amoureux, nous aimons tout. Les montagnes, les arbres, les fleuves, tous les êtres vivants. Emplis de compréhension et d'amour, nous nous penchons sur le monde. Nous aimons davantage encore les êtres qui nous entourent et nous voudrions les rendre heureux. Nous sentons que *le devoir et le plaisir devraient coïncider*. Lorsque c'est impossible et qu'il nous est imposé de choisir entre l'être aimé et les autres personnes que nous aimons, nous sommes déchirés et divisés. C'est *le dilemme éthique*. Beaucoup de gens renoncent à leur amour, d'autres se suicident avec l'être aimé, parce que le dilemme éthique leur paraît insoluble. Pour sauver l'amour, ils renoncent à la vie. Mais celui qui est fort, celui qui veut sauver la vie et l'amour, fait l'impossible pour trouver une solution acceptable pour tous. Celui qui est vraiment amoureux est prêt à des renoncements et à des sacrifices. Et s'il fait du mal à quelqu'un, il éprouve un sentiment de faute douloureux.

8. *La renaissance.* L'individu qui tombe amoureux brise le cercle magique qui le tenait attaché, tel un automate, à sa communauté. Il modifie les relations qu'il a eues jusque-là. Il devient différent, un autre homme, une autre femme. L'ancien individu est mort, un nouveau est en train de naître à sa place. Il a subi une mutation intérieure, la *metanoia* dont parle saint Paul, la mort-re-naissance. L'individu amoureux est un homme re-né. Sans cette expérience de re-naissance, il n'y a pas de vrai énamourement.

9. *Authenticité et pureté.* Puisque notre ancien Moi, avide, inauthentique et faux, est mort, nous voulons être *authentiques* et *purs*. Les êtres amoureux se disent la vérité par nécessité intérieure. Ils ne se mentent pas à eux-mêmes, comme cela arrivait dans le passé. Le véritable amoureux est vif, léger, souple. Il n'est plus avide, avare ni envieux parce qu'il s'intéresse seulement à son amour. Le sens de cette expérience est contenu dans la maxime religieuse : « Cherchez le royaume de Dieu et le reste vous sera donné par surcroît. » Justement parce qu'il a entrevu l'essence de la vie, il ne craint pas les obstacles. Il sent qu'il pourra surmonter les difficultés, les incompréhensions, les inimitiés. Ce sentiment d'invulnérabilité n'obscurcit pas sa raison. Il est, au contraire, patient, attentif, ingénieux.

10. *L'essentiel* est la personne aimée. Alors qu'auparavant il avait mille exigences, mille habitudes, maintenant qu'il est amoureux, elles lui paraissent futiles. Ce qu'il possède, comment il est habillé, comment

il voyage, tout cela n'a aucune importance pour lui. L'*essentiel* lui suffit. L'essentiel est ce qu'il faut pour plaire à l'objet aimé, pour le rendre heureux, pour vivre à son côté. Il pense sincèrement que « son cœur et une chaumière » lui suffisent. L'individu amoureux est capable de se priver, de renoncer, il se contente de peu. Il supporte sereinement la fatigue, le sommeil, la faim. Si, au contraire, il reste avide, s'il n'est pas capable de renoncer, cela signifie qu'il n'est pas amoureux. S'il se plaint, cela signifie qu'il n'est pas amoureux.

11. ***Le communisme amoureux.*** Si quelqu'un s'éprend d'une personne riche, il est heureux que cette personne soit riche. Que lui-même soit pauvre n'a aucune importance. Il ne veut pas devenir riche comme elle, il ne veut pas devenir elle. Si, au contraire, c'est lui qui est riche, il se sent le devoir de donner, de réduire l'inégalité. Les êtres sincèrement amoureux ne tiennent pas une comptabilité du donner et de l'avoir. « Chacun donne selon ses possibilités et chacun reçoit selon ses besoins[1]. » La chose n'est possible que si les deux amoureux limitent spontanément leurs besoins matériels. Ils le font parce qu'ils sont heureux d'être ensemble et qu'ils ont besoin de très peu de chose. Ils mangent un sandwich en se regardant dans les yeux et il leur semble exquis, ils logent dans un mauvais petit hôtel qui leur paraît un palais royal.

Le véritable énamourement n'est pas conciliable avec l'avidité ou l'avarice. En outre, dans l'énamourement, les exigences des autres membres de la famille, du clan ou du parti sont tenues soigneusement à distance. Nous entrons dans l'état naissant en tant qu'individus. Il y a donc un excès de ressources par rapport aux besoins. Si elles paraissent insuffisantes, si l'un des deux demande trop, cela signifie qu'il n'est pas amoureux.

12. ***L'historicisation.*** Puisque nous sommes re-nés, nous construisons notre nouvelle identité. Nous retournons dans notre passé pour comprendre tout ce qui

nous est arrivé, pour juger ce que nous avons accompli. Pour comprendre ce qui nous a éloignés de la bonne voie, et comment nous avons trouvé le véritable amour. C'est *l'historicisation*. Tous les traumatismes anciens, les douleurs anciennes, les amours anciens sont privés de valeur. Nous nous éveillons neufs, sans ressentiments et sans liens. Les amoureux accomplissent ensemble ce processus, chacun racontant sa propre vie. Ils se confient leurs faiblesses et leurs erreurs. Ils découvrent aussi les signes et les présages de l'amour qui les unit aujourd'hui. À travers le récit de l'être aimé, chacun voit le monde comme lui l'a vu. Ainsi fondent-ils ensemble non seulement leurs vies présentes, mais aussi leurs vies passées. Ils les complètent, les harmonisent, jusqu'à finir par construire une histoire commune et par avoir une identité commune dans le temps.

13. *L'amour comme grâce.* Même si nous avons prodigué nos efforts pour le conquérir, si l'autre nous aime, nous vivons cela comme un miracle, un don, une grâce. L'amour ne s'explique pas. C'est un acte totalement libre. Aussi voulons-nous que l'autre nous aime librement. Même si nous voulions l'emprisonner, l'attacher, pourvu qu'il reste avec nous, nous voulons ensuite qu'il nous dise spontanément : « Je t'aime. » Le philtre d'amour des mythes est quelque chose qui convertit l'âme de l'être aimé en notre faveur, qui produit en lui la même mutation, la même *metanoia* que nous avons subie. L'amour n'est pas pensé comme un esclavage, mais comme une libération. Lui, en buvant, le breuvage magique, nous voit tels que nous sommes vraiment.

14. *L'égalité.* Dans l'énamourement, chacun est pour l'autre l'unique, l'irremplaçable, celui qui vaut davantage que tous les autres. C'est pourquoi chacun se sent transporté sur le toit du monde. En termes sociologiques, chacun est le chef charismatique de l'autre et personne ne peut lui être substitué. Les êtres qui s'aiment sont

donc *absolument égaux*. Une différence de degré ou de hiérarchie entre eux est inconcevable.

15. *Le temps.* La personne aimée est comme l'aurore : avec elle, notre nouvelle vie commence. Elle est comme le couchant : elle en constitue la limite. Toute notre vie est donc comme une journée de soleil : elle commence avec l'être aimé et se termine avec lui. Il est le commencement du temps et la fin du temps. Nous savons que le destin, en nous donnant cet amour, nous a donné le maximum. Pour cette raison, dans le futur, nous nous attendons seulement à faire notre chemin à son côté, en affrontant les gênes et les difficultés. Nous pouvons imaginer toute notre vie à côté de lui, jusqu'à la mort. On ne se demande pas si elle sera longue. Une vie vécue avec son amour est complète et parfaite. L'amour et le temps sont la même chose.

Plutôt que de renoncer à notre amour, nous sommes prêts à mourir. Nous sommes en même temps débordants du désir de vivre. Mais uniquement avec celui que nous aimons. Le cycle de la vie nouvelle commence et finit avec lui. Cette impossibilité d'imaginer le temps sans lui nous emplit de terreur. Vivre sans lui, c'est déchoir, tomber dans l'abîme. Alors qu'avec lui nous pouvons grandir, devenir meilleurs, nous élever.

16. *Transfiguration.* Dans l'énamourement, nous transfigurons la personne aimée. Dans la transfiguration, nous vivons, au même instant, une *double expérience* : chacune des choses qui existent est merveilleuse et, en même temps, elle est perfectible, elle se déplace vers un point plus élevé. C'est de cette façon que la mère regarde son petit enfant malade. Elle sait que c'est une maladie. Elle voudrait qu'il soit en bonne santé, elle voudrait pouvoir le guérir. Elle ne peut cependant pas s'empêcher de voir cette frimousse exsangue et ce petit corps amaigri très beaux, merveilleux. La transfiguration nous fait aimer l'existant dans la lumière de l'Être. N'allons pas confondre la *transfiguration* et l'*idéalisation*. Dans l'*idéalisation*, nous trouvons chez la personne aimée des valeurs reconnues. Nous négligeons ses défauts, nous les effaçons pour ne faire ressortir que les qualités, et nous les exagérons.

C'est la transfiguration qui nous permet, quand nous sommes amoureux, d'aimer l'autre tel qu'il est et de nous fondre avec lui. Nous acceptons son corps, son esprit. Nous nous ouvrons, nous sommes prêts à nous modeler sur ses désirs. Nous voulons devenir parfaits à ses yeux.

17. **Perfectionnement.** Nous découvrons en nous une force qui nous pousse à nous dépasser. J'entrevois nos essences, la mienne et la sienne. Et son essence n'est pas seulement celle qui se manifeste à présent, mais toutes les possibilités qui sont cachées en lui et que lui-même ignore[2]. C'est comme si ma tâche était de rendre l'être aimé pareil à celui que Dieu pouvait concevoir[3]. En conséquence, je le pousse à changer. Mais le même processus agit aussi sur moi. Je veux moi aussi faire apparaître au jour ma vérité profonde, conduire mon essence à son accomplissement. Je suis donc forcé de la chercher, pas seulement dans ce que lui me désigne, mais aussi en moi-même dans un esprit de vérité.

Chacun veut être parfait afin de plaire à l'être aimé. Il l'écoute et se modèle sur ses désirs. Mais en même temps, il cherche sa véritable vocation. Dans cette recherche, il peut se heurter aux exigences de l'aimé. Tous deux, en somme, tendent à leur propre perfection et à celle de l'autre[4], mais ce qu'ils voient et proposent tantôt coïncide et tantôt s'oppose. Il s'ensuit un processus complexe qui ne peut être qualifié d'adaptation réciproque, car il s'agit de beaucoup plus : c'est un acte de re-naissance, une ré-invention, re-création de soi et de l'autre, et de leur propre relation.

Dans ce processus de co-création, beaucoup de méprises, d'erreurs, d'adaptations, de corrections et de recommencements sont possibles. Parce que l'autre peut ne pas avoir les facultés que j'ai entrevues en lui, et moi celles qu'il m'a attribuées. Car certaines choses qui paraissaient vraies se montrent fausses. L'état naissant est une exploration du possible. À mesure que cette exploration progresse, le possible se réduit. Et l'impossible apparaît : la « réalité », en opposition à l'imagination et à l'espoir.

C'est seulement si cette « réalité » n'entre pas dans une opposition mortelle avec la transfiguration, ne l'annule pas, que le couple se forme et dure. Dans le couple heureux, la transfiguration continue. Mais elle ne s'étend pas à tout le champ du possible. Des espaces d'impossibilité, des limites ont été déterminés. Mais à l'intérieur, le flux vital se renouvelle sans interruption.

18. **La fusion**. C'est la rencontre spirituelle qui se suffit à elle-même, qui est prête à se replier sur elle-même. Ce qui compte est le contact avec l'absolu, l'extase. Son temps est le présent, son désir est d'arrêter le temps, le *nunc stans*, l'éternel. Quand le temps s'arrête, les choses révèlent la perfection de leur essence et toute aspiration cesse parce qu'on est au-delà du désir.

La fusion est fusion des corps, identité des esprits. Elle réchauffe et éclaire. Comme une eau miraculeuse purifie, comme un sacrement nous rend invincibles et invulnérables. L'individu s'en remet à quelque chose qui le transcende et dans lequel il se réalise. Les deux corps, avant de s'unir, deviennent sacrés, *sacrum facere*, consécration, sanctuaire. Alors s'accomplit le miracle du contact entre ciel et terre, de la fusion avec l'univers. Le ciel et la terre sont appelés en témoignage et les regardent en les bénissant. C'est le mariage, l'union consacrée. La célébration du couple conjugal et de la nature, qui ne sont plus distincts. L'union de la diversité d'où naissent toutes les choses. C'est une *transubstantiation* : le corps devient divin, s'unit à l'autre et symbolise tout ce qui naît et qui germe.

19. **Le projet**. De la fusion jaillit le projet : le miracle de voir ensemble et de vouloir ensemble. La main dans la main, les deux amants parcourent les chemins du monde qui apparaît dans sa beauté et sa nouveauté.

Tout est resplendissant dans la lumière des fêtes nuptiales. L'être est préparé à accueillir la vie naissante. Avant, tout était seulement germe, potentialité. Le projet est définition. Le projet se projette dans le temps, il construit le temps. Le temps naît avec le projet. Le temps sort du *nunc stans*, de l'éternel, sous forme de projet.

Le projet germe, il naît absolument libre et capricieux comme un mouvement vers le monde, comme un jeu dans le monde. Le projet est possible parce que le monde est transfiguré, prêt à l'accueillir. Ce n'est pas un effort, une peine. C'est la danse, la créativité. Il peut produire un activisme frénétique, la construction d'une maison et d'une famille. Ou bien il fait s'enfermer dans une tour (ton cœur et une chaumière), dans la forêt (comme dans le mythe de Tristan et Iseut). Mais tout est fait au nom de cette rencontre, de cette union spirituelle, vivifiante. Elle est la matrice et la source, elle est le commencement et la fin. Les autres déterminations : la construction de la maison ou du refuge, partir ou rester, sont des routes dont elle est le point de départ, des façons d'être dans le monde, des incarnations de sa sacralité, des émanations.

La culture, l'expérience accumulée, les peurs, les angoisses ou les amours enfantines, les déceptions subies, les rêves et les désirs insatisfaits jouent leur rôle dans cette création. Le projet est le produit de la fusion et de sa volonté de vivre, de devenir matière vivante, nature, corps et structure. Il est son incarnation dans le monde, sa réalisation dans le monde. Il est germination, empreinte laissée par l'impulsion créatrice, par l'élan vital qui cherche sa perfection mais, d'une façon ou d'une autre, s'objective dans quelque chose qui vit, qui demeure.

20. *Le dilemme éthique*. L'absolu, entrevu, doit s'incarner. L'énamourement n'est pas seulement une idylle. Ce n'est pas seulement aller en rêvant au-delà du bien et du mal. C'est réaliser le bien dans le monde, et cela implique la redécouverte de la moralité. La

moralité se présente toujours comme un choix entre des choses qui, à la lumière de l'être, ont la même dignité. Celui qui aime voudrait que tout le monde soit heureux. Mais il rend quelques-uns malheureux. Il est donc obligé d'affronter le dilemme. Qui est une longue et épuisante recherche non de ce qui est bien dans l'absolu, mais de ce qui réduit le mal, la souffrance.

CHAPITRE SIX

D'AUTRES FORMES D'AMOUR

À côté du véritable énamourement existent les faux énamourements, les engouements, d'autres formes d'amour. Il nous faut apprendre à les identifier, à les distinguer.

Dans le véritable énamourement, *l'état naissant subordonne à lui tous les autres mécanismes*. Dans les autres formes d'amour, le plus souvent, un *seul* mécanisme agit. Par exemple, quand l'état amoureux est seulement déterminé par le mécanisme de la *désignation*, nous sommes en présence des formes de l'amour pour l'idole. Tandis que le mécanisme de la *perte* est le seul à agir, nous avons l'amour compétitif, qui a besoin d'une menace, d'une difficulté ou d'un rival. Dans les cas où le mécanisme du *plaisir* est le seul à agir, nous avons les engouements érotiques[1]. Il existe encore des formes d'amour où d'autres facteurs sont à l'œuvre. Nous les examinerons dans ce chapitre et dans le suivant.

L'amour pour l'idole

1. *L'adoration des stars.* Elle est mise en mouvement par le mécanisme de la *désignation*. Elle s'adresse à celui que tout le monde connaît, que tout le monde désigne, celui que tout le monde adore. Dans

les mouvements politiques, sociaux ou religieux, les cultes, les Églises, les sectes, le chef charismatique, le leader, le prêtre, l'ascète, le gourou sont toujours entourés par une foule de disciples en adoration. Mais les milliardaires, les acteurs de cinéma, les gloires du bel canto, les champions sportifs, en un mot les *stars*, sont aussi admirés, aimés et désirés. Chez les femmes, cette admiration devient souvent un désir érotique.

Dans toutes les sociétés, dans tous les groupes, il existe une hiérarchie érotique, avec, au sommet, les personnes considérées comme les plus désirables et, en bas, celles qui le sont le moins. Le *rang érotique* est la position occupée par une personne dans cette échelle de la désirabilité. Certains individus se trouvent au sommet de la classification internationale, d'autres au sommet des classifications nationale et locale.

Les personnes du même rang érotique sont interchangeables, tandis que celles d'un rang érotique supérieur l'emportent sur celles d'un rang inférieur. Dans le film de Woody Allen *La Rose pourpre du Caire*, une pauvre femme au foyer adore un personnage de l'écran, un explorateur. À un moment, celui-ci sort de l'écran et lui fait la cour. Elle tombe aussitôt amoureuse de lui. Mais l'acteur en chair et en os, encore plus attirant que le personnage, arrive ensuite. À présent c'est lui qui est aimé. Puis l'un et l'autre s'en vont. La pauvre femme, déçue, retourne dans le cinéma où le miracle avait eu lieu. On y projette un nouveau film où Fred Astaire danse avec Ginger Rogers. Elle est immédiatement fascinée par le héros. En un instant, elle oublie les amours précédents pour le nouveau.

Le *rang érotique* est une qualité sociale qui place dans l'ombre les préférences individuelles. C'est le produit de l'opinion collective. Chaque individu a aussi ses modalités personnelles pour réagir aux excitations érotiques. Il y a toujours des gens qui ne sont pas sensibles au charme des stars, mais la plupart d'entre nous restent influencés par les goûts collectifs.

Les recherches menées sur ce sujet[2] montrent que les jeunes femmes sont davantage influencées, dans leurs choix amoureux, par le rang érotique que ne le sont les garçons. Leur érotisme, lorsqu'il s'éveille, tend vers le haut. Elles sont immédiatement attirées par les personnes qui, dans leur petite communauté, ont le rang érotique le plus élevé, mais aussi par les vedettes internationales. C'est pourquoi la fille rêve du champion de tennis local et de Tom Cruise. Les autres ne sont pris en considération que comme solution de repli, par nécessité. C'est un mécanisme très ancien. Depuis que le monde est monde, l'homme recherche toutes les femmes. La femme, bien différemment, se fait belle et provocante afin d'attirer le plus grand nombre possible d'hommes et, surtout, les plus appréciés. Puis elle choisit le meilleur.

Les garçons, eux aussi, sont attirés par les plus belles et les plus connues des actrices. Mais ils ne croient pas qu'une femme aussi belle, aussi attirante et célèbre puisse s'intéresser à eux. Même s'ils le croyaient, ils n'auraient rien à lui offrir, ils ne sauraient pas comment la retenir. Un des facteurs de base de l'énamourement fait donc défaut : l'espoir. Ce renoncement finit par s'étendre aussi à leurs camarades les plus belles et les plus recherchées. Nombreux sont les hommes qui finissent par renoncer à la grande beauté, celle que tous admirent et désirent. Ils la laissent aux vedettes, aux riches et aux puissants. Ils prennent l'habitude de regarder ailleurs, là où ils peuvent rencontrer un sourire qui ne s'adresse qu'à eux. En renonçant à la beauté ils n'en apprennent pas moins à l'analyser, à distinguer entre beauté et attirance érotique. L'érotisme masculin s'habitue ainsi à réagir à un nombre limité de stimulus physiques assez grossiers. Il est excité par un décolleté audacieux, par une masse abondante de cheveux, par de très longues jambes, ou même par des jambes courtes quand elles sont croisées de façon provocante[3].

Les filles, au contraire, se mettent en quatre pour se faire remarquer par la petite vedette locale, par le fils du riche industriel, par le champion sportif, ou par celui que tout le monde trouve beau. Elles ne se soucient pas des autres, ne les jugeant même pas dignes d'un regard. Ce choix courageux qui les fait viser vers le haut a un revers négatif. En effet, elles se trouvent souvent forcées de se contenter d'un homme qui ne correspond pas à leur idéal. D'où l'ombre de désappointement qu'on observe souvent chez les jeunes femmes mariées[4].

2. Les qualités extraordinaires que l'individu voit dans la star ne sont pas le produit de sa *transfiguration personnelle*, mais de la *désignation collective*. C'est la société qui la déclare telle, qui la consacre comme une figure exemplaire, divine. L'*adoration de l'idole* est un processus collectif qui conduit à aimer ce que la collectivité a déjà choisi. Beaucoup de filles sont plus attirées par une vedette que par le garçon en chair et en os avec qui elles sortent. Mais nous ne pouvons pas dire qu'elles sont amoureuses. Car le processus n'a pas été mis en mouvement par leur transfiguration amoureuse personnelle, il n'est pas le produit de leur état naissant personnel. Elles participent au rêve collectif, elles voient celui que la société leur désigne comme le meilleur.

Des millions de femmes russes ont brûlé d'amour pour Lénine ou pour Staline, comme les Italiennes pour Mussolini, les Allemandes pour Hitler et les Américaines pour Franklin D. Roosevelt ou pour John F. Kennedy. Tout le monde aime le chef, mais les femmes y ajoutent un intérêt érotique personnel semblable à celui qu'elles éprouvent pour les stars. Dans ce cas, c'est la société, ou l'organisme de propagande, qui se charge du processus de la transfiguration amoureuse.

Dans la *transfiguration amoureuse personnelle*, au contraire, nous sommes capables de trouver des valeurs dans celui que nous aimons, quel qu'il soit. Quel que soit le jugement que portent sur lui les autres. Une femme peut s'éprendre d'un homme très laid, d'un criminel, d'un rebut de la société. Un homme, d'une prostituée ou d'une droguée. Parce que c'est *l'être en lui-même* qui paraît digne d'admiration à l'amoureux, jusqu'à sa misère, jusqu'à sa maladie. Comme la mère qui continue à trouver beau son enfant handicapé. Et l'on ne peut pas dire qu'elle a tort. Parce que sa sensibilité s'est accentuée et qu'elle voit quelque chose que les autres ne voient pas. L'amour lui ouvre une porte de la connaissance qui est fermée à celui qui n'aime pas. L'amoureux découvre dans la personne aimée toute sa valeur, et il l'affirme devant tous. Lorsqu'il regarde cette femme, il la trouve préférable à la plus belle et à la plus célèbre des stars. S'il doit choisir, il n'hésite pas, c'est elle qu'il choisit. L'énamourement se rebelle contre le système d'évaluation érotique collective, en lui opposant son propre ordre de valeurs. Il ne s'incline pas devant le charisme que tout le monde reconnaît, mais, comme un vrai mouvement collectif, il crée sa figure charismatique personnelle et il l'élève au-dessus des autres. L'amant voit dans son aimée les signes lumineux du charisme qui font d'elle la seule personne de valeur : l'élue.

3. *Le culte des idoles et la jalousie.* Il est très rare qu'une personne rencontre sa star préférée et que celle-ci s'éprenne d'elle. Généralement, la star reste lointaine. Elle reste l'objet d'une adoration à distance qui ne devient pas un énamourement véritable. La personne qui adore ne souffre pas parce que son sentiment n'est pas partagé. On observe parfois des signes de jalousie mais, dans l'ensemble, la fan accepte que l'objet aimé ait une épouse, une fiancée et même maintes maîtresses occasionnelles. Parce qu'il est lointain, qu'elle ne peut pas agir sur lui, parce que, quoi qu'elle fasse, elle ne peut pas susciter son amour. Dans le culte des idoles, la distance physique et sociale relègue l'amour naissant dans le domaine de l'imaginaire, de la fantaisie, du rêve, dans le lieu de la satisfaction hallucinatoire des désirs.

Nous pouvons seulement devenir amoureux de quelqu'un quand, à tort ou à raison, nous pensons pouvoir être aimés. Quand nous pouvons nous attendre à la réciprocité. Quand nous ne le pouvons pas, nous sommes dans le domaine de l'adoration de l'idole, pas de l'énamourement. Dans ce cas, si l'autre ne nous aime pas, nous ne souffrons pas. Tandis que, dans le véritable énamourement, si l'autre ne nous aime pas, nous souffrons terriblement.

La *fan*, d'ordinaire, sait fort bien que la voie qui la mène à la star ou au chef lui est fermée. Aussi se contente-t-elle de l'aimer à distance. Elle se contente d'une photographie, d'un poster ou de le voir sur les écrans. Cependant, si elle parvient à l'approcher, son désir s'accroît. Même dans ce cas, elle sait qu'il est très improbable que son amour soit partagé. Aussi se contente-t-elle d'un rapport sexuel qu'elle vit comme un privilège. Elle se jette parfois dans ses bras pour ne pas le laisser s'échapper. Certaines femmes font une véritable collection de célébrités. Dans ces cas-là, ce n'est pas seulement le mécanisme de la désignation qui est à l'œuvre, mais aussi le désir de montrer son propre pouvoir de séduction, de domination, seulement quand elle s'aperçoit que la star l'aime à son tour. La fan devient exclusive et jalouse.

4. *L'engouement pour les idoles.* Il se présente comme un véritable énamourement, bien que la transfiguration soit seulement l'effet de la désignation collective. On peut découvrir qu'il ne s'agit pas d'un véritable énamourement en voyant qu'on on n'y trouve pas les caractères de l'expérience fondamentale qu'est l'état naissant, décrite au chapitre cinq. En tout cas ce faux énamourement se dévoile à la fin car, une fois que le succès public a cessé, l'amour s'évanouit. La personne vraiment amoureuse se bat contre la société, celle entichée de la star suit ses directives et subit ses caprices. Lorsqu'elle rencontre la star, lorsqu'elle peut vivre à côté d'elle dans la vie quotidienne, elle s'aperçoit qu'elle ne connaît pas cet homme, elle découvre qu'il est différent de celui qu'elle avait vu au cinéma ou à la télévision, de celui que les autres avaient décrit. Et elle éprouve souvent une grande déception.

C'est ce qui arrive à une jeune femme que j'appellerai *La fan*. Elle avait toujours adoré une vedette connue de Hollywood. C'était son idéal, elle croyait être tombée amoureuse de lui. Comme elle fréquentait les casinos et le milieu du spectacle, un jour, elle a la chance de faire sa connaissance. Elle se jette à corps perdu dans l'aventure, le séduit, et une relation érotique commence. Mais quelle déception ! L'homme a la passion du jeu, il boit et s'enivre, et à peine a-t-il fini de faire l'amour qu'il s'endort et ronfle. Ce n'est pas tout : il a une vilaine peau, qui a une odeur désagréable. Notre héroïne, qui croyait avoir atteint le septième ciel, est très heureuse, quelques jours plus tard, de l'accompagner à l'aéroport et de ne plus jamais le revoir.

L'engouement pour les stars peut aussi se produire au profit de quelqu'un qui n'appartient pas au monde du spectacle. C'est ce que montre le cas de *La fille qui cherche un mari*. À l'âge de douze, treize ans, cette fille avait éprouvé une grande passion pour le chanteur Al Bano. Elle était folle de lui, sa chambre était remplie de ses posters et elle rêvait de le rencontrer. Quelques années plus tard, elle fait la connaissance d'une petite vedette locale, très admirée de ses camarades, également à cause de sa voiture décapotable. Al Bano est oublié, et elle est prise tout entière par ce nouvel amour, auquel elle fait une cour sans merci. Elle le suit, s'ingénie à l'approcher, lui tend des pièges, se plie à tous ses caprices, lui sert d'esclave et accepte les situations les plus humiliantes. Jusqu'à ce que, pour finir, elle remporte la victoire. Lui devient charmant, attentionné, il tombe amoureux et veut l'épouser. Il la présente à sa famille et ils vivent ensemble. Elle commence alors à remarquer ses défauts. Il lui paraît négligé, banal, sans charme. Devenu un homme ordinaire, il n'est plus la petite vedette inaccessible et disputée par les autres.

Et voici qu'apparaît à l'horizon, un soir, une nouvelle vedette. Il est pilote dans l'armée de l'air. Beau, grand, brun, avec le visage d'un acteur hollywoodien, lui aussi est adoré des femmes. Ce qui, plus que tout, l'affole est son uniforme. Elle tombe éperdument « amoureuse » et son amour pour son fiancé se transforme en dégoût, en répugnance. Elle ne veut plus le voir, elle ne répond plus à ses lettres ni à ses appels téléphoniques.

C'est brûler, brûler d'amour que désire cette jeune femme, mais son amour n'est pas capable de transfigurer une personne quelconque. Elle doit nécessairement choisir comme objet d'amour celui qui lui est désigné par l'admiration des autres femmes. Bien qu'elle ne le sache pas, son énamourement n'est pas authentique. En effet, à peine se sent-elle aimée en retour, à peine l'objet aimé cesse-t-il d'être inaccessible, que son amour s'évanouit. Et elle est prête à se jeter dans les bras d'une nouvelle petite vedette, avec ou sans uniforme.

Un cas analogue est exposé par une psychologue américaine, Dorothy Tennov. Mais celle-ci confond l'engouement érotico-amoureux avec l'énamourement véritable. Dès les premières pages de son livre *Love and Limerence*, parlant d'une collégienne qui passait sans histoire d'un amour à l'autre, elle écrit : « Terry était toujours amoureuse de quelqu'un. Dans la sixième classe elle a eu une terrible toquade pour Adam, le garçon le plus populaire de l'école. [...] Ensuite, d'autres se sont succédé si rapidement que la douleur d'un amour disparaissait avec l'apparition du nouveau[5]. » Dorothy Tennov confond l'engouement et l'énamourement. Son concept de *limerence* ne possède en soi aucun élément permettant de distinguer deux expériences aussi différentes.

5. *L'énamourement pour les idoles.* Il est aussi possible que la *désignation* soit le point de départ d'un énamourement véritable. Dans ce cas, la transfiguration de la personne aimée est facilitée pour le sujet parce que la société la lui désigne comme un individu extraordinaire, supérieur. C'est le cas d'une Sud-Africaine âgée de vingt-deux ans, très riche, fiancée, et qui devait se marier quelques jours plus tard. Nous l'appellerons *La fiancée*. C'était en été et elle passait ses vacances avec ses parents et son fiancé. Un soir, elle va dans une boîte de nuit où se produit un chanteur

qu'elle a toujours admiré depuis qu'elle était gamine. Et elle s'aperçoit, à son grand étonnement, qu'il la regarde avec insistance. Elle est déjà troublée par ses chansons et par sa présence. Une amie le lui présente, il s'assied à leur table. Puis il lui dédie une chanson d'amour, l'invite aux répétitions de son concert, en un mot lui fait la cour. Elle éprouve pour lui une attirance irrésistible. Cet homme est son rêve, son idéal. À côté de lui l'image du fiancé pâlit. C'est le coup de foudre. Elle le revoit au cours des jours suivants. Ses parents et ses amis se font du souci et tentent de la dissuader. Mais elle ne cède pas : elle rompt ses fiançailles et va vivre avec lui. Deux mois plus tard, ils se marient.

Il est évident que si la vedette ne s'était pas occupée d'elle et, surtout, si le chanteur ne lui avait pas fait la cour, tout serait resté dans le domaine de l'imagination. Elle aurait seulement conservé un souvenir romantique de son idole. Dans ce cas, la star agit comme dans le rêve d'une adolescente. Il s'approche d'elle, la recherche, lui dit qu'il la désire, qu'il l'aime. Comment résister à un stimulus aussi intense ? Comment pourrait-on résister si l'on rencontre son propre idéal ? *La fiancée* a rencontré son idéal, et elle n'a pas été déçue par lui. La désignation, dans ce cas, déclenche l'état naissant et l'énamourement.

Cependant, une subtile distinction s'impose entre l'énamourement pour les idoles et l'énamourement normal. Dans l'énamourement normal la personne aimée reste toujours un peu surprise, émerveillée en voyant que l'autre trouve admirable chaque détail de son visage, chacun de ses gestes, chacune de ses pensées. Cette adoration immotivée, gratuite, lui donne une profonde sécurité, analogue à celle qu'elle éprouvait dans son enfance, quand elle se sentait aimée par ses parents, quand elle sentait qu'elle avait sa propre valeur grâce à leur amour. Cette admiration inattendue, cette confiance ont pour effet de la pousser à s'améliorer, à se surpasser, pour s'en montrer digne.

La star, elle, est déjà en haut, elle est déjà consciente de sa valeur. Tout le monde le lui crie. Et cela peut créer des problèmes dans le processus d'énamourement. L'énamourement véritable, en effet, est une renaissance, un recommencement, qui nous font examiner d'un œil critique notre vie passée. Celui qui est situé trop haut, qui est trop sûr de soi, peut dire : « Je suis comme ça, prends-moi comme je suis, sans me mettre à l'épreuve. »

Pour que l'amour existe, il faut que celui qui aime fasse germer des possibilités latentes ou refoulées de notre être. Il doit nous offrir quelque chose de nouveau. Que peut donner un homme quelconque à Marilyn Monroe, à Claudia Schiffer, ou à Kim Basinger, s'il leur dit qu'elles sont belles ? Rien. Elles savent déjà qu'elles sont belles. Que peut-il leur dire que mille autres hommes ne leur aient déjà dit ? Que peut-il leur donner que mille autres hommes ne leur aient déjà donné ?

L'amour a besoin d'entrevoir quelque chose qui était désiré et non obtenu, quelque chose qui attendait de se manifester. Quelque chose qui promet un élargissement de l'expérience, une vie digne d'être vécue. Cela peut être la beauté, la force, l'intelligence, l'art, l'émerveillement, l'excès, le risque ou le pouvoir. Dans le *Roland furieux* de l'Arioste, Angélique, adorée par tous les puissants, choisit Médor, un simple soldat, parce qu'il est le plus beau. Marilyn Monroe choisit d'abord Joe Di Maggio, le sport, puis Arthur Miller, la culture, et, à la fin, Kennedy, le pouvoir. Comme Cléopâtre qui était devenue amoureuse de César.

6. *Le chef charismatique et l'idole*. Les rapports entre les disciples et leur chef charismatique sont différents de ceux qu'ont les fans avec leur star. Au sein d'un mouvement collectif les disciples n'aiment pas seulement leur chef, mais aussi leur propre collectivité. Les catholiques aiment et admirent le pape, mais aussi leur Église. Les musulmans sont attachés sentimentalement à leur *imam*, mais aussi à l'*umma*, la communauté des croyants. En somme, le chef n'est pas le seul à être extraordinaire, charismatique. Le mouvement même et la communauté même sont charismatiques[6].

Le rapport amoureux qui s'établit entre la star et ses fidèles est d'un type différent, représenté par une figure stellaire[7]. La star est au centre et tous les autres n'admirent, n'adorent, n'aiment que lui. Les fans de Rudolph Valentino, de Clark Gable, de Paul Newman, de Tom Cruise, de Frank Sinatra ou de Luciano Pavarotti sont attachés à leur star comme des individus le sont à un individu.

Freud a commis une grave erreur dans sa théorie des masses[8]. Il imagine que le groupe se forme parce que tous les fils sont attachés individuellement au père, comme les fans avec leur star. Et comme ils ont en commun le même objet d'amour et d'identification, ils s'identifient aussi horizontalement entre eux. Le chef est donc indispensable pour l'existence de son groupe. Mais alors, comment font les frères, comme il l'écrit lui-même dans *Totem et Tabou*[9], pour se révolter et tuer le chef ? En haïssant le chef, en rompant avec lui, ils cessent de constituer un groupe. Comment peuvent-ils alors s'organiser afin de le tuer ? Freud ne peut pas donner de solution à ce problème.

Notre théorie des mouvements le peut. Une fois rompus les rapports avec le père, il se produit un *état naissant* qui unit chacun des frères aux autres et les fond dans un nouveau groupe. Un « groupe révolutionnaire », une « fraternité liée par un serment » dans laquelle émerge un nouveau chef. Ce changement a été bien représenté par Shakespeare dans son drame *Jules César*. Chez de nombreux fidèles de César, l'admiration s'est transformée en haine, en ressentiment. Ils veulent sa mort, mais aucun d'eux, pris individuellement, n'a le courage de lever le poignard sur lui. Ils y parviennent seulement lorsqu'ils forment un groupe réuni autour d'un nouveau chef, Brutus. Ils élaborent une idéologie afin de justifier leur geste et se jurent d'être fidèles à leur engagement. Puis, à peine César est-il tué au sénat qu'avec leurs dagues encore fumantes de sang, ils répètent le rite de la *conjuratio* en se serrant les mains ensanglantées.

Les sentiments éprouvés pour une star ou pour un

chef sont très différents. Le chef du mouvement est considéré comme celui qui conduit vers le futur, vers le *salut*. Alors que les admirateurs de Paul Newman, de Madonna ou de Richard Gere peuvent avoir des frissons d'émotion quand ils le rencontrent, ils peuvent éprouver de véritables sentiments d'adoration, mais ils n'ont pas le sentiment d'un destin collectif. Cependant, sur le terrain érotico-amoureux, il n'y a pas de différence entre le chef charismatique et la star. Aussi avons-nous employé une seule expression, *l'amour pour les idoles*, pour désigner tous les types d'intérêt amoureux qui se portent sur celui qui est admiré, aimé et adoré par un grand nombre de gens, que ce soit un chef charismatique ou une star.

L'amour compétitif

L'amour compétitif est celui où quelqu'un ne brûle d'amour que lorsqu'il rencontre un obstacle, que l'autre lui dit non, qu'il existe un rival : un père, un mari, une épouse, qui lui barre la route. Quand cet obstacle disparaît, quand il est parvenu à son but, son amour s'évanouit. L'amour compétitif est donc le produit de la *prédominance des mécanismes de la perte et de l'affirmation* sur les autres mécanismes amoureux.

À la différence de ce qui advient dans le cas de l'amour pour les stars, un véritable énamourement compétitif est très rare. D'ordinaire, nous voyons seulement des formes du faux énamourement ou de l'*engouement érotique amoureux compétitif*. Ce sont des formes d'engouement largement répandues, même si elles ne se présentent pas sous la forme extrême de don Juan ou de Casanova. Don Juan est une figure littéraire, mais Casanova est un personnage historique, et il nous a laissé des *Mémoires* célèbres[10]. Casanova brûle d'amour pour une femme, il est absolument convaincu d'en être amoureux et il emploie tous les stratagèmes et toutes les flatteries pour la conquérir. Mais, dès qu'elle lui a cédé, son amour disparaît. Dans le film *Le Retour de Casanova*, avec Alain Delon, le grand aventurier vénitien est représenté comme un homme entre deux âges. Il arrive dans une villa où vit une femme qu'il avait aimée une seule nuit alors qu'elle n'a jamais cessé de l'aimer et a attendu son retour. En le voyant, elle pense qu'il est revenu pour elle, mais elle se trompe. Casanova lui dit qu'il est amoureux de sa nièce, qui est âgée de vingt ans. Une fille moderne, sérieuse, qui le repousse et le méprise. Parce qu'elle aussi est amoureuse, d'un jeune lieutenant avec lequel elle passe des nuits d'amour ardentes. Fou d'un désir passionné, Casanova, recourt à tous les moyens, allant même jusqu'à tenter de susciter en elle de la pitié. Tout est vain. Alors, la dernière nuit précédant son départ, Casanova entraîne le lieutenant dans une partie de cartes et gagne une somme d'argent que le jeune homme ne possède pas. Pour payer sa dette, il accepte le marché que lui propose Casanova et il prête à celui-ci ses vêtements afin qu'il puisse, à la faveur de l'obscurité, pénétrer dans la chambre de la jeune fille. Le lendemain matin, sa passion satisfaite, Casanova monte dans son carrosse et part. Mais, à quelque distance de la villa, le jeune lieutenant, furieux, l'attend et le provoque en duel. Casanova l'affronte et le tue.

Cet exemple demande peu de commentaires. L'aventurier n'est nullement amoureux de la jeune femme. Il la désire parce qu'elle se refuse à lui et parce qu'il y a un rival. Point d'état naissant et aucun processus de fusion : toute l'affaire est dominée par le désir de Casanova d'affirmer son propre pouvoir de séduction et par la compétition. Ce grand amour finit, en effet, lorsqu'il possède la femme et tue le rival.

Le faux énamourement compétitif est très commun dans les deux sexes. Dans un roman de Carlo Castellaneta, *Le Donne di una vita*[11], le héros, Stefano, s'éprend passionnément d'Ida, une femme mariée. Il la convainc de quitter son mari et de vivre avec lui, mais, au bout d'un certain temps, il s'aperçoit qu'il ne l'aime plus. Il ne recommencera à la désirer que lorsqu'elle se sera remariée avec un autre. Ses autres amours suivent le même cours. Avec Flora, avec Valeria, qui quitte son mari et ses enfants, mais dont il se lasse dès qu'elle se comporte comme une épouse qui l'attend, fidèle et jalouse, quand il rentre en retard. Et, le jour même où il va acquérir la maison où ils devraient vivre ensemble, il rencontre Georgina. Avec Georgina il connaît aussi une période d'amour fou et extatique, qui durera seulement jusqu'au jour où il sentira que son amour est partagé : alors, il sera prêt pour une nouvelle aventure.

Il n'en va pas autrement avec le cas d'une jeune femme qui, au cours de la conversation, vous confie, sur un ton désespéré, qu'elle est encore à la recherche d'un homme qui veuille l'épouser. Nous l'avons déjà rencontrée : c'est *La fille qui cherche un mari*. Elle ne parle pas d'autre chose, ne pense pas à autre chose, et va jusqu'à faire insérer des annonces matrimoniales. Elle « tombe amoureuse » continuellement, mais personne ne l'épouse. En écoutant l'histoire de sa vie, cependant, apparaît un tableau plus complexe. Quand elle était gamine, elle se toquait des vedettes de cinéma et des chanteurs. Son premier amour avait été une petite vedette locale qu'elle quitte pour un pilote. Celui-ci aussi est une vedette, admiré et courtisé par les filles. Elle perd la tête pour lui, fait des folies, parvient à le séduire, puis se lasse. Elle retourne à ses caprices, ses engouements pour les stars. Quelque temps après, c'est au tour d'une personnalité connue qui est riche et marié. Comme dans le cas précédent, elle lui fait une cour éhontée, réussit à le séduire, devient sa maîtresse, mais elle ne se contente pas d'une aventure érotique, elle veut rendre leur liaison publique, et lui met fin à leurs relations. Entre-temps, elle rencontre d'autres hommes qui, par la beauté, la culture, l'intelligence et le statut social sont à son niveau. Quelques-uns la courtisent et l'un d'eux voudrait l'épouser. Mais ils ne l'intéressent pas ; elle vise toujours plus haut, quelqu'un d'un rang érotique plus élevé. Elle s'engoue d'un avocat, d'un gynécologue, d'un professeur d'université, toujours connus, toujours riches, toujours mariés. Elle se lance dans l'aventure sans aucune réserve, et réussit à coucher avec eux. Puis elle commence à se comporter comme une jeune épouse amoureuse, non seulement dans l'intimité, mais aussi en public, avec les connaissances et les amis. Jusqu'à ce que le « fiancé » du moment se lasse et la quitte.

En d'autres termes, toutes les fois que cette fille réussit vraiment à rendre l'autre amoureux d'elle, toutes les fois que l'homme est prêt à l'épouser, elle se lasse, fait machine arrière et perd tout intérêt pour lui. Son érotisme et son amour sont excités quand l'homme est riche, puissant, marié, c'est-à-dire quand elle peut mettre à l'épreuve son pouvoir de séduction, son charme érotique, et, en particulier, quand elle doit l'emporter sur d'autres femmes.

Si, malgré ses déceptions, *La fille qui cherche un mari* répète le même schéma, cela signifie qu'elle en tire du plaisir. Et ce plaisir consiste précisément à réussir à séduire l'homme sur le plan érotique. Et à l'enlever, ne fût-ce que pour un moment, à son milieu et à la femme avec qui il vit. C'est la conquête qui l'excite, la séduction. Ce qu'elle décrit comme une succession de défaites amoureuses, parce que tous les hommes qu'elle aime ne veulent pas l'épouser, sont en réalité autant de victoires.

Un autre cas semblable, *Nicolle*, nous est décrit par Jeanne Cressanges[12]. Nicolle tombe amoureuse d'hommes d'un accès si difficile que d'autres auraient renoncé. Mais elle, à force de séduction et de ténacité, parvient à surmonter tous les obstacles. Un homme marié, cédant à sa cour obstinée, est sur le point de divorcer. Un Turc, pour l'épouser, en vient à se faire naturaliser français, et un délinquant se réhabilite. Mais chaque fois que la victoire est à portée de main, quand rien ne fait plus obstacle au mariage, elle perd tout intérêt à l'affaire et s'aperçoit qu'elle n'est plus amoureuse. Les choses continuent ainsi jusqu'à l'apparition d'un certain Paul, encore plus difficile que les autres. Fascinant, mystérieux, inaccessible, au point qu'on raconte que c'est un espion. Nicolle tombe follement amoureuse de cet homme du mystère qui lui échappe. Après une cour impitoyable de deux ans, elle finit par l'épouser. Elle l'épouse parce que, en réalité, il continue à lui échapper psychologiquement, parce que sa victoire n'est pas définitive, et que le mariage est le premier signe tangible de son succès. Quelque temps plus tard, l'énigme est résolue : cet homme si étrange et inaccessible en réalité, est un dément. Un schizophrène paranoïaque, sujet à des crises de dépression ; et, en effet, il se suicide.

Tous les cas que nous avons examinés sont des exemples d'engouement. Existe-t-il aussi un *véritable énamourement compétitif* ? Chez les personnages dominés par le mécanisme de la compétition, quelque chose de semblable à l'énamourement n'est possible que s'ils sont défaits continuellement et de manière répétée. Si celui qu'ils aiment ne s'abandonne jamais complètement, mais les repousse ou les tient en suspens. Si un rival, fût-ce de manière artificieuse, les maintient en vie. Alors, l'amour peut durer pendant des années et des années. C'est ce que Carlo Castellaneta nous raconte dans son roman *Passione d'amore*[13]. Diego tombe amoureux de Leonetta et continue à l'aimer uniquement parce qu'elle se donne à lui, mais, en même temps, lui échappe.

Au cours de leurs rencontres amoureuses, Leonetta lui raconte ses amours, ses vices, ses prédilections et ses expériences avec d'autres amants. Et Diego est troublé et excité, stimulé par un défi continuel. Leonetta est mariée et ne renonce pas à son mari : parce qu'elle est habituée à la richesse, et qu'elle en a besoin pour être elle-même — une reine qui se donne. Elle en a besoin pour être belle ; en vivant avec Diego, il lui faudrait s'adapter à une existence médiocre, renoncer à ses toilettes coûteuses, au coiffeur à la mode et à son esthéticienne personnelle. Elle garde aussi son mari pour une autre raison. Elle sait que Diego a besoin de l'obstacle, du rival, de la lutte. Elle sait que, si elle l'intéresse, c'est comme une proie qu'il s'agit d'arracher à un autre homme. Elle sait que l'amour fou de Diego, qui dure depuis des années, s'évanouirait à l'instant même où elle, la déesse insaisissable, deviendrait une possession sans histoire. Elle lui paraîtrait alors insipide et ennuyeuse.

Il nous faut, ici, introduire une distinction. Dans le cas de *Nicolle*, l'engouement amoureux naît du besoin de montrer sa capacité de séduction. Paul, l'homme mystérieux, l'attire parce qu'il est inaccessible et froid, parce qu'il ne répond pas à son amour. Elle veut se démontrer à elle-même qu'elle est une séductrice, aussi son désir pour un schizophrène incapable d'aimer atteint-il un paroxysme. *La fille qui cherche un mari*, quant à elle, désire affirmer sa supériorité sur les autres femmes, sur ses rivales. Le cas de Diego et de Leonetta est véritablement un cas limite. Parce que c'est un grand amour qui dure dix ans ou vingt ans, et qu'il contient de nombreux éléments du véritable énamourement : la fusion et le désir d'une vie commune, mais freinés et bloqués par le mécanisme infernal de la compétition.

Pour finir, voyons ce qui arrive dans un livre et dans un film qui ont eu une grande importance dans l'histoire des sentiments féminins, *Autant en emporte le vent*. À première vue, l'amour de Scarlett O'Hara pour Ashley semble appartenir au type compétitif puisqu'il dure aussi longtemps que le héros est fidèle à sa femme, et qu'il disparaît dès que Melanie meurt. En réalité, Scarlett est tombée amoureuse d'Ashley avant de savoir qu'il était fiancé à Melanie et même après, elle continue d'espérer le conquérir parce que lui, en réalité, ne la repousse jamais clairement. La relation entre Rhett et Scarlett est aussi psychologiquement correcte. Scarlett ne peut pas devenir amoureuse de Rhett parce qu'elle aime déjà Ashley. C'est seulement quand cet amour sera fini que les choses changeront. L'amour de Rhett pour Scarlett est fondé sur la perception d'une affinité profonde entre eux. Il comprend qu'ils pourront, ensemble, faire des choses extraordinaires. Mais Scarlett veut affirmer son indépendance, sa personnalité, et elle craint d'être écrasée par celle de Rhett. C'est pourquoi, s'il lui faut épouser un homme qu'elle n'aime pas, elle le choisit faible et soumis.

Intérêt économique et statut social

La richesse, la classe sociale, le train de vie élevé avec des voitures, des appartements et des yachts luxueux, des vêtements à la mode, tout cela contribue à rendre une personne plus attirante. Ce sont des facteurs qui peuvent déclencher l'énamourement, lequel naît aussi des rêves, des espoirs et des aspirations sociales. Dans le conte de *Cendrillon* le prince tombe amoureux de la jeune fille pauvre parce que, grâce à la bonne fée, elle a pu aller au bal dans une robe merveilleuse. Si elle lui était apparue vêtue de ses loques habituelles, il ne l'aurait même pas regardée. De manière analogue, dans *Pygmalion* de Shaw, Higgins commence par mépriser la fille sale et ignorante qu'il a ramassée dans la rue. C'est seulement lorsqu'elle réapparaît sous la forme d'une jeune femme élégante et raffinée qu'il en tombe amoureux. Et nous avons vu que *L'étudiant* s'éprend d'une camarade d'université qui appartient à un milieu social supérieur au sien. Il n'y a, dans ce choix, aucun calcul, aucun intérêt économique. La jeune fille symbolise le monde qui l'attire, le genre de vie qui le fascine.

Dans la littérature, nous trouvons la description de nombreux énamourements mis en mouvement, déclenchés ou facilités par la richesse. Par exemple, dans *Gatsby le Magnifique*, de Francis S. Fitzgerald. Gatsby a vingt ans quand il voit pour la première fois Daisy, au cours d'une réception à laquelle il arrive avec d'autres jeunes officiers. Il est très pauvre, mais l'uniforme les rend tous égaux. Il est stupéfait par la demeure de

Daisy car il n'en avait jamais vu d'aussi belle. Il tombe amoureux de la très belle et très riche Daisy, et celle-ci, ignorant qui il est, s'éprend de lui[14]. Ensuite, Gatsby partira pour le front et la perdra de vue. Elle se marie, mais lui continuera à l'aimer. Il s'ingénie à réaliser une grande fortune dans l'espoir de pouvoir la conquérir. Il y a une bonne part d'autobiographie dans cette histoire, car Fitzgerald était lui aussi tombé amoureux de Zelda Sayre, fille d'un riche magistrat, lorsqu'il faisait son service militaire en Alabama. Zelda était alors inaccessible pour lui, elle appartenait à un milieu social bien plus élevé que le sien, et il ne parviendra à l'épouser qu'après le succès de son roman *L'Envers du Paradis*.

La richesse entre donc dans le véritable énamourement comme une des composantes qui permettent le déclenchement de l'état naissant. Exactement comme le plaisir érotique, les manières charmantes ou l'attrait de l'uniforme ou du pouvoir. Les individus qui, dans leur projet de vie inconscient, ont toujours rêvé d'une vie plus élevée, ont tendance à devenir amoureux de quelqu'un qui symbolise celle-ci. Balzac, à l'âge de vingt-deux ans, s'éprend de Laure de Berry, qui en a quarante-quatre. Elena Gianini Belotti explique très justement le fait : « Si le petit bourgeois Honoré s'éprend de Laure de Berry, une aristocrate, c'est parce qu'il est ébloui et attiré par ce style de vie et par le milieu social auquel il désire ardemment appartenir : il est affamé d'attentions, de sollicitudes, de stimulants et de soins assidus qui doivent nourrir son propre talent encore mal dégrossi afin de l'exprimer et de le raffiner. Il brûle du désir d'obtenir une compensation pour les torts qui lui ont été infligés par son milieu d'origine. Il brûle du désir de voir reconnus ses dons, de la valeur desquels il est conscient. Ces exigences ne peuvent assurément pas être satisfaites par de toutes jeunes filles naïves et sans expérience, privées de liberté et qui ont davantage besoin d'aide qu'elles ne sont capables d'en donner[15]. »

Cependant, la richesse et l'intérêt économique ne

sont pas, très souvent, la porte ouvrant sur un véritable amour. Il y a des gens qui se marient par pur intérêt, cyniquement. Comme le chasseur de dot qui feint d'être amoureux de l'héritière, ou l'arriviste sociale qui feint d'être amoureuse du millionnaire. Ainsi que le fait Scarlett O'Hara dans *Autant en emporte le vent*, quand, pour sauver le domaine de Tara, elle séduit froidement un riche négociant et l'épouse.

L'intérêt pur, sans amour, n'est certainement pas en condition de créer une relation conjugale stable. Ce n'est pas facile de feindre un sentiment pendant des années et des années. L'homme qui n'est pas attiré par sa femme est obligé d'inventer toutes sortes d'excuses pour ne pas paraître impuissant. La femme, dans la même situation, éprouve un état d'irritation et de répulsion physique. Dans son roman *Paolo e Francesca*, Rosa Giannetta Alberoni[16] décrit les efforts faits par une femme qui a épousé un homme riche et très connu. Peu à peu, son corps se rebelle. Elle éprouve de l'aversion pour son odeur, pour le contact de ses mains, jusqu'au moment où son amour se transforme en haine.

Entre la situation où la richesse est un élément qui participe au déclenchement de l'état naissant et le pur intérêt économique, il existe cependant de nombreuses formes intermédiaires. Dans de nombreux cas d'engouement amoureux, la richesse et ses symboles — une voiture de sport, un yacht, une demeure somptueuse, un train de vie de milliardaire, des cadeaux impressionnants — produisent une attirance semblable à celle du chef charismatique ou de la star. Cela ressemble à un cas d'énamourement, mais ce n'en est pas un. En conséquence, une fois le but atteint, une fois la richesse possédée, l'amour disparaît rapidement pour faire place au désir d'indépendance, d'autonomie. À l'envie d'avoir tout cet argent pour soi. Les gens très riches, comme les stars, sont toujours entourés d'adorateurs qui se jettent dans leurs bras et déclarent leur amour. Mais est-ce de l'amour ou de l'engouement ? ou un simple calcul ? C'est pourquoi les gens fortunés ont tendance à se marier dans leur propre milieu, entre égaux.

La falsification

Dans l'énamourement véritable, chacun recherche la vérité. Il sonde le fond de son être pour exprimer ses exigences les plus profondes, ce qu'il désire sincèrement, et il ne ment ni à lui-même ni à l'être aimé. De temps en temps il peut jouer le jeu de l'être insaisissable afin de séduire l'autre, de piquer sa curiosité, afin de le mettre à l'épreuve. Mais, aussitôt après, il se met à l'abri du danger et s'abandonne au désir de se révéler tel qu'il est, sans réserves, dans une confession sincère. Il existe aussi des personnes qui ont besoin de compenser des défauts et des craintes, alors, au lieu d'exposer leurs vraies inquiétudes, elles les dissimulent et font montre de qualités qu'elles ne possèdent pas.

Si ce comportement est celui des deux protagonistes, et que chacun reste agrippé à son propre mensonge, la situation entraîne ce que les psychologues appellent une *collusion*. Ce terme vient du latin *cum-ludere* et signifie une entente secrète dans le but de se tromper mutuellement. Chacun des deux compense un manque en mettant en scène un faux soi. Et l'autre l'accepte, le reconnaît pour vrai afin de faire accepter, à son tour, la fausse image de soi qu'il met en scène. Ainsi mentent-ils tous les deux, et ils ne peuvent plus cesser de mentir.

Dans ce cas, nous nous trouvons aussi devant un processus d'énamourement incomplet ou de faux énamourement. L'état naissant ne va pas jusqu'au bout de sa course parce qu'il est arrêté par le mensonge. Le processus d'*historicisation* ne peut pas se poursuivre. Pour cette raison, le passé n'est pas liquidé, n'est pas rédimé, et il finira par revenir, reproduisant la situation à laquelle le sujet avait tenté d'échapper.

Prenons un cas exposé par Jurg Willi[17]. Un jeune homme avait un père faible et passif et une mère agressive. De peur de tomber dans la même situation, il cherche à devenir le contraire de son père. Il se montre actif, fort et sûr de soi. Celle qui deviendra sa femme avait eu elle aussi un père faible et une mère dominatrice. Pour réagir, elle avait développé une attitude féminine, fragile et maladive. Les deux jeunes gens se rencontrent dans un restaurant fréquenté par les étudiants. Lui la remarque, elle lui plaît, mais il ne sait pas comment l'aborder car il est paralysé par la timidité. Puis il fait un effort sur lui-même et l'invite à prendre un café. Elle, qui l'avait jugé faible, est surprise par cette initiative et il lui donne l'impression d'un homme sûr de lui. Ainsi chacun des deux commence par montrer à l'autre la qualité qu'il ne possède pas : lui la force, elle la faiblesse. Après le mariage, ils forcent encore leur mise en scène. La femme devient volontairement si faible qu'elle tombe malade et doit être hospitalisée. À ce moment, l'homme ne parvient plus à faire montre d'une force qu'il n'a jamais eue et il a un collapsus nerveux. Sa femme réagit alors agressivement. Ils finissent ainsi par révéler tous les deux leur véritable nature et par se trouver dans la situation qu'ils auraient voulu éviter : lui passif, elle dominatrice.

Il arrive qu'une relation amoureuse commence sous forme de tromperie et de falsification, mais qu'éclate ensuite l'énamourement véritable qui fait apparaître la vérité. Ce sujet a été exploité dans de nombreuses et brillantes comédies, par exemple dans *Certains l'aiment chaud*, avec Jack Lemmon, Tony Curtis et Marilyn Monroe. Tony Curtis se fait passer pour un milliardaire afin de conquérir Marilyn, et Jack Lemmon se fait le complice du travestissement de son ami. En réalité, ils sont tous deux membres d'un petit orchestre et ils ont, malgré eux, assisté à un meurtre commis par des gangsters. Ceux-ci les recherchent afin de les éliminer, et ils les découvrent juste au moment où Tony Curtis a réussi à conquérir Marilyn. Les deux jeunes gens sont obligés de prendre la fuite et c'est alors que Tony Curtis révèle sa véritable identité. Mais cela n'a pas d'importance pour Marilyn, et c'est ainsi qu'ils s'aperçoivent qu'ils sont vraiment amoureux l'un de l'autre.

Amour consolation

C'est le faux énamourement qui suit une déception amoureuse. Après la douloureuse période de *pétrification*, notre élan vital reprend de la force, et nous sommes en quête de nouveaux objets d'amour. Mais la blessure est trop récente et nous ne pouvons pas encore tomber amoureux. Nous allons alors à la recherche de quelqu'un de rassurant, qui nous aime bien, à qui nous pouvons nous abandonner sans crainte. Il n'est pas dit que cette personne doive être nécessairement morne et ennuyeuse. D'ordinaire, nous recherchons, au contraire, quelqu'un qui soit plein de vitalité, qui nous stimule et qui nous fasse sortir de notre vie quotidienne. Mais nous voulons que ce soit lui qui s'engage le premier et le plus à fond. Nous cherchons quelqu'un qui nous aime, et nous nous laissons aimer.

Nous avons déjà parlé de *L'homme de Turin*. Il avait subi une déception amère qui avait laissé une blessure ouverte pendant des années. Il désire tomber amoureux encore une fois afin d'oublier l'amour malheureux et, à un certain moment, il se sent attiré par une jeune femme française très belle. Il croit l'aimer, mais la distance et des difficultés financières l'empêchent de continuer cette relation. Suit une aventure érotique avec une collègue, affaire qui finit rapidement parce qu'ils sont obligés tous les deux de reconnaître qu'ils ne sont pas vraiment amoureux. Il reste seul, avec, au fond de lui, le besoin d'un amour paisible, tendre et affectueux. En somme, le substitut du grand amour qu'il a perdu. Il rencontre alors une jeune femme sympathique, très vivante et gaie. Comme il lui transmet son grand besoin d'amour, elle lui répond en devenant amoureuse de lui. Elle le présente aux siens, une famille aisée qui l'accueille avec chaleur. Ils se fiancent et, ensuite, tout naturellement, ils se marient. La femme est occupée à la maison et lui continue tranquillement son travail. Sans jamais un différend, sans jamais un mot plus haut que l'autre. *L'homme de Turin*, en toute bonne foi, aurait juré qu'il aimait sa fiancée, devenue ensuite sa femme. En réalité, il avait seulement de l'affection pour elle, car il continuait à aimer l'autre. Et il ne se serait libéré de cet amour qu'en vivant un nouvel et grand énamourement. Seul l'énamourement a le pouvoir de pénétrer dans le passé et de le rédimer. Aussi, après le mariage, il prend conscience qu'il a de l'estime pour sa femme, et de l'affection, mais qu'elle ne lui plaît pas physiquement et qu'elle ne l'enrichit pas spirituellement. Une période confuse, tourmentée, commence, qui se termine seulement quand il devient follement amoureux d'une autre femme.

L'histoire de *Chiara* est plus dramatique. Chiara vivait à Naples, elle était très belle et était gâtée par ses parents. Elle ne faisait rien à la maison ; elle était la petite reine de l'école et du quartier. À dix-huit ans, à l'occasion d'une visite à une tante milanaise, elle fait la connaissance d'un garçon de vingt ans. Ils tombent amoureux. Elle rentre à Naples et ils s'écrivent et se téléphonent pendant des mois. Il va la voir, mais pas aussi souvent qu'ils le désirent. Le garçon a un emploi modeste et il ne peut pas se permettre plus. Et il ne plaît pas aux parents de Chiara. Ils veulent pour elle quelqu'un de plus brillant. Chiara n'a pas la force de quitter sa famille pour le rejoindre. Elle pleure, elle ne sort plus de sa chambre. Ses parents misent sur le temps. Ils sont certains que leur fille finira par oublier. Le garçon de Milan ne se montre plus. Quelques années plus tard, à l'occasion d'une autre visite à sa tante milanaise, Chiara rencontre un homme qui lui est présenté comme un riche propriétaire lombard. Cette fois les parents sont favorables et poussent au mariage. Elle accepte, car elle a un grand désir d'amour et cet homme lui dit qu'il l'aime. Et aussi parce qu'il habite non loin de Milan et qu'il lui semble qu'elle se rapproche de son grand amour perdu.

Le mariage se fait. Mais l'homme est seulement un campagnard aisé qui vit dans une ferme où il élève des animaux. La maison est laide, sale, elle touche presque aux étables d'où viennent de mauvaises odeurs ; la cour est pleine de boue. Elle, habituée à la ville, servie et gâtée, se trouve désemparée devant ces rudes besognes manuelles. Elle est bientôt enceinte. Elle se trouve ainsi avec un bébé dans les bras, mal habillée, dépeignée, dans un endroit de cauchemar. Elle pleure tous les jours, et son père, qui a compris l'erreur commise, vient la voir souvent. Il lui apporte des vêtements et lui tient compagnie. En hiver, par un soir de brouillard, le malheureux est renversé par une auto et il meurt. Chiara, terrorisée, prend son enfant et s'enfuit à Milan, en quête de secours. On la ramène à la maison. Elle délire, puis s'enferme dans un silence absolu, une stupeur catatonique. Elle ouvre un jour la porte et s'éloigne, en état d'hallucination et sans être même couverte d'un manteau. Elle se perd ainsi dans la plaine lombarde glacée, et personne ne la retrouvera jamais.

CHAPITRE SEPT

L'ÉROTISME

L'érotisme dans l'énamourement

Quand nous tombons amoureux, notre érotisme et notre sexualité atteignent un paroxysme extraordinaire. Le corps de l'être aimé nous paraît divin, sacré, et nous voulons nous fondre en lui. Les amoureux peuvent vivre des jours et des jours enlacés, en faisant l'amour. Et leur désir, à peine satisfait, se renouvelle, plus violent qu'avant. Nous sommes habitués à penser au désir comme aux besoins de manger, de boire et de dormir. Quand ils sont satisfaits, le désir s'apaise et disparaît. La psychanalyse conçoit le désir comme une tension qui se décharge, alors que, dans l'état naissant amoureux, nous voulons aimer davantage, nous désirons désirer encore plus. Nous ne recherchons pas le bonheur dans la décharge de la tension, mais dans sa croissance, son accroissement continuel[1].

Dans l'énamourement, l'érotisme quotidien est multiplié par cent, par mille. La vie est imprégnée d'érotisme. Le corps de l'être aimé devient un monde qui nous accueille, où nous vivons, il devient la source de notre subsistance, et tout ce qu'il produit est merveilleux. Les psychanalystes l'expliquent par le souvenir du petit enfant qui vit contre le corps de sa mère et se nourrit à ses seins. Je suis enclin à penser que le même engramme génétique qui pousse instinctivement le bébé vers la mère pousse l'adulte vers l'être aimé.

L'énamourement commence parfois comme un désir sexuel obsédant et impétueux, et c'est seulement après qu'il se transforme en passion amoureuse. Dans le livre de Woods Kennedy *Un anno d'amore*[2], un garçon devient amoureux en découvrant la beauté de sa maîtresse et la sexualité. Une sexualité excessive, violente, qui éclate dans le premier contact avec les seins féminins, en regardant, émerveillé et en adoration, le corps de la femme, en découvrant, plein de gratitude, la forme des tétins, le mont de Vénus, les fossettes du bassin, les grandes et les petites lèvres. Un univers de délices, d'autant plus désiré et aimé qu'il est davantage possédé. Dans le cas de *l'homme de Bari*, un grand amour commence aussi par une passion érotique fulgurante.

C'est dans *Lolita*, le roman de Nabokov, qu'on trouve la plus étonnante description de la sexualité se transformant en amour. Grâce à son ironie, l'auteur réussit à exprimer un désir sexuel fou, obsédant, poussé au paroxysme, sans même éveiller en nous le soupçon qu'il s'agit du début d'un grand amour. Humbert est excité à la vue du corps de la gamine de douze ans, la nymphette, ainsi qu'il l'appelle. Il écrit : « Là, ma bien-aimée s'est allongée sur le ventre, me révélant — révélant aux mille yeux grands ouverts de mon sang ocellé — le relief délicat de ses omoplates, et le velouté de son dos incurvé, et le renflement compact de son étroite croupe masquée de noir, et l'estuaire de ses cuisses de petite fille[3]. » Un soir, alors qu'il se trouve assis à côté de la mère de Lolita sur la véranda et que la fillette se glisse entre eux deux, il en profite : « ... profitant de cette pantomime invisible pour frôler sa main ou son épaule, ou la petite ballerine de laine et de tulle qu'elle faisait danser en l'air et cognait sans cesse contre mon genou ; enfin, quand je sus mon ardente nymphette prisonnière de ce réseau de caresses éthérées, j'eus l'audace d'effleurer du bout des doigts le duvet de groseilles qui striait l'arête de son tibia — et je riais de mes plaisanteries, et je tremblais, et je tentais de cacher mes frissonnements et, une fois sur deux, je sentis sur mes lèvres furtives la brûlure de ses cheveux[4]... » L'amour se présente seulement comme un désir sexuel qui exploite toutes les situations. Un jour, jouant avec un magazine, il parvient à attirer Lolita près de lui. « Aussitôt, feignant de vouloir reprendre le magazine, Lo se jeta sur tout mon corps. Je saisis son poignet osseux et grêle. Le journal tomba à terre comme une volaille effarée. Se tortillant sur elle-même, Lo se dégagea, recula, se laissa choir dans le coin droit du sofa, puis, avec une admirable simplicité, l'impudique fillette allongea ses jambes sur mes genoux. J'étais déjà dans un état de surexcitation qui frisait la démence, mais j'avais aussi la ruse du fou[5]. » Suit la plus incroyable description des manœuvres grâce auxquelles il atteint l'orgasme, une véritable extase érotique qui se répétera d'autres fois, toujours volée, toujours dissimulée, sans que jamais apparaisse un sentiment d'affection, une pensée amoureuse. Rien que le désir, obsédant, troublant, que Humbert ressent comme prohibé et obscène, mais auquel il n'a pas la force de résister et qu'il satisfait au moyen de toute sorte de subterfuges, allant jusqu'à épouser la mère pour vivre auprès de la fille. Commence ensuite une course démente à travers les États-Unis, d'un endroit touristique à l'autre, d'un cinéma à l'autre, la bourrant de glaces, l'empêchant d'aller à l'école, de rencontrer des garçons de son âge et négociant chacune de ses prestations sexuelles. « Oui comme j'aimais à lui apporter ce café, et le lui refuser jusqu'à ce qu'elle eût accompli son devoir matinal. J'étais pour elle un ami si attentif, un père si passionné, un pédiatre si averti — et cet Humbert trismégiste savait combler les moindres désirs de chaque parcelle de son petit corps châtain et doré. Mon seul grief contre la nature était de ne pouvoir retourner Lo comme un gant pour appliquer ma bouche vorace sur sa jeune matrice, la nacre de son foie, son cœur inconnu, les grappes marines de ses poumons, ses reins délicatement jumelés[6]. » En dépit de l'ironie, nous reconnaissons ici le signe indubitable de l'énamourement. L'amant aime tout, absolument tout de l'être aimé, même ses organes, même ses entrailles. Soigneusement dissimulée par l'artifice littéraire, cette passion érotique est un amour total.

D'autres fois, au contraire, l'énamourement commence sous la forme d'une attirance spirituelle, d'une langueur, du désir d'être proche de l'autre. Nous l'avons vu dans le cas de *L'étudiant*. Ou encore sous forme d'amitié, de tendresse et d'estime, comme dans le cas de *L'homme prudent*. *L'étudiant*, en effet, se trouve à une époque de sa vie où le besoin d'avoir une femme, de vivre avec une femme mûrit en lui. *L'homme prudent*, au contraire, était habitué à rechercher la sexualité sans y mêler l'émotion. C'est seulement après que l'amitié, l'estime, la confiance et l'intimité ont fait tomber les défenses et les craintes que l'énamourement se fraie un chemin.

Nous pouvons maintenant nous poser la question suivante. Quand une personne est vraiment et profondément amoureuse, peut-elle éprouver un désir sexuel pour une autre et trahir l'être qu'elle aime ? Il existe évidemment de grandes différences individuelles. Mais posée dans ces termes, c'est-à-dire de pure possibilité, la réponse est oui. Et elle l'est surtout pour l'homme. Moins pour la femme, du moins à notre époque. Il est possible qu'avec l'adoption progressive de modèles de type masculin, cette différence disparaisse. Mais, pour le moment, elle existe. La femme préfère se sentir courtisée et désirée et puis choisir, dire oui ou non. Si elle est amoureuse, elle a déjà choisi et repousse les autres propositions. L'homme, lui, a un schéma opposé. Il cherche et propose. Quand il est devenu amoureux, le monde entier lui paraît beau, il voit dans toutes les femmes un reflet de celle qu'il aime. S'il se laissait aller à son sentiment spontané, l'homme amoureux serait prêt à les étreindre toutes. Il est donc, paradoxalement, disponible aussi pour une rencontre érotique, si l'autre femme est aux petits soins pour lui, le rassure et l'invite. Ce n'est pas lui qui prend l'initiative, mais il peut céder à la séduction. Cette disponibilité érotique de l'homme cesse dès qu'il pense qu'il pourrait perdre l'amour de celle qu'il aime. Alors tout son érotisme disparaît.

Quand la femme comprend que l'homme aimé a eu des rapports érotiques avec une autre, elle devient furieuse. Son courroux n'est pas seulement provoqué par la jalousie, par un sentiment de possession, mais parce qu'elle sait que c'est elle qui lui a donné cette charge érotique. C'est elle qui, avec son amour, lui a fourni l'énergie vitale qui l'a rendu disponible pour entendre l'appel d'Éros. Aussi a-t-elle le sentiment qu'on lui a volé un pouvoir sacré. Quelque chose que lui avilit, gaspille, profane en le donnant à une autre, quelle qu'elle soit. Et elle voudrait le punir méchamment. L'homme, en effet, pour décrire l'état de fureur de la femme qu'il a trahie, dit : « Elle a l'air d'une bête sauvage. » Il tremble car il a peur de la perdre, d'être abandonné à cause d'un acte auquel il n'accorde aucune importance. Il sait que non seulement elle le menace, mais qu'elle est capable de détruire réellement leur amour. Aussi se montre-t-il prudent, il lui promet de ne plus le faire, de lui être fidèle.

Pour la femme amoureuse, un acte sexuel en dehors du couple est une profanation. Parce qu'elle consacre son propre corps à celui qu'elle aime et qu'elle a horreur du contact avec un « corps étranger ». Elle vit le corps de son amant comme une partie de son corps qui, dans l'amour, s'est transfiguré. Re-née dans l'amour, elle veut être pure, dans son corps, dans son cœur et dans son esprit. Ce *corps amoureux* spiritualisé appartient en exclusivité à eux deux. Il est devenu un *sanctuaire* qui doit être protégé contre tout contact profane. Un sanctuaire dont l'homme doit s'approcher avec le respect qui lui est dû.

Tous les gestes de la femme amoureuse sont des rites sacrés. Son propre corps et l'espace qui les entoure sont donc sacrés, comme le lit sur lequel ils font l'amour. Personne ne peut s'en approcher, personne ne peut y dormir, pas même les parents ni les frères et sœurs. Les seuls êtres qui pourront entrer dans le lit d'une femme amoureuse sont ceux qu'elle et l'être aimé ont engendrés ensemble : leurs enfants.

Autres formes d'amour érotique

L'aventure érotique est une expérience dans laquelle le sujet ne s'engage pas à fond, ne se met pas en jeu, n'accepte pas de se fondre avec l'autre, de changer. De surcroît, elle a un terme. Dès le commencement le sujet sait que cette expérience aura une durée limitée. L'idée de l'aventure inclut déjà sa fin. La devise de l'aventure érotico-amoureuse s'écrit au passé : « C'était beau. » C'est le cas de la dame qui va en vacances au Club Méditerranée et y rencontre un homme qui lui plaît. Le mari est loin, et les rapports avec lui sont devenus monotones. Elle éprouve maintenant le frisson de l'aventure romantique, de la transgression, de l'acte défendu, l'extase érotique. Mais elle sait que tout finira au retour. Pour son partenaire, tout est peut-être plus simple. Il cherchait seulement le plaisir sexuel et il a joué la scène romantique par-dessus le marché pour plaire à la femme. Si cela avait dépendu de lui, il s'en serait bien passé.

L'aventure amoureuse. Il existe aussi des cas où la relation amoureuse est très intense. C'est le commencement d'un véritable énamourement qui, cependant, ne se poursuit pas, parce que le sujet ne parvient pas à imaginer un futur. Il ne peut pas élaborer un projet, le processus est alors interrompu. Sans cet obstacle, cet empêchement, il pourrait devenir aussi un véritable grand amour. Cette expérience a été bien illustrée par Elena Gianini Belotti[7] qui a étudié les amours des femmes pour des hommes beaucoup plus jeunes qu'elles. Dans notre société, ce type de rapport est encore considéré comme anormal ou exceptionnel. La femme s'attend à ce que le garçon qu'elle aime finira tôt ou tard par se lasser ou par tomber amoureux d'une autre. Aussi refrène-t-elle son énamourement, l'empêchant de devenir un projet pour toujours. Écoutons ce que nous disent quelques-unes de ces femmes. *Martha* déclare : « Je n'ai jamais pensé que mon histoire avec Marco puisse durer longtemps, non seulement parce qu'il était plus jeune, mais parce que tous les amours finissent et que j'ai une forte tendance à être seule[8]. » Et *Sandra* : « Je suis convaincue qu'une belle histoire ne peut qu'être limitée dans le temps. Les liens du couple me font horreur et avec le temps tout s'use. L'intensité a plus d'importance pour moi que la durée, je préfère la précarité et l'insécurité à la stabilité qui m'ennuie. Avec les hommes jeunes je n'ai jamais fait de projets, car je savais bien que c'était des histoires qui finiraient bientôt. » *Elisabetta* dit : « Mon aventure avec Riccardo était sans aucun projet, nous avions conscience tous les deux, sans l'avoir jamais formulé verbalement, que sa fin était inévitable. Je ne comptais pas sur la durée, mais sur l'intensité tant qu'elle durait. Je pensais que, tôt ou tard, il deviendrait amoureux d'une femme plus jeune. » Et *Laura* : « Je me suis imposé de ne pas penser à un futur avec lui, de le laisser libre d'avoir d'autres rapports, parce que, à cause de la différence d'âge, j'avais l'impression de l'immobiliser dans une aventure impossible[9]. »

L'engouement érotique, au contraire, n'est pas une aventure à terme limité. Le sujet est impliqué profondément et voudrait continuer. Le désir et le plaisir sexuels prennent une très grande importance et imprègnent toute sa vie. Quand il pense à l'autre personne, il la désire et, quand ils sont ensemble, il ne se lasse pas de faire l'amour. Cependant, l'engouement érotique est fondé essentiellement sur le *principe du plaisir*, sans connaître l'état naissant. Il entre, pour cette raison, dans les formes du faux énamourement.

D'ordinaire, lors de l'engouement érotique, nous sommes attirés sexuellement par une personne qui, intellectuellement, ne nous dit rien, ou en qui nous ne pouvons pas avoir confiance, ou qui a des habitudes et des amis que nous n'acceptons pas. Nous ne voulons pas fondre notre vie avec la sienne, nous ne pensons pas construire avec elle quelque chose de merveilleux.

Elle nous plaît, nous la désirons, nous désirons son corps, ses baisers, nous désirons nous rouler avec elle en faisant l'amour. Et ce désir peut être assez fort pour nous faire penser que nous ne pouvons pas nous passer d'elle et que nous en sommes amoureux. Mais il suffit qu'une rencontre ne soit pas agréable, il suffit d'une incompréhension ou d'une dispute, et quelque chose se brise. Parce que tout est fondé sur le principe du plaisir et que celui-ci demande un renforcement continuel.

Quand, dans l'*engouement érotique*, le sujet décide de réaliser une relation permanente, une véritable intimité spirituelle, une vie à deux, l'amour est entamé. Et le premier symptôme de la rupture est justement la disparition de l'érotisme. L'érotisme de l'engouement peut seulement se manifester lorsqu'il lui est permis de se penser libre, discontinu, séparé du reste. S'il est forcé de se penser durable, éternel, s'il doit trouver sa place dans la phrase « je t'aime », il s'affaiblit ou disparaît.

C'est le cas d'un homme que j'appellerai *Le commandant*, parce qu'il avait un grade élevé. Il sortait d'une grave déception amoureuse ; il était tombé amoureux d'une femme qui avait mis en danger sa carrière militaire et avait été sur le point de causer sa perte. Après une période de terrible souffrance, il cherche la compagnie d'une femme qui corresponde à ses fantaisies érotiques les plus effrénées. Grande, blonde, aux formes généreuses, sensuelle, avec de gros seins, un personnage du type d'Anita Ekberg dans *La Dolce Vita* de Fellini. Une femme au caractère doux, assez sotte, qui a eu d'innombrables prétendants. Leur liaison dure près de deux ans. Ils se voient occasionnellement et passent alors des journées d'orgie érotique. La femme a une maison située en haut d'une falaise, des amis riches et enclins aux transgressions — éléments qui contribuent à accroître l'érotisme. Leurs relations sont bonnes, empreintes de camaraderie et de familiarité. Cet homme, son uniforme et son grade plaisent à la femme. Elle lui propose un jour de vivre ensemble et, si lui est d'accord, de se marier. La proposition ne déplaît pas au *Commandant*. Cette femme l'apaise et, en outre, elle satisfait ses sens et sa vanité. Il va donc s'installer chez elle et c'est le début d'une vie commune. La première impression est positive. Elle est agréable et le milieu amusant. Cependant, à son grand étonnement, au bout de quelques jours seulement, il s'aperçoit que son intérêt érotique diminue. En deux semaines il disparaît presque entièrement. En même temps il éprouve un sentiment de vide, d'inutilité, d'ennui. Il a l'impression d'avoir raté quelque chose. Il lui faut quelque temps pour comprendre que vivre avec cette femme ne l'intéresse pas. Elle ne lui apprend rien, ne lui apporte rien, son monde lui est étranger. La vie avec elle serait stupide, dépourvue de sens. Il ne peut pas imaginer un futur. Elle lui plaît seulement comme une maîtresse occasionnelle. En réalité, il n'est pas amoureux d'elle.

Engouement érotique et énamourement refréné

Il arrive parfois que l'énamourement rencontre un obstacle intérieur insurmontable. Il ne progresse pas alors vers la fusion totale, il s'impose une limite, se restreint au plan érotique. On en trouve un exemple dans le roman de Marguerite Duras, *L'Amant*. La jeune fille, une adolescente de quinze ans qui vient d'une famille appauvrie et en voie de se disperser, fait ses études au lycée de Saïgon. Pendant un voyage, elle rencontre un Chinois âgé de trente ans. Il est très riche, beau, aimable et raffiné. Elle le suit dans sa garçonnière, à la fois pour échapper à l'angoisse de la relation tendue avec sa mère, aux conflits avec ses frères, à la pauvreté et à la vie austère du lycée. Mais aussi pour prouver que son corps a de la valeur et parce que cet homme l'attire. Lui est follement amoureux. Mais c'est un Chinois, et son père, un négociant très riche, ne lui donnera jamais la permission d'épouser une Occidentale. Il a déjà arrangé pour lui un mariage avec une jeune Chinoise de la même région. Et, un jour, il l'obligera à abandonner sa maîtresse européenne.

Dans cette garçonnière se déroulent des rencontres d'un érotisme fiévreux allant jusqu'à l'épuisement. La jeune fille est profondément impliquée : « Je lui dis ce désir de lui. [...] Je le dis pour lui, à sa place, parce qu'il ne sait pas qu'il porte en lui une élégance cardinale... [...] Je découvre qu'il n'a pas la force de m'aimer contre son père, de me prendre, de m'emmener. Il pleure souvent parce qu'il ne trouve pas la force d'aimer au-delà de la peur. [...] Dès les premiers jours, nous savons qu'un avenir commun n'est pas envisageable, alors nous ne parlons jamais de l'avenir[10]. »

L'état naissant de l'amour n'est pas seulement une fusion. C'est aussi un projet de transformation du monde, la création d'une collectivité qui construit sa propre niche écologique. Si ce processus est bloqué, il régresse, se transforme et s'adapte. Dans le cas qui nous occupe, il y a trois obstacles. L'un vient de la famille de l'héroïne qui fait son possible pour exploiter et humilier le « Chinois » ; le second vient du jeune Chinois qui a peur d'être accusé d'avoir séduit une mineure de race blanche ; et le troisième vient de son père. Aussi leurs rencontres restent-elles secrètes, enfermées dans une fusion érotique allant jusqu'au paroxysme. Lui sait qu'il l'aime, et il demande à son père « de lui permettre de vivre à son tour, une fois, une passion pareille, cette folie-là, cet amour fou de la petite fille blanche[11]... ». Mais le père reste inébranlable.

Il essaie alors de se détacher d'elle. C'est elle, à présent, qui le supplie « et lui, il lui crie de se taire, il crie qu'il ne veut plus d'elle, qu'il ne veut plus jouir d'elle, et les voici de nouveau pris entre eux, verrouillés entre eux dans l'épouvante, et voici que cette épouvante se défait encore, qu'ils lui cèdent encore, dans les larmes, le désespoir, le bonheur[12] ». Mais l'extase érotique ne franchit pas les murs de la pièce. La fusion des corps ne devient pas fusion des esprits, recréation du monde. Même s'il est toujours sur le point de le faire, l'amour épuise toute sa charge subversive dans la sexualité.

Compromise aux yeux des deux communautés, la jeune fille doit quitter Saïgon et retourner en France. Elle ne se demande pas si elle l'aime. C'est seulement quand elle se trouve sur le bateau, sur le chemin du retour, qu'elle est saisie par le doute. Une nuit, elle fond en larmes et voudrait se jeter dans la mer, mais cela ne dure que le temps d'un éclair. Arrivée à Paris, elle ne sent plus qu'il lui manque. Plusieurs années après, son amant chinois, arrivé à Paris avec sa femme, lui téléphone. Il lui dit que sa vie a été marquée par cet amour d'une façon irréparable. Qu'il l'a toujours aimée, qu'il l'aime encore et qu'il l'aimera jusqu'à sa mort[13].

D'un côté, donc, un grand amour qui se heurte à des obstacles extérieurs et intérieurs. Pour lui, le Chinois, la jeune fille est l'Occident, elle est la valeur, elle est la perdition, c'est la rébellion contre le père, c'est mourir et renaître. C'est une aspiration à la totalité. Son érotisme est un combat désespéré contre les barrières de l'impossible. Tandis que, pour la jeune fille, le processus s'arrête plus tôt. L'énamourement ne parvient pas à s'épanouir parce qu'elle n'est pas attirée par le monde chinois comme lui par le monde occidental. Mais, surtout, parce qu'elle ne peut pas imaginer le futur un seul instant. Lui espère et renonce, elle ne commence même pas à espérer. Alors elle se laisse engager dans l'érotisme, mais elle le sépare du reste. Ce qu'elle vit est un engouement érotique, qui est le produit d'un énamourement manqué ou avorté.

Voyons maintenant le cas d'une femme qui se contente de la relation érotique avec un homme qu'elle admire beaucoup, une star. Nous l'appellerons *L'admiratrice*. Un jour, pendant un voyage, ils se trouvent côte à côte dans une salle obscure et leurs mains se rencontrent. Au lieu de s'écarter elles se serrent. C'est le signal de l'intérêt érotique réciproque qui éclate soudainement avec violence. Ils s'étreignent, ils font l'amour passionnément et continueront ainsi pendant deux ans, une fois par mois, dans de frénétiques rencontres sexuelles. Ils bavardent, chacun parlant de son propre travail, dans les bras l'un de l'autre, mais pas une fois l'un ne dit à l'autre : « Je t'aime », ou « Je t'aime bien ». Pas de projet, pas de futur. Un accord tacite a été conclu entre eux : cela aurait rompu leur relation.

Cependant, dans ce cas aussi, les positions de l'homme et de la femme sont différentes. L'homme est attiré d'une façon purement sexuelle : il aime son corps, la façon dont elle fait l'amour. Elle lui plaît parce qu'elle le reçoit secrètement, sans rien lui demander, sans l'engager à rien, sans prétendre à enrichir la relation érotique avec des éléments sentimentaux. Mais il ne la considère pas à sa hauteur ni du point de vue physique ni du point de vue culturel.

Pour la femme c'est bien différent. Cet homme lui plaît follement, elle irait volontiers vivre avec lui, elle serait fière de se montrer à son côté, elle l'épouserait. Mais elle sait que c'est impossible. Alors elle l'accepte tel qu'il s'offre, et se dispose à être telle que lui la veut. Elle se contente d'une relation purement sexuelle. Parfois, elle voudrait lui dire : « je t'aime », mais elle sait que ce serait la fin. Elle accepte donc d'avoir seulement son corps et son amitié. Elle modèle ses désirs sur ce qui est possible, elle apprend à tirer du plaisir de la fusion sexuelle. Elle va jusqu'à réduire son engouement amoureux à la dimension d'une aventure. Elle sait que tout finira. Elle ne veut pas forcer le sort. Elle chasse de son esprit toute pensée d'amour et y parvient.

Comme elle l'a arrêté tout de suite, l'état naissant ne peut pas s'enflammer. Mais elle est fière de sa conquête. Elle, et pas une autre, a réussi à prendre pour amant un homme extraordinaire, un homme désiré par tant de femmes. Un homme qui la désire, qui l'apprécie et qui la comble de plaisir. Elle se considère comme heureuse et privilégiée, et elle ne risque pas tout ce qu'elle possède. Elle résiste même à la tentation de s'en vanter auprès de ses amies. Ainsi leurs rencontres érotiques continuent-elles longtemps, heureuses et sereines. Et, bien des années après, une amitié confiante survivra entre eux.

L'amour platonique

C'est le genre d'amour qui permet la rencontre sentimentale et spirituelle, mais où la sexualité et la fusion sexuelle sont bloquées. Un cas fameux et important en raison des personnages qui y sont impliqués est celui de Lou Salomé[14]. Lou était la fille d'un général du tsar ; elle avait un charme et une intelligence extraordinaires. Entourée de cinq frères et adorée par son père, elle avait bientôt compris que, si elle se mariait, si elle avait des enfants, elle deviendrait comme les autres femmes, soumise à un mari et dépendante de lui, alors qu'elle voulait conserver son indépendance. Pour cette raison elle cherchera toujours un autre type de rapport amoureux, une communion spirituelle sans sexualité, sans enfants ni promesses de fidélité. Elle expérimente très tôt sa formule quand, toute jeune, elle tombe sous le charme du pasteur protestant de sa communauté, Gillot. Elle devient son élève assidue et adorante. Elle l'étreint, s'assied sur ses genoux, boit chaque mot qui sort de sa bouche. Une autre jeune fille aurait tiré la conclusion qu'elle était amoureuse de lui. Mais Lou ne le pense pas, ne le veut pas, cela ne rentre pas dans son projet amoureux. En revanche, c'est Gillot qui tombe amoureux et qui lui propose de l'épouser. Elle refuse et décide même de quitter Saint-Pétersbourg. Elle se rend à Zurich, où elle fait la connaissance d'un philosophe, Paul Rée, avec lequel la même histoire se répète. Nous sommes en 1882, Lou a vingt et un ans. Rée lui demande de l'épouser, elle lui propose de vivre ensemble comme des amis fraternels, et même, éventuellement, avec une troisième personne, dans une communauté spirituelle.

Le troisième personnage sera Friedrich Nietzsche, alors âgé de trente-huit ans. Nietzsche, lui aussi, tombe amoureux de Lou — un grand amour, bouleversant, exclusif, qui éclaire sa vie comme un chaud rayon de soleil. Jaloux de Rée, Nietzsche manœuvre pour rester seul avec Lou, et il y parvient, sur le Sacro Monte au-dessus du lac d'Orta. Il lui déclare son amour, et peut-être reçoit-il d'elle un chaste baiser. Convaincu que son amour est payé de retour, il est heureux, transformé, radieux, il espère l'épouser et avoir un enfant d'elle. Quant à elle, Lou a toujours son projet en tête et elle lui propose d'aller vivre tous les trois ensemble à Vienne. Elle est charmante et persuasive, et le philosophe, à contrecœur, y consent. Mais Lou se querelle avec la sœur de Nietzsche et elle va vivre avec Rée à Berlin, où elle est accueillie dans le milieu intellectuel et fait d'autres conquêtes. En préservant toujours sa chasteté. Nietzsche attend en vain, il lui écrit des lettres d'amour, des lettres douloureuses auxquelles elle ne répond pas. Quand il comprend enfin que Lou ne l'aime pas, il en reste déchiré.

La chaste vie commune avec Rée continue assez longtemps, même si Rée, qui est réellement amoureux, en souffre cruellement. Vient un moment où il ne résiste plus et s'en va. Quelques années plus tard, il se suicidera. En 1887, Lou rencontre Friedrich Carl Andreas, un érudit germano-persan. Lui aussi devient amoureux d'elle et lui propose de l'épouser. Lou refuse, mais après une tentative de suicide sérieuse d'Andreas, elle y consent, à condition de ne pas avoir de rapports sexuels, de vivre ensemble comme de bons amis. Andreas accepte, avec l'espoir de pouvoir changer la situation. Tout sera inutile. Ils resteront mariés pendant quarante ans sans se toucher.

Pouvons-nous dire que Lou Salomé a été véritablement amoureuse de Rée, de Nietzsche et d'Andreas ? Sur la base de notre conception de l'énamourement, non. Elle dit qu'elle les aime, mais aucun d'eux ne devient l'unique, celui qui est préférable à tous les autres. Aucun ne devient la porte conduisant au bonheur, à l'être. Lou se livre à une exploration. L'état naissant commence peut-être à s'enflammer, mais Lou l'interrompt aussitôt, le tourne dans une autre direction. Elle refuse absolument d'aimer une seule personne. Elle désire une pluralité d'amis. Elle voudrait vivre dans la même maison, dans la même pièce, avec Rée, avec Nietzsche, avec Andreas, avec d'autres encore. Tout cela n'a rien à voir avec l'énamourement. En revanche, cela reflète la structure typique de l'*amitié* : non une communauté fermée, mais un réseau ouvert. Dans l'*amitié*, l'énergie vitale ne s'arrête jamais en un point, elle parcourt un réseau, allumant ici un nœud, là un autre, puis un autre encore. Et le réseau, d'ailleurs, est sans fin. Lou, dès qu'elle commence une relation, en entame une autre, puis une autre encore. Elle part, revient, repart avec l'un ou avec l'autre, sans que cela lui pose aucun problème. L'amitié ne connaît ni l'exclusivité ni la jalousie. De nouvelles rencontres, de nouvelles amitiés sont toujours possibles. L'amitié est un filigrane de rencontres.

Celui qui est amoureux veut toujours être avec l'être aimé et il souffre de son absence. Le temps de l'énamourement est dense, continu, spasmodique. Le temps de l'amitié, au contraire, est discontinu, égrené. Deux amis peuvent se quitter, rester éloignés pendant des années et, en se retrouvant, ils continuent le discours interrompu. Puisque leur relation est basée sur la fusion et sur l'historicisation, le temps ne compte pas[15]. L'amour platonique de Lou Salomé n'est pas un énamourement. C'est une forme de faux énamourement. En réalité, c'est une amitié désexualisée.

CHAPITRE HUIT
LA PASSION AMOUREUSE

L'amour-passion

Qu'est donc la passion amoureuse ou l'amour-passion[1] ? Une sorte d'énamourement désespéré, poussé au paroxysme, bouleversant. Le mot vient du latin *passio*, et le verbe *partire* signifie souffrir. L'amour-passion est comme une folie, comme une maladie contre laquelle on se défend. Aussi la tradition a-t-elle imaginé qu'elle pouvait être l'effet d'un philtre. Dans le *Roland furieux*, l'Arioste dit qu'il y a deux fontaines dans la forêt des Ardennes : l'une de l'amour, l'autre de la haine. Celui qui boit à la première tombe amoureux de la première personne qu'il rencontre. Roland boit à la fontaine d'amour et devient amoureux d'Angélique.

Dans la légende de Tristan et Iseut, l'amour est dû aussi à un philtre d'amour. L'histoire est bien connue : Tristan, orphelin, grandit à la cour de son oncle Marc, roi de Cornouailles ; il tue le géant Morholt qui terrorise le pays, mais il est blessé et tombe à la mer. Les vagues le portent en Irlande, où il est soigné et guéri par la princesse Iseut la Blonde. Bien des années après son retour en Cornouailles, Marc l'envoie en Irlande afin de ramener Iseut, sa future épouse. Pendant le voyage de retour, ils boivent accidentellement le philtre préparé pour les époux et deviennent follement amoureux l'un de l'autre. Malgré tout, Tristan amène

Iseut au roi ; elle devient reine, mais leur amour continue. Ils s'enfuient dans une forêt où ils vivent aussi longtemps que le philtre agit. Ils reviennent à la cour, mais leur amour renaît. Après de nombreuses aventures, Tristan épouse une autre Iseut, Iseut aux blanches mains. Mais comme il aime toujours Iseut la Blonde, la consommation du mariage n'a pas lieu. Blessé mortellement, il envoie chercher la bien-aimée reine de Cornouailles, et celle-ci arrive sur un bateau où l'on a hissé une voile blanche, selon le code convenu, symbole d'espoir. Mais sa femme, par jalousie, lui annonce que la voile est noire. Tristan meurt, et la blonde Iseut expire aussi, sur le corps de l'aimé.

Le cas de Tristan est celui d'un empêchement extrême, puisqu'on voit s'opposer à l'amour l'inviolabilité du mariage et la fidélité au roi. Il arrive que les empêchements soient moins absolus. Dans le roman de Tolstoï *Anna Karénine*, la société est hostile au divorce. Anna est mariée à un haut fonctionnaire dont elle a un fils. Son amour pour Vronski bouleverse brusquement son existence. Elle a de l'affection pour son mari, qui est un honnête homme, et elle est longtemps en proie à un dilemme. Ensuite, lorsqu'elle s'aperçoit qu'elle attend un enfant de son amant, elle avoue son amour à son mari et ils se séparent. À la naissance de son enfant, Anna est sur le point de mourir, son mari lui propose de revenir avec lui. Vronski tente alors de se suicider, ce qui décide Anna à divorcer et à aller vivre avec l'homme qu'elle aime. Mis au ban de la société pétersbourgeoise, ils vont se fixer à la campagne, où ils vivent comme deux exilés. L'amour suffit à Anna, pas à Vronski, qui a la nostalgie de la vie militaire et de ses camarades. Anna souffre aussi, car elle est privée de son fils, resté avec son père. Mais elle est surtout malheureuse de voir Vronski distrait, perdu dans ses pensées, dans le regret de sa vie passée. Pour lui, l'exil est devenu une sorte de prison. Anna, qui ne se sent plus aimée, se suicide.

Quand l'énamourement prend-il une forme passionnée et violente ? Quand il se heurte à un obstacle. La passion amoureuse éclate lorsqu'un amour authentique rencontre des obstacles tant extérieurs qu'intérieurs. Un empêchement extérieur n'est pas suffisant. Il faut aussi un conflit intérieur, un dilemme.

Les histoires d'amour du Moyen Âge sont l'expression d'un conflit mortel entre l'individu et la société de l'époque. L'énamourement est l'expression du choix de l'individu contre les obligations et les règles de la société où il vit. Les mariages étaient arrangés par les familles pour des raisons financières ou dynastiques alors que les intéressés étaient encore enfants. Et dans le clergé le célibat était obligatoire. Aussi l'énamourement apparaissait-il comme une infraction aux règles sociales les plus sacrées et comme l'antithèse de l'ordre matrimonial même. Mais ce pouvoir naissant ne pouvait pas encore renverser l'ordre établi. L'énamourement n'était pas encore assez fort pour devenir la base du mariage. Héloïse pour commencer, refuse d'épouser Abélard, parce qu'elle pense que le mariage n'a rien à faire avec l'amour. Elle aspire à une union des corps, des cœurs et des esprits dont elle ne voit pas l'exemple dans les familles qui l'entourent[2].

L'amour de Tristan et d'Iseut, de Lancelot et de Guenièvre, illustre cet état conflictuel dont les histoires tragiques d'Abélard et Héloïse ou de Paolo et Francesca sont les exemples historiques concrets. La passion est le produit d'une lutte à mort pour son propre amour et qui se termine en effet avec la mort. Le rapprochement de l'amour et de la mort est le produit d'un drame social, l'échec d'une entreprise révolutionnaire.

Denis de Rougemont, partant de ces exemples, soutient à tort que la passion amoureuse est un désir de mort. Il observe que les amants sont pleins de contradictions : ils s'aiment et luttent contre leur amour, ils se repentent et continuent à pécher, ils mentent et se déclarent innocents, ils se quittent pour se rechercher de nouveau : « En vérité, conclut-il, comme tous les grands ils se sentent ravis "par-delà le bien et le mal", dans une sorte de transcendance de nos communes conditions, dans un absolu indicible, incompatible avec les lois du monde, mais qu'ils éprouvent comme plus réel que ce monde. La fatalité qui les presse, et à laquelle ils s'abandonnent en gémissant, supprime l'opposition du bien et du mal ; elle les conduit même au-delà de l'origine de toutes les valeurs morales, au-delà du plaisir et de la souffrance, au-delà du domaine où l'on distingue, et où les contraires s'excluent[3]. »

Nous avons appris que ces extraordinaires propriétés sont caractéristiques de l'état naissant. Lors de l'état naissant, en effet, les dichotomies de la vie quotidienne sont sans valeur. Celui-ci va effectivement « au-delà du bien et du mal[4] », et le devoir coïncide avec le plaisir. L'état naissant est toujours aussi un projet, est toujours une restructuration de la vie quotidienne ; il s'introduit dans le monde et devient une institution. Quand ce projet échoue, quand la voie de la construction d'une communauté lui est fermée, le désir de fuir la réalité l'emporte, et le désir de mort, presque séduisant, apparaît. La mort est une branche de l'alternative que les amoureux ont toujours présente à l'esprit, parce qu'ils ont le sentiment qu'ils ne peuvent pas vivre sans la personne aimée. Parce qu'ils savent qu'il existe quelque chose de plus important que leur vie personnelle. Cela ne signifie nullement qu'ils ont le désir de mourir. Au contraire, ils désirent vivre, ils désirent éperdument vivre. Mais ils ont un idéal de vie auquel ils ne peuvent pas renoncer.

Dans *Lolita*, la passion naît parce que Humbert ne réussit pas à se faire aimer de l'adolescente. Il est convaincu qu'elle ne peut pas l'aimer parce qu'elle est trop jeune et qu'il est un homme adulte. En réalité elle en aime un autre et elle s'enfuit avec lui. Humbert la retrouve des années après, prématurément vieillie, enceinte, et il s'aperçoit qu'il continue à l'aimer, et qu'il l'aimera toujours. Lolita est maintenant éteinte, détruite par le grand amour qui l'a déçue, par l'homme qui lui « a brisé le cœur ». Alors, Humbert lui laisse le peu d'argent qui lui est resté et va tuer celui qui a fait tant de mal à Lolita et a détruit sa vie. L'histoire qui, au début, paraît une vulgaire affaire érotique, devient la description d'une passion, d'une tentative de transformation radicale pour tous les deux. Et qui, pour tous les deux, est un échec.

L'amour secret, l'île dorée

Afin d'explorer cet aspect de l'amour, j'utiliserai la vie et les livres — publiés et inédits — d'un écrivain dont je ne peux pas révéler le nom. Je l'appellerai *L'écrivain*. Ce sont des livres écrits quand un amour est fini, quand l'âme est dominée par la douleur de l'avoir perdu. Des livres d'amour, dans lesquels s'exprime la passion. Une passion revécue par le souvenir. Et l'amour est cette remémoration et cette vie revécue.

L'homme dont je parle ne s'est jamais séparé de sa femme, il n'a jamais divorcé. Il a gardé ses amours secrets. Pour cette raison, l'énamourement n'a jamais pu s'épanouir dans la formation d'un couple, dans la création d'un foyer, d'un ménage. Il a cherché une autre voie, il s'est exprimé d'une autre façon. Le résultat fut une liaison clandestine. Ce genre de liaison lui convenait. Chaque fois, c'est la femme qui s'est lassée, qui a mis fin à l'histoire et qui, dans deux cas, a fini par en épouser un autre.

Il s'agit donc d'un énamourement authentique, d'un amour véritable mais dans lequel le sujet a décidé irrévocablement qu'il ne romprait pas avec sa femme même si sa maîtresse le lui demandait. Un amour dépourvu d'un projet pour devenir une vie sociale en commun, mais conçu comme une liaison secrète, entouré de hautes murailles de silence et de dissimulation. L'institution à laquelle il tend et dans laquelle il s'épanouit n'est pas la vie partagée et le mariage, mais le personnage de la maîtresse clandestine.

La liaison amoureuse est séparée du monde, protégée dans toute sa pureté, arrachée de la vie quotidienne, des bavardages des gens, du contrôle social.

Ainsi ce qui est devoir, effort, reste à l'extérieur, et le bon, la liberté effrénée et la joie à l'intérieur. C'est comme le dimanche, ou le samedi, ou le vendredi, le jour du Seigneur, le moment du contact avec le divin, le sacré, séparé du profane. Cette sorte d'amour n'aspire pas à modifier la réalité existante, mais à la fuir. Il aspire à la perfection de la rencontre mystique. Son modèle n'est pas la famille, mais le couvent, ou encore le culte orgiaque et secret des mystères, qui sépare du monde. Les rencontres amoureuses sont des orgies sacrées protégées par le secret initiatique. Son modèle n'est pas la célébration nuptiale publique, la demeure ouverte aux amis, mais la secte dans laquelle les adeptes sont liés par le serment d'une fraternité, et même par l'obligation de la dissimulation. Comme les Döhnmeh, les juifs de la secte de Sabbataï Zevi, qui feignirent d'être musulmans pendant des siècles, célébrant en secret leur vraie foi.

Un amour secret, clandestin, protégé, isolé. Les devoirs conjugaux ont été accomplis, les travaux professionnels menés à terme. Alors sont permises, méritées, la fête de l'âme, du corps, l'exultation. Tout le reste, toutes les obligations sociales ne sont que des actes rituels, des gestes cérémoniels nécessaires pour consacrer l'espace-temps sacré de l'amour, qui est la récompense suprême et la fin dernière, le paradis sur terre. Comme le marin qui se soumet à des peines indicibles, qui affronte de terribles dangers, mais revient chez lui pendant quelques jours pour rencontrer la femme aimée. Ou comme le criminel en fuite qui risque la mort pour rencontrer secrètement celle qu'il aime.

Un cas analogue est celui de la femme qui a eu un fils et qui l'a mis dans un collège éloigné. Elle fait pour lui un métier abject et humiliant, elle se prostitue. La honte et le sacrifice n'ont pas d'importance pour elle, car tout acquiert un sens en vue de ces rencontres avec son fils. Elle l'a mis au monde, l'a nourri, l'a assisté dans ses maladies, et maintenant, elle le tient éloigné d'une vie misérable. Elle est résolue à faire l'impossible pour l'empêcher d'être contaminé par sa propre existence. Elle accepte tous les devoirs et les accomplit même scrupuleusement pour ne pas mettre en danger ce qui compte pour elle plus que tout au monde. Elle ne veut pas l'avoir avec elle parce que son genre de vie n'est pas fait pour lui, parce que cela altérerait leur rapport qui peut seulement rester parfait s'il reste loin d'elle, ignorant de sa condition.

La rencontre, dans ce genre d'amour, a sa valeur intrinsèque, ce n'est pas un moyen, mais une fin, pas une étape, mais le but. Elle ne se projette pas dans le futur, elle ne fait pas de projets. Chaque fois pourrait être la dernière, aussi est-elle goûtée à fond. Nous retrouvons là les caractéristiques que nous avons trouvées dans l'état naissant. Le *nunc stans*, le présent. Les amoureux s'étreignent comme si c'était la dernière fois. Et, chaque fois, ils sont prêts à accepter la mort, car ce qu'ils sont en train de vivre est l'essence de la vie. Son fruit le plus précieux en comparaison de quoi tout n'est qu'un instrument froid et inerte. Lors de l'état naissant, cependant, cette expérience se transforme aussitôt en son contraire, en élan vers le futur, en projet. Ici, elle se referme sur elle-même. Exactement comme dans la mystique. La mystique n'est pas un état naissant, c'est une institution et, comme toute institution, elle conserve quelque chose de l'expérience originelle, elle en est la gardienne. Dans ce cas, elle garde le présent et perd le futur. Il faut donc que cette rencontre soit l'absolu, l'incomparable, ce qui apaise la véritable soif. Et il suffit d'une gorgée de cette eau pour vivre dans le désert.

Pour évoquer l'aimé lointain, il peut suffire d'un symbole : un coin de ciel bleu, une photographie jaunie ou une lettre. Ce symbole nous aide à vivre, c'est ce qui nous maintient en vie, ce qui confère un sens à la vie. C'est avec ce souvenir, avec ce symbole, avec ce talisman, que nous sommes capables de traverser la mer, l'océan la forêt. Il y a des gens qui portent toujours sur eux un objet de l'aimé, de l'aimée ou de leurs enfants. Cet amour patient, cet amour dévoué, cet amour lointain, cette fidélité du cœur, est plein de beauté.

Les rencontres occasionnelles et secrètes conservent aussi un caractère extraordinaire à l'érotisme. Si elles devaient devenir quotidiennes, si la liaison devait devenir publique, si l'amant devait devenir le mari, ou l'épouse, l'enchantement s'évanouirait peut-être. Certains engouements érotiques intenses parviennent à durer des années justement parce qu'ils sont discontinus et secrets, et qu'ils ne doivent pas se transformer en projets vécus quotidiennement. Ils prennent alors certains caractères de l'état naissant et de la passion.

C'est le cas du roman *Passione d'amore* de Carlo Castellaneta. Diego rêve de détacher Leonetta de son mari, d'aller vivre avec elle, d'en faire sa femme et d'avoir une maison où ils pourraient recevoir des amis. Mais Leonetta refuse. Elle se comporte comme *L'écrivain*. Elle veut que Diego reste l'amant qu'elle voit seulement de temps à autre, au cours de rencontres brûlantes et passionnées. Elle l'aime, mais elle sait que, si elle allait vivre avec lui, tout se dégraderait rapidement dans la banalité quotidienne. Dans leurs rencontres amoureuses, elle lui apparaît toujours comme la plus belle des déesses, comme une prêtresse de l'amour. Cela exige la richesse, des préparatifs et des soins. Toutes choses tenues au loin et dissimulées. C'est la raison pour laquelle Leonetta ne veut pas renoncer à son mari riche. Car il lui donne les moyens de conserver sa beauté. Si, pour avoir ces moyens, elle doit avoir des rapports sexuels avec lui, cela n'a pas d'importance pour elle. Parce qu'ils se situent sur un autre plan, celui du devoir conjugal. Le plan des obligations mondaines, des actes rituels nécessaires pour consacrer et garantir le temps sacré de la passion amoureuse. Espacée, protégée et secrète.

CHAPITRE NEUF

LA JALOUSIE

La jalousie dans l'amour naissant

La jalousie existe-t-elle dans l'état naissant de l'énamourement ? Selon certains, elle est toujours présente puisque l'amoureux interroge continuellement : « M'aimes-tu, est-ce que tu m'aimes ? » Et il effeuille la marguerite, en proie tantôt à l'espoir, tantôt à la crainte. La jalousie n'est pas cela. Quand nous sommes en proie à la jalousie, nous craignons que l'être aimé en aime un autre, nous en préfère un autre. Dans la jalousie, il y a un rival. Si l'amoureux ne pense pas à un rival, c'est qu'il a simplement peur que son amour ne soit pas partagé.

L'énamourement est accompagné d'une indiscutable sensation d'anxiété. Parce que le plus grand bien que nous avons réussi à atteindre peut nous échapper, peut s'évanouir. Parce que nous savons que nous ne méritons pas son amour, et parce que cet amour nous apparaît comme un don, une grâce totalement gratuite, nous craignons que l'aimé ne puisse changer d'idée, redevenir celui qu'il était avant notre rencontre. Nous sommes sûrs des choses que nous pouvons expliquer et contrôler, sur lesquelles nous avons un pouvoir. Mais nous ne connaissons pas l'être aimé, nous n'avons aucun pouvoir sur lui. Un instant, il nous paraît plus proche de nous que nous-mêmes et, l'instant d'après, une divinité inaccessible. Espoir et confiance, crainte et tremblement, ce sont les sentiments dominants de l'amour naissant. L'énamourement nous permet de connaître le sommet de l'érotisme, mais, en même temps, il nous fait entrevoir son dépassement. Le corps, la beauté, le plaisir sexuel, les baisers, le contact de la peau, l'étreinte, tout ce qui, dans l'érotisme, est réalisation et accomplissement, dans l'énamourement est un moyen pour quelque chose d'autre, un moyen pour aller plus loin, vers l'essence de la personne aimée, vers une valeur indicible. Cet érotisme constitue un parcours, une voie, un moyen.

Il arrive qu'un amour commence comme une aventure. Comme une expérience érotique intense et excitante. Il peut même continuer ainsi longtemps. Mais si, à un certain moment, l'un des deux, ou même les deux deviennent amoureux, un changement profond a lieu. Le geste érotique, sûr de soi et triomphal, devient hésitant. Le désir sexuel fait place à une attente frémissante du corps, à l'envie de pleurer et à l'émotion. L'autre, celui ou celle qui est le plus proche de nous, est devenu plus désirable et plus lointain. Nous le regardons, et il nous semble que nous le voyons pour la première fois. Chaque fois comme si c'était la première. Il nous semble que nous n'avons connu de l'autre que son aspect le plus superficiel. Nous croyions avoir tout vu et nous n'avions rien vu. Son corps, ses mains, ses yeux nous parlent de quelque chose d'inconnu, d'infini. Tant que nous sommes ensemble, tant que nous nous tenons serrés dans nos bras, tant que nous faisons l'amour, nous franchissons cet abîme. Mais dès que nous sommes séparés, dès que nous sommes loin l'un de l'autre, c'est comme si nous pouvions perdre le chemin pour retrouver l'autre. Alors, nous avons besoin de voir, de toucher cet autre, de l'entendre parler, de l'entendre nous dire : « Je t'aime. »

Cela n'a rien à voir avec la jalousie[1]. C'est la peur de nous perdre nous-mêmes et le sens de notre vie. L'amour nous révèle en effet l'infinie complexité, l'infinie richesse de l'autre personne. Parce que nous percevons ce qu'elle a été, ce qu'elle aurait pu être, ce qu'elle est maintenant et ce qu'elle pourra devenir dans le futur. L'amour nous révèle les possibilités infinies dont est constitué l'individu, sa totale improbabilité et, donc, le miracle de son existence et de notre rencontre. L'étonnement émerveillé dans l'amour est la conscience de cette totale précarité de l'être, mais, en même temps, la conscience qu'il y a dans l'autre les fondations dont nous avons désespérément besoin. D'où notre désir de le retenir, de nous serrer l'un contre l'autre et de nous fondre ensemble.

Nous ne réfléchissons pas assez sur l'événement extraordinaire qu'est l'énamourement partagé. Nous identifions la personne qui a plus de valeur que tout autre être vivant. Et qui est proche de l'absolu, du divin. Or cette personne, cette divinité, parmi les êtres innombrables qui sont au monde, nous choisit, justement nous, et nous aime. L'amour fait de l'homme le plus humble et disgracié le préféré de Vénus, la déesse de la beauté et de l'amour. Et la femme la plus insignifiante et la plus solitaire reçoit cette annonciation : « Tu es bénie entre toutes les femmes. » C'est pourquoi l'échec de l'amour et l'abandon sont si terribles. C'est pourquoi la jalousie est si terrible.

La jalousie n'est pas un vol. Nous ne sommes pas jaloux parce que quelque chose que nous considérons comme notre propriété nous est soustrait. Nous ne sommes pas jaloux de la personne qui nous est enlevée, ni de l'auteur du rapt. Nous sommes seulement jaloux quand c'est la personne même que nous aimons qui se laisse ravir, séduire, emmener loin de nous par un autre, quand elle le préfère à nous. La jalousie est toujours la trahison de l'exclusivité.

De nombreux psychologues critiquent la jalousie en affirmant que notre prétention à l'exclusivité est absurde. Mais pourquoi sommes-nous exclusifs ? Aucun d'entre nous n'imagine qu'il est le plus beau ou le plus intelligent du monde. Aucune de nos qualités, mesurées au mètre du monde, ne nous rend préférable aux autres. Selon n'importe quel critère de valeur reconnu par le monde, nous ne sommes jamais qu'une assez pauvre chose. Et cependant, nous nous aimons et nous estimons nous-mêmes parce que nous sentons que, tout au fond, *il y a en nous une valeur unique irremplaçable*. Lors de l'énamourement cette unicité, cette exclusivité est reconnue, approuvée et confirmée. En nous aimant, l'être aimé donne à notre individualité les fondements de son être, une dignité et une valeur.

Le jaloux est celui qui s'aperçoit, à tort ou à raison, que, pour la personne aimée, il n'est plus l'unique, l'exclusif, comme elle l'est pour lui. Que celle-ci trouve dans un autre cette valeur qu'elle aurait dû trouver seulement en lui. Que l'autre possède des qualités essentielles à ses yeux : une habileté qui l'amuse, qui la rend gaie, qui l'enchante et qui l'émeut. Ou bien que l'autre est plus beau, plus jeune, ou plus intelligent. Il se sent alors vidé de tout contenu, de toute valeur. Il se sent un néant, parce qu'elle lui a appris qu'il était tout. Parce qu'elle l'a élevé à des hauteurs auxquelles il n'aurait jamais pensé pouvoir monter. Et voici qu'elle lui enlève cette primauté qui vient de lui être conférée, qu'elle l'écarte du trône auquel elle l'a associé. Elle le chasse du paradis, le précipite dans l'abîme et en élève un autre à sa place.

Il arrive que, dans l'amour naissant, la jalousie stimule la volonté. Elle conduit celui qui aime à se battre pour son amour. La chose est possible s'il existe de l'espoir. Mais un refus sérieux le paralyse, parce qu'il le convainc qu'il n'a aucune valeur et qu'il ne peut rien demander.

Par bonheur, dans l'énamourement partagé, tous les deux ont les mêmes problèmes, tous les deux ont également besoin d'être rassurés. Et ils sont prêts tous deux à le faire. Il suffit que votre aimé vous murmure, avec des accents empreints de sincérité : « Je t'aime, je n'aime que toi », pour vous rassurer et pour faire évanouir tous les fantômes. L'amour naissant est confiant, il parle dans l'esprit de vérité et pense que l'autre aussi fait de même. Pour cette raison, la jalousie a peu d'importance dans le véritable énamourement partagé, car notre aimé nous rassure aussitôt, et nous, nous le

rassurons. Si la jalousie s'installe au début de l'énamourement, cela signifie qu'en réalité l'un des deux
n'est pas complètement épris. Qu'il est encore incertain, qu'il demande des preuves excessives, qu'il cherche à fuir.

La jalousie qui refrène l'amour

Nous avons déjà raconté l'histoire de *L'étudiant*, un
jeune homme amoureux d'une camarade d'études et
dont le sentiment n'est pas partagé. Pensant que son
insuccès est dû à son inexpérience, il met tout son
effort à apprendre l'art de séduire et il y parvient. Il
prend soin de séparer la sexualité de l'amour. Toute sa
vie, cet homme aura seulement des femmes qui l'aiment et qui lui sont totalement fidèles. Quand il lui
arrivera de s'engouer de femmes, elles aussi très belles,
mais qui ont un autre homme ou dont il pense qu'elles
peuvent lui être infidèles, il finira toujours par les quitter. Il ne parviendra même pas à l'énamourement et
s'arrêtera avant, au niveau de l'engouement érotique. Il
ne franchira pas le seuil minimum qui déclenche l'état
naissant. Comme son premier énamourement n'a pas
été partagé et qu'il a beaucoup souffert, dans les suivants il ne s'abandonnera plus sans être absolument
certain que son amour est partagé de façon exclusive,
sans l'ombre d'un doute.

Ce comportement nous apprend que le déclenchement de l'état naissant exige, sinon un acte volontaire,
tout au moins une absence de résistance, un consentement et une diminution de la vigilance. C'est un peu
comme ce qui se passe dans l'hypnose quand le sujet
est sur ses gardes et ne veut pas se laisser hypnotiser,
toutes les tentatives de l'hypnotiseur se trouvent vaines. Pour que l'hypnose réussisse, une adhésion est
nécessaire, un oui potentiel, alors, soudainement, on
assiste au passage de l'état de veille à l'état de sommeil

hypnotique. Le sommeil hypnotique est très différent de l'état naissant, il est passif, privé de créativité et extrêmement bref. Mais l'analogie nous aide à comprendre la nature discontinue de l'énamourement véritable.

L'étudiant, par crainte de devenir jaloux, ne tombe pas amoureux. D'autres deviennent amoureux, mais, par crainte de la jalousie, détruisent les êtres qu'ils aiment. C'est ce qui est arrivé à une très belle femme que j'appellerai *L'aventurière*. Cette femme, qui a eu une vie aventureuse et de nombreux amants, n'a eu cependant qu'un seul grand amour, dont aujourd'hui encore, vingt ans après, elle ressent la nostalgie. *L'aventurière* quitte très tôt la maison paternelle. Elle va vivre avec une amie, en Suisse, où elle se lance dans une activité commerciale. À l'âge de dix-neuf ans, elle rencontre l'homme aimé. Lui, un médecin, est son aîné de douze ans. C'est un amour soudain, un coup de foudre.

La fille est belle, provocante, passionnée, rebelle et orgueilleuse. Pour l'homme, qui vit encore avec ses parents et qui est sur la voie d'une solide carrière hospitalière, elle constitue le symbole de la liberté érotique et de la transgression. C'est un peu ce qui est arrivé à *L'homme de Turin* et à *Antonio*, le héros du roman de Buzzati *Un amour*.

Elle est encore vierge, mais elle se donne à lui sans hésitation. Elle le lui dit ensuite, mais il ne la croit pas parce qu'elle a agi avec trop de naturel, trop de désinvolture. Il la désire, il est fou d'elle, mais il ne la voit pas faite pour la condition d'épouse. Parce qu'elle est trop indépendante et qu'elle se moque du qu'en-dira-t-on. Parce qu'elle ne correspond pas aux canons de la respectabilité bourgeoise. Elle voyage, elle dit tout ce qui lui passe par la tête. Et, bien qu'elle ne le trompe jamais, lui est convaincu qu'elle a des amants partout. Il la crible de questions auxquelles la fille répond avec orgueil que ce sont ses affaires, qu'elle peut faire ce qu'elle veut, car elle est libre. Cependant, pour diminuer ses inquiétudes, quand elle se rend à l'étranger pour son travail, elle lui dit qu'elle va rendre visite à une tante. Un jour, il découvre qu'elle ment, alors la crise éclate. Ils se séparent pour quinze jours, pour un mois. Il cherche à l'oublier en allant aussitôt avec une autre femme. Elle, non. Elle est offensée par ses soupçons, mais elle ne pense pas à se venger.

Puis ils se réconcilient, ils vivent des périodes d'extase érotique que cette femme, aujourd'hui encore, ne parvient pas à évoquer sans émotion. Tandis que lui les considère comme des intermèdes, des paradis dorés destinés à finir. Il est tenté parfois de l'épouser, mais il fait ensuite machine arrière, convaincu, au fond de lui-même, que c'est une femme dissolue, une nymphomane. En même temps, cette image de liberté licencieuse l'attire. Il l'invite à parler de ses amants, de ses expériences avec d'autres hommes. Et comme elle reste silencieuse puisqu'elle n'a rien à lui dire, il la pousse dans les bras de ses amis, pour voir comment elle réagit et, en même temps, pour se procurer une raison de la quitter. Un jour, sur un bateau, il lui demande d'avoir un rapport sexuel avec un ami commun, lui expliquant qu'il considère cela comme un test, une expérience pour mettre leur amour à l'épreuve. Elle, non sans ingénuité, y consent ; la jalousie de l'homme atteint alors un paroxysme.

Il l'aime, il ne peut pas se passer d'elle. Mais, en même temps, il considère son amour comme une maladie, aussi décide-t-il d'y mettre fin. Secrètement, il commence à avoir une liaison avec une collègue. Vient la période de Noël, et *L'aventurière* doit aller à Beyrouth pour affaires. L'homme lui demande de renoncer à ce voyage et d'aller à la montagne avec lui. C'est une dernière chance de se racheter en quelque sorte, un point de non-retour. Mais pour elle c'est seulement une exigence absurde, puisqu'elle a pris cet engagement depuis un certain temps. Elle lui explique qu'elle doit absolument tenir celui-ci, et elle part. À son retour, elle ne le retrouve plus. Il ne répond pas au téléphone et ses amis ne l'ont plus vu. On dirait qu'il s'est évanoui. Elle est désespérée. Des mois passent. Un jour, c'est lui qui téléphone pour lui annoncer froidement qu'il s'est marié et qu'il habite une autre ville. Elle ne veut pas y croire, la chose lui paraît absurde, impossible. Elle s'informe et parvient à se procurer son nouveau numéro de téléphone. Elle l'appelle : une femme répond et lui dit qu'elle est son épouse.

Dans ce cas, la jalousie naît du fait que cet homme est fasciné par la vie aventureuse, par la liberté et par l'anticonformisme de la femme. Mais il la craint. Et, dès le début, il décide de se défendre contre elle. Il vit son amour comme une passion, comme une maladie. Il ne parvient pas à y voir la base d'un mariage et d'une vie familiale. Il se trompe, car la fille, tout en ayant un tempérament ardent, l'aime éperdument et lui est toujours fidèle.

Il y a, au contraire, des personnes qui supportent très bien la jalousie. Dans les formes compétitives de l'amour, la jalousie, la présence d'un rival constituent un élément excitant, voire une composante essentielle de l'état amoureux. Pour ceux-là, l'amour signifie conquête, séduction, lutte. Il existe une innombrable littérature érotique féminine, qu'on appelle les romans roses, où un rival est toujours présent. L'héroïne est amoureuse d'un homme qu'elle croit déjà amoureux d'une autre. Elle souffre donc, mais elle ne renonce pas à son amour. Elle s'arrange pour être auprès de lui, pour lui plaire et pour le conquérir. Cependant, à la différence de sa rivale, qui utilise les arts les plus subtils de la séduction, l'héroïne est sincère et honnête. À la fin, l'amour se fraye aussi son chemin dans le cœur de l'homme, conquis par sa beauté et par ses qualités.

Cette faculté d'attendre que l'amour s'éveille chez l'autre, de refréner sa propre jalousie afin d'empêcher qu'elle ne devienne un sentiment destructif, me paraît être une qualité plus féminine que masculine. L'application systématique de la séduction dans le but de rendre l'autre amoureux et de le conquérir fait l'objet de beaucoup plus de discussions dans les magazines et dans les livres destinés au public féminin. D'autre part, pendant des milliers d'années, la femme n'a jamais été disposée à aller avec n'importe qui. Elle a toujours tenté de conquérir l'homme le meilleur, le plus attirant, celui qui est le plus apprécié dans la société. Elle n'aurait pu le faire si elle n'avait pas appris à attendre, à résister, à maîtriser sa jalousie envers les rivales.

La jalousie qui intensifie l'amour

Nombreux sont ceux qui considèrent la jalousie comme un stimulant de l'amour. Pour conquérir l'être aimé ou pour le garder attaché à soi, ils le rendent jaloux. Autrement dit, ils excitent en lui le mécanisme de la perte. Le vers de l'Arioste semble écrit pour tous ceux-là : « En amour celui qui fuit est le vainqueur. » Le vainqueur est celui qui n'aime pas, qui se fait rechercher et qui rend l'autre jaloux.

Voyons le cas de *La gardienne de Sienne*. Cette femme, plus très jeune mais toujours attirante, avait un mari ivrogne invétéré dont, finalement, elle réussit à divorcer. Demeurée seule, elle fait la connaissance d'un homme plus jeune qu'elle qui lui plaît beaucoup et qu'elle a décidé de s'attacher à tout prix. Seulement, elle est contrainte, à cause de son travail, à ne pas quitter la ville tandis que lui voyage. Comme on le sait, dans ses voyages il pourrait rencontrer d'autres femmes, avoir d'autres aventures, et même finir par l'oublier. Pour empêcher cette éventualité, *La gardienne de Sienne* a recours à un truc : l'homme ne pourra la joindre malgré tous ses efforts, ainsi se fera-t-elle désirer et créera chez l'autre une insécurité continuelle. Lui multiplie les appels téléphoniques pour lui dire qu'il l'aime, et pour s'assurer qu'elle est chez elle, mais elle ne répond pas, elle laisse sonner le téléphone. Quand, finalement, son amoureux la trouve, elle lui raconte qu'elle est sortie avec une amie et qu'elle a rencontré quelqu'un de connaissance. Elle est radieuse, pleine de gaieté, mais toujours évasive. Elle lui donne l'impression d'avoir beaucoup de gens autour d'elle, d'être désirée et courtisée. De cette façon, elle le tient toujours dans un état de légère appréhension. Puis elle le prend dans ses bras, lui donne des baisers, lui dit qu'elle l'aime et le rassure. L'homme passe ainsi de l'inquiétude à la joie, du doute au bonheur, et il la désire de plus en plus intensément. Grâce à ce stratagème, leur liaison qui se serait probablement noyée dans la monotonie et dans la trahison s'est prolongée pendant de longues années pour s'épanouir dans le mariage.

Comme nous l'avons dit, il y a deux types de réaction différents. Si l'homme de *La gardienne de Sienne* s'attache encore plus à la femme qui le tient en suspens, sur la corde raide, dans le cas de *L'homme de Bari* quelque chose tourne mal. Celui-ci était devenu amoureux d'une femme plus jeune, mais il avait de graves problèmes financiers et familiaux. Il désirait aller vivre avec elle, il avait l'intention de l'épouser, mais il ne pouvait pas le faire avant un certain temps, car il devait encore surmonter trop de difficultés. La fille, au début, ne le presse pas. Elle a une liaison ancienne qu'elle continue non sans lassitude, aussi accepte-t-elle de garder le nouvel amour à un niveau réservé et secret. Le temps passe, et elle décide de laisser tomber l'ancien amant afin de se consacrer entièrement au nouvel amoureux qui, lui, est très ardent. Mais l'homme est encore hésitant, il fait traîner les choses. Elle voudrait le pousser à prendre une décision. Mais, au lieu de lui dire qu'elle l'aime et qu'elle est résolue à la suivre n'importe où et à affronter avec lui une existence difficile et dure, elle opte pour le stratagème de la jalousie. Elle lui fait comprendre allusivement qu'elle est courtisée par un autre homme. Pour se rendre plus désirable, elle commence même à se refuser sexuellement à lui. *L'homme de Bari* cherche à y voir clair, elle reste volontairement évasive. Près d'une année s'écoule ainsi, au cours de laquelle des moments d'amour passionné alternent avec des moments de froideur. Le stratagème de la femme, durant une certaine période, est efficace. L'homme devient jaloux, il la recherche continuellement et lui écrit des lettres passionnées. Mais la période d'épreuve se révèle trop longue. Comme elle persiste dans son attitude ambiguë et dans le refus sexuel, il se convainc qu'elle a effectivement un nouvel amant. Et, dans son cœur, il décide de rompre pour toujours. Après des nuits d'insomnie, après une dernière et frénétique rencontre amoureuse, il part pour un long voyage d'affaires à l'étranger, et il ne donne plus signe de vie. Pendant plus d'une année, il va vivre dans une sorte de cauchemar. Mais il ne la recherche plus.

La jalousie du passé

Nombreux sont les psychologues qui considèrent la jalousie du passé comme pathologique. Pourquoi, en effet, être jaloux de quelqu'un qui ne nous menace plus et qui ne peut nous infliger aucun dommage ? Quelle importance pour nous si l'homme ou la femme que nous aimons ont eu des amours et des amants ou des maîtresses ? Pourquoi souffrons-nous la torture à la pensée que nous n'avons pas été les préférés, les uniques, alors que nous ne nous connaissions pas encore ? Une jalousie de ce genre n'est-elle pas la preuve d'un esprit possessif, d'une avidité infantile et pathologique ?

Notre réponse doit partir du fait que, quand nous tombons amoureux, nous voulons tout connaître de l'autre. Les amoureux passent des heures et des heures, des jours et des jours, à se raconter en détail les circonstances de leur vie passée. Parce qu'ils auraient voulu se connaître depuis toujours. Chacun des deux aurait voulu voir comment l'autre était dans son enfance, puis dans son adolescence, et le suivre dans tous les moments de sa vie, bref, avoir toujours été avec lui. C'est l'*historicisation*, un aspect du processus de fusion. Chacun s'efforce de pénétrer dans l'autre pour voir le monde avec ses yeux. Pour arriver ainsi à le voir conjointement, à avoir la même vision du monde.

Chacun parle aussi de ses propres expériences amoureuses. Et l'autre veut souvent les connaître dans le plus grand détail, allant jusqu'à s'identifier à lui, ou à elle, à ses maîtresses ou à ses amants, à ses sensations. La jalousie du passé a sa racine ici. Dans la quête obsessive d'une connaissance réciproque complète. Mais surtout dans la façon dont ce processus est réalisé.

Dans l'énamourement normal, dans le processus d'*historicisation* normal, chacun raconte le passé, non pour dresser une barrière devant l'amour naissant, mais pour détruire les obstacles. En les racontant, l'amoureux enlève leur valeur aux expériences faites dans le passé. En résumé, il dit à l'être aimé : tout cela est arrivé, mais à présent c'est fini, c'est fini pour toujours. Je suis devenu un autre, je suis re-né et, à présent, il n'y a que toi qui comptes. Avec le processus d'*historicisation*, ceux qui s'aiment détruisent les traumatismes anciens, les douleurs anciennes et les amours anciens, et ils en émergent libres et purs. L'*historicisation* se tourne vers le passé pour le racheter et permet d'aller vers le futur sans aucun lien.

L'*historicisation* a pour but de faire émerger l'homme nouveau. L'homme ainsi transformé parcourt sa vie passée pour découvrir où il a commis des erreurs et quand il a commencé à apercevoir des lueurs de vérité. C'est ce que fait saint Augustin dans ses *Confessions*. Les deux amoureux qui se racontent la vie qu'ils ont vécue avant de se connaître le font pour devenir des êtres nouveaux, pour renaître. Et pour transmettre à l'autre tout ce qui de leur passé enrichit et intensifie leur amour. Non ce qui le détruit. Ils choisissent et font ressortir les expériences, les épisodes et les sentiments qui peuvent être intégrés dans ce nouvel amour et dévaluent ceux qui s'y opposent. Ainsi évoquent-ils les amours passées, mais seulement pour les vider de leur signification. L'historicisation n'est ni régression, ni remémoration. C'est la création d'une tradition commune, un choix de valeurs, la découverte d'un destin. Ils choisissent tous deux les choses qui anticipent, qui indiquent, comme des prophéties, l'amour qu'ils sont en train de vivre. Exactement comme fait Tite Live qui, dans l'histoire de Rome, choisit les légendes édifiantes, ou comme Virgile qui, de la fuite de Troie jusqu'à sa rencontre avec Didon, découvre les signes de la destinée future de l'empereur Auguste.

La jalousie du passé apparaît quand ce processus n'est pas mené à son terme ou qu'il est faussé. Un cas célèbre de jalousie du passé est celui de Sophie Tolstoï. Sophie avait dix-huit ans, elle était follement amoureuse de Tolstoï qui lui apparaissait comme une sorte de divinité. C'était le plus grand et le plus célèbre des écrivains russes et il était adoré de tous. Tolstoï est amoureux lui aussi. Nous sommes devant un cas évident d'énamourement pour une idole. Il aurait dû épouser la sœur aînée de Sophie, mais il est fasciné par la cadette. Pendant longtemps, il ne cède pas à son énamourement, car il se considère comme trop vieux pour une fille de dix-huit ans, lui qui en a trente-quatre. Il finit par céder et lui remet une lettre où il lui demande de l'épouser. Ayant reçu une réponse positive, il déconcerte tout le monde en fixant la date du mariage après une semaine seulement. Puis il éprouve soudainement le besoin de se montrer à sa fiancée exactement tel qu'il est, sans rien lui dissimuler de sa vie passée, y compris les choses les plus laides. Si l'amour surmonte cette épreuve, se dit-il, alors cela signifie qu'elle m'aime vraiment, que la base de notre mariage est solide. Et il lui remet ses journaux intimes où il a noté tout, absolument tout ce qu'il a fait jusqu'à ce moment.

Nous pouvons comprendre son geste. Tolstoï est vraiment épris et, après s'être longtemps défendu, il cède à son amour. Maintenant, il veut mettre son passé en commun avec celle qu'il aime. Mais il ne lui raconte pas sa vie petit à petit, il ne l'analyse pas d'une façon critique avec elle. Il ne fait pas avec elle un travail lent et patient de sélection et d'évaluation. Il se borne à lui remettre ses journaux intimes. Et elle apprend, épouvantée, qu'il a dilapidé des fortunes, et qu'il a eu des maîtresses de toute sorte : des gitanes, des prostituées, des amies de sa mère, des paysannes et des femmes de chambre qui vivent dans leur demeure. Sophie est bouleversée par cette lecture. Les journaux lui révèlent un homme qu'elle ne connaissait pas, et qu'elle doit accepter tel qu'il est, sans discussion. C'est comme s'il lui disait : « Tu vois, je suis comme cela, tu dois me prendre comme je suis. »

Lors de l'énamourement pour une idole, le rapport n'est jamais fondé sur l'égalité. Il y a un supérieur et un inférieur. D'où le risque que la personne qui se sent supérieure se considère comme parfaite, qu'elle prétende être acceptée telle qu'elle est, au lieu de se mettre en question comme c'est le cas dans l'énamourement basé sur l'égalité. Et c'est précisément ce que fait Tolstoï. En remettant ses journaux intimes à la jeune Sophie, il n'accomplit aucune révision de sa vie. Il n'y met pas au jour les traces de ce qui peut l'avoir mené à son véritable amour, il n'identifie pas les erreurs commises et ne les désapprouve pas. Il ne devient pas un homme nouveau, totalement disponible pour ce nouvel amour, purifié du passé. Il jette son passé au visage de Sophie sans rien en désapprouver. Sophie, après avoir passé la nuit à lire ces journaux, le rencontre le lendemain matin avec des yeux rougis d'avoir pleuré. Elle ne dit rien, elle le rassure et lui pardonne. Mais elle sent que quelque chose d'irréparable s'est accompli, et sa vie entière restera marquée par cette profanation[2].

L'*historicisation* de l'état naissant est l'instrument qui empêche le passé de peser sur le présent. Le moyen de le faire partager et de neutraliser son pouvoir maléfique. C'est le mécanisme spontané qui a pour effet de neutraliser, et pour toujours, la jalousie rétrospective, permettant ainsi à l'amour d'imprégner la vie tout entière, le passé comme le futur. Mais que de délicatesse, de prudence, et aussi que d'imagination elle exige pour accomplir son précieux travail ! Certains amoureux ne demandent rien, d'autres demandent trop. D'autres encore veulent connaître trop de détails qui pèseront comme de lourdes pierres sur leur amour. D'autres gardent au fond du cœur des doutes qu'ils feront peser plus tard. L'*historicisation*, dans ces cas, n'a pas joué son rôle. Le passé continue à empiéter sur le présent. Le but de la véritable historicisation est de *rédimer* le passé afin d'aplanir le chemin qui mène à l'amour et de lui donner des bases nouvelles.

C'est une absurdité de dire que l'amour qui veut posséder le passé de l'être aimé est névrotique ou pathologique ! L'amour fait irruption dans le passé et se dirige vers le futur. Les deux amoureux auraient voulu se connaître depuis toujours. Dans le *Banquet*, Aristophane dit que l'amour naît entre les deux moitiés d'un seul et même individu, divisé par Zeus. Et qu'ils se recherchent afin de se fondre ensemble pour retrouver l'unité perdue. L'*historicisation* permet précisément ce miracle, elle n'a absolument rien de pathologique, elle est au contraire l'essence même de l'amour normal. La jalousie du passé apparaît quand l'*historicisation* ne se produit pas. La jalousie du passé est le symptôme du fait que la rédemption du passé n'a pas eu lieu. Que nous n'avons pas réussi à renaître dans l'amour, et que l'amour n'a pas atteint assez de profondeur pour créer une personne nouvelle.

L'amour jaloux

Il y a un genre d'amour qui semble se nourrir de jalousie, pour lequel la jalousie est une seconde nature, un élément essentiel. Je ne parle pas du genre d'amour qui se nourrit de la rivalité, qui vit de rivalité, qui est un désir de conquête et de victoire sur un rival. En ce cas, la jalousie excite et stimule. Dans le genre d'amour dont nous parlons, au contraire, la jalousie est une véritable souffrance et naît de la conviction qu'entre celui qui aime et l'être aimé il y a une différence abyssale impossible à combler. Une différence, toutefois, qui existe seulement pour lui, ne fait souffrir que lui. Les autres peuvent avoir accès au corps et à l'âme de l'être aimé. Ces autres ne sont pas un rival particulier, ils sont légion.

Rappelons-nous le cas de *L'étudiant*. À un certain moment, il s'aperçoit que celle qu'il aime l'évite, s'arrange pour ne jamais se trouver seule avec lui. Tous lui conviennent sauf lui. La fille se comporte ainsi parce qu'elle s'est aperçue que *L'étudiant* était amoureux d'elle et qu'elle veut lui épargner un refus désagréable. Mais le garçon comprend que ce comportement extérieur dissimule une incommunicabilité totale. Il comprend qu'il ignore tout d'elle, tout des femmes en général. Il ne sait pas quoi dire ni comment le dire, quels gestes faire tandis qu'il voit que les autres savent s'y prendre avec elles. Ce qu'écrit Buzzati vaut aussi pour *L'étudiant* : « Il les voyait avec les autres, au bras des autres, à la table des autres, dans les autos des autres et s'il les regardait, elles détournaient la tête avec dégoût. Et avec quel genre d'hommes allaient-elles ? Des milliardaires ? Des Apollons ? Des vedettes de cinéma ? Non, ce n'était à tout casser que de vulgaires andouilles, ou de gros bedonnants, ou des ignares seulement capables de parler football, laids par-dessus le marché mais évidemment ils savaient y faire, ils connaissaient les deux ou trois stupidités qui plaisent aux femmes[3] ! »

L'étudiant est un garçon sans expérience. Il se sent désarmé. *Antonio* est un homme de cinquante ans qui tombe amoureux d'une très jeune prostituée. Mais lui non plus ne sait pas de quoi lui parler, quelles choses lui offrir, à part de l'argent. Il ne sait pas comment se rendre intéressant à ses yeux ni comment l'amuser. Aussi devient-il jaloux, non des clients qui ont avec elles le même rapport froid basé sur l'argent, mais de ceux que Laïde fréquente spontanément, parce qu'ils l'attirent. Par exemple ce garçon dont elle affirme qu'il est son cousin, alors que lui pense qu'il est son amant. Sa jalousie naît du sentiment d'un manque profond, essentiel, de sa propre nature. Quelque chose que les autres ont et que lui n'a pas. Il désire alors être comme eux, et il les craint, et il les déteste et déteste la femme qui les préfère à lui.

Dans *Lolita* de Nabokov, Humbert, le personnage principal, séduit sa Lolita avec des bonbons, en l'emmenant au cinéma et dans des endroits touristiques. Tout ce qu'il désire c'est qu'elle lui donne son corps et qu'elle ne s'en aille pas. Humbert n'espère jamais, ce que fait *Antonio*, que Lolita partage son amour. Il ne peut pas imaginer que Lolita devienne amoureuse de lui comme lui est devenu amoureux d'elle. Il est convaincu qu'il y a entre eux une différence abyssale de sensibilité, de désirs, de projets. Une différence ontologique, dans leurs natures, qui ne peut pas être comblée. Lui est un homme adulte, elle une enfant avec des désirs et des goûts d'enfant. Aussi redoute-t-il que des garçons de son âge puissent la lui ravir. Et il les hait, il les évite comme la peste. Puis il a peur qu'elle se lasse, qu'elle s'ennuie de l'existence qu'il lui fait mener. Il ne fait pas de projets à long terme, mais imagine des stratagèmes pour la retenir avec lui jour après jour, heure après heure. Comme un malade du cancer qui lutte pour prolonger sa vie le plus possible, fût-ce d'un seul instant, tant qu'il pourra.

En conséquence, il n'a pas de rival adulte. Il ne redoute pas de voir arriver un autre homme capable d'obtenir de Lolita l'amour qu'il sait ne pas pouvoir obtenir. Quand il a l'impression qu'ils sont suivis, il se sent menacé, traqué, en danger, mais il ne pense jamais, ô grand jamais, que Lolita puisse aimer passionnément celui qui les poursuit. Il n'imagine pas, il est incapable d'imaginer à quel point la réalité est différente. Ce qui explique la suite dramatique, le besoin de comprendre, l'hallucinante investigation qui le fait apparaître comme un paranoïaque. C'est seulement des années plus tard, quand tout est fini, qu'il vient à savoir qu'en réalité cette enfant était, au contraire, amoureuse d'un homme adulte, un personnage célèbre, un auteur dramatique, une idole. Qu'elle l'aimait depuis long-temps et avait comploté avec lui sa fuite. C'est seule-ment quand il sait ces choses que Humbert a un rival. Un rival qui a détruit sa vie et celle de Lolita. Alors sa jalousie se transforme en punition, en vengeance. Il le recherche et le tue.

Chez Proust aussi nous trouvons le même genre de jalousie diffuse, obsessive, inquiétante. Et cependant, dans les relations que Swann a avec *Odette* et avec *Albertine*, il ne devrait pas y avoir de différence exis-tentielle, une incommunicabilité totale. Ce sont deux femmes raffinées, de la même classe sociale. Cepen-dant, Swann sent qu'Odette lui échappe, qu'elle mène une vie secrète, que, à peine s'éloigne-t-il, elle peut recevoir un autre amant. Odette est une dame élégante de la haute société parisienne, mais cette façade nor-male laisse transparaître une dépravation, une vie agi-tée digne d'un lupanar, d'un bordel. Albertine a, elle aussi, ce double aspect, solaire et obscur, un double visage qui se dérobe. Elle se comporte de façon impec-cable, mais sous cette apparence on entrevoit une vie secrète, dissolue, indicible. Toutes deux, en tout cas, paraissent incapables de pouvoir aimer Swann d'un amour réciproque, clair, solaire. Lui peut seulement entrer de façon marginale dans leur vie publique con-ventionnelle qui cache un érotisme trouble et pervers.

Antonio sait qu'il ne peut pas quitter Laïde un seul instant. Humbert sait qu'il suffit d'un moment pour que quelqu'un puisse lui enlever sa Lolita. Ou qu'elle peut s'en aller pour le motif le plus futile, ne serait-ce que pour voir un film, ou parce qu'elle a trouvé un garçon avec qui bavarder. Swann devrait lui aussi rester collé à Odette, ne pas la laisser seule un moment. Et il en est de même pour Albertine. Par nature, elle est portée à la promiscuité, ambiguë et menteuse. Elle ne lui pro-met jamais un amour éternel et exclusif, et même lors-qu'elle semble l'aimer, elle pourrait disparaître sans une parole d'adieu.

Tout devient clair quand la biographie de Proust nous apprend qu'en réalité, les personnages féminins d'Odette et d'Albertine dissimulent des amours homosexuels. Proust ne nous dit pas comment Odette et Albertine sont séduites, à la différence de ce que font Buzzati et Nabokov. Mais, sachant qu'il s'agit d'une relation homosexuelle, nous pouvons imaginer qu'elles sont corrompues par l'argent, exactement comme la Lolita de Humbert et la Laïde d'Antonio. Bien sûr, il est aussi possible que ces personnages soient des homosexuels comme lui, mais qui ne l'aiment pas de la même façon, qu'ils lui soient infidèles, qu'ils se donnent sexuellement aussi à d'autres. Pour Proust/Swann ce n'est pas suffisant, parce qu'il veut un amour véritable et exclusif. Et il ne parvient pas à l'obtenir, il sait qu'il ne peut pas l'obtenir. L'amant secret conserve sa liberté, son ambiguïté, son mystère insondable.

L'amour homosexuel, à l'époque de Proust, était beaucoup plus culpabilisé et condamné qu'aujourd'hui. Proust est amoureux et souhaite créer un couple amoureux, mais la société ne le lui permet pas. Et le monde homosexuel lui-même ne croit pas la chose possible. Il est à la recherche d'un genre d'amour que les mœurs, les habitudes et le manque même d'un langage officiel empêchent de rendre public. C'est en somme la même difficulté que dénonce Roland Barthes dans *Fragments d'un discours amoureux*. L'amour, dit-il, ne peut pas être théorisé, traduit en formules. On peut seulement le nommer par fragments. Non parce que telle est la nature de l'amour en général, mais parce que le genre d'amour auquel il pense n'est pas prévu par les coutumes, n'est pas réglé par des normes éthiques, des lois, des liens officiels, des mariages et des divorces. Parce que, pour ce genre d'amour, il n'existe pas de mots acceptables officiellement que l'on puisse prononcer. Principes, lois et mots existent seulement pour l'amour hétérosexuel. Reste un amour secret interdit, mais aussi irrégulier, sauvage, marqué par la promiscuité. Un amour où l'on ne peut pas exiger, demander à haute voix la réciprocité et la fidélité.

Dans *Caro Paul*[4], un très bel essai de Paul Robinson, un enseignant amène un élève à reconnaître sa propre homosexualité. L'élève lui dit qu'il a été amoureux de son compagnon de chambre et qu'il a éprouvé une déception très douloureuse. L'enseignant lui explique qu'il a commis l'erreur de chercher tout de suite l'amour. Dans le monde gay, en effet, le sexe vient avant l'amour. La structure de la société gay exige qu'on mette de côté le romantisme, elle exige qu'on fréquente certains bars et qu'on se livre à des expériences érotiques presque impersonnelles. L'élève doit donc commencer par reconnaître en lui-même la vocation, l'appel homosexuel, et doit entrer dans la vie gay en acceptant ses règles initiatiques, qui sont des règles de promiscuité. C'est seulement à la fin qu'il pourra vivre aussi une expérience amoureuse individuelle, romantique.

Bien des années ont passé depuis que Robinson a écrit son essai. L'homosexualité est beaucoup plus acceptée, et l'expérience du sida est intervenue. Il existe aujourd'hui des couples gay semblables aux couples hétérosexuels[5]. Les cas de mariages gay sont aussi de plus en plus nombreux. Ce qui était d'abord un méli-mélo collectif confus où régnait la promiscuité est maintenant institutionnalisé en termes d'amour de couple. Pour comprendre le douloureux mélange d'amour et de jalousie, le besoin d'exclusivité et le fond obscur de promiscuité chez Proust, il faut revenir en arrière d'un siècle, aux rapports sociaux de cette époque. Dans son monde, l'énamourement homosexuel est un amour non prévu, non concevable, et il n'est pas possible qu'il devienne l'amour d'un couple. Il se présente comme un désir de posséder partout et pour toujours quelque chose qui, par sa nature, ne peut être possédé ni nommé, quelque chose qui se dérobe. C'est un amour auquel on ne peut pas adresser d'appels moraux, avec lequel on ne peut pas conclure de pactes et qui ne saura jamais comment répondre parce que, au fond, il ne peut même pas comprendre la question qui lui est posée, ou parce qu'il se moque de celle-ci.

Dans tous les cas que nous avons examinés, ceux de *L'étudiant*, de Buzzati, de Nabokov et de Proust, nous voyons que l'amour est empreint de jalousie quand il ne parvient pas à se penser, à se définir et à devenir un projet. L'état naissant veut s'incarner, veut devenir collectivité, engagement, pacte, institution. Quand cette poussée rencontre des obstacles sur son chemin, elle devient une passion amoureuse. Mais quand il ne peut pas même imaginer son futur, quand les codes et le langage de la communication lui font défaut, alors il ne sait pas qui est réellement l'autre ni ce qu'il veut. Il nourrit un désir violent, irrésistible, qui s'anéantit cependant en se heurtant à ce mystère. L'objet aimé lui paraît ambigu, inconnu et inaccessible. Quelques auteurs, comme Barthes et Lacan, ont décrit ce genre particulier d'amour comme si c'était la forme universelle de l'amour.

CHAPITRE DIX
LE RENONCEMENT

L'énamourement refréné

Dans l'énamourement, il y a toujours deux forces en jeu : l'une qui nous pousse en avant et l'autre qui nous retient. Le jeu de ces forces est en partie inconscient et en partie conscient. Si j'accepte une invitation à dîner de quelqu'un qui me plaît, cela signifie que je suis disponible pour une exploration. Si je suis résolu à rester fidèle à celui que j'aime, je refuserai l'invitation. Même si j'éprouve une attirance érotique très puissante, j'ai toujours la possibilité de faire machine arrière. Mais, à côté des résistances conscientes, il y a les résistances inconscientes. Les *coups de foudre*, les révélations et les *moments de discontinuité* correspondent à autant d'instants de relâchement des défenses, d'abandon de la vigilance.

Le processus amoureux peut s'arrêter à la phase de l'*exploration*. Ou il peut continuer et devenir un *engouement*. Il peut même continuer jusqu'à atteindre l'état naissant et devenir irréversible. Mais il existe aussi des cas où, un instant avant de dépasser le *point d'irréversibilité*, les forces qui le refrènent l'emportent. Alors l'état naissant s'affaiblit, s'éteint, et l'énamourement avorte. Ce processus peut être représenté par le diagramme de la page suivante.

Examinons un cas où l'état naissant se déclenche mais où le point d'irréversibilité n'est pas atteint. Nous l'appellerons *La fille de Rome*. Cette jeune femme habite Rome, elle est fiancée et sur le point de se marier. Le fiancé est beau, riche, sympathique, et leurs rapports sont excellents. Elle n'a aucune inquiétude sur sa future vie conjugale. Le fiancé, à un certain moment, se rend à l'étranger avec son père. Comme il y rencontre de grandes difficultés, il traverse une crise. Quand sa fiancée le revoit quelques mois plus tard, elle a l'impression de ne pas le reconnaître, elle se trouve en face d'un individu faible, geignard, qui se montre incapable d'affronter virilement les difficultés de l'existence. Elle commence à avoir des doutes. Que sera réellement leur vie commune ? Pleine de vitalité et excitante, comme elle l'avait rêvée, ou triste et monotone ?

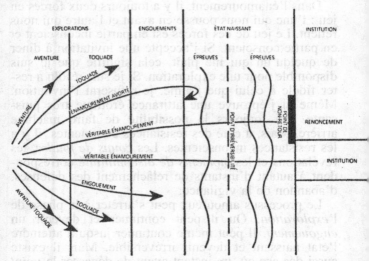

Pendant cette période, elle se rend à Venise pour visiter des parents. Elle y rencontre un homme au tempérament artistique, inquiet et rêveur, qui mène une vie désordonnée. Il fait des projets, des rêves. Il lui fait voir sa ville, il en parle d'une façon émouvante. La jeune fille, grâce à lui, découvre Venise et reste fascinée par sa beauté. Elle tombe amoureuse. Mais de qui ? De l'homme ou de la ville ? Elle ne parvient pas à les distinguer. L'homme qui lui sert de guide est la porte qui permet d'observer un monde enchanté, d'entrevoir une vie faite d'aventures, de rêves et d'art.

Cette jeune femme, dans sa toute première jeunesse, avait été très amoureuse d'un homme qui l'avait traitée cruellement. Elle avait renoncé à lui dans la douleur et la colère. Quelques années plus tard, elle avait rencontré son fiancé. Leur rencontre n'avait pas été passionnée. Elle avait donné naissance à un amour paisible et rassurant. Il était riche, aimable et courtois ; et elle désirait avoir des enfants. Il ferait un mari et un père très convenable. Mais Venise fait réaffleurer le passé, rouvre la blessure et ranime les anciens désirs frustrés.

Ainsi commence un amour à l'enseigne de l'aventure et du rêve. C'est la révélation d'un monde merveilleux, inconnu et débordant de vie, l'ouverture d'un écrin secret, caché au fond de son âme : Venise est une manière de percevoir et de sentir. La rencontre érotique à Venise est un passage de la prose à la poésie, du profane au sacré, de la banalité quotidienne au pays de l'art, du sublime, où l'âme se dilate, où tout devient bouleversant, précaire et divin.

Nous nous trouvons ici en face d'un vrai énamourement à son début. C'est un voyage dans le passé et dans le destin. Des siècles d'histoire, une forêt de symboles se pressent dans son esprit. Elle n'est plus la même ; elle est devenue une des héroïnes du passé.

Cet énamourement initial, à un certain moment, se refrène et recule. L'homme vit à Venise, mais son attitude envers cette ville qui ne lui donne pas de travail est aussi ambivalente. Pour son travail il se rend à Rome, où il a l'intention de s'établir. Il lui en parle de plus en plus souvent, car il pense qu'elle a le pouvoir de l'aider grâce à ses relations.

En outre il est pauvre, ou du moins semble l'être. Il ne lui fait jamais de cadeaux, pas une seule des innombrables merveilles que produit Murano. Ni même un bouquet de fleurs. Quand ils vont au restaurant, ou même au bar prendre un café, ce n'est jamais lui qui paie. Il n'a pas beaucoup d'argent, c'est vrai, mais la fille sait qu'à sa place elle se ferait prêter de l'argent, qu'elle ferait des dettes. En plus, l'homme se lève tard, il n'a jamais de programme précis, seulement de vagues projets. Quand il s'agit de travail, il est plaintif, paresseux et toujours prêt à renoncer.

Pour se prolonger, l'amour a besoin de se nourrir de quelque chose de positif. Jusqu'à ce moment, cet homme a été la porte qui ouvrait sur un monde inconnu, un passé glorieux, une autre vie plus riche, plus intense, chargée de résonances mythiques. Les amours entre des gens de nationalités, de langues ou de religions différentes nous révèlent la force spécifique de l'amour comme une porte donnant accès à une autre modalité culturelle de l'existence. Cela arrive à condition que l'être aimé y croie, qu'il soit actif, positif, plein de vitalité. Au contraire, la fille s'aperçoit peu à peu qu'en réalité cet homme ne s'intéresse plus à Venise. Il veut aller à Rome, rêve et recherche un travail à la télévision ou dans quelque service public. Il espère qu'elle pourra l'aider. Il commence ainsi à dire du mal de Venise, une ville où quelqu'un d'intelligent et de capable ne parvient pas à faire son chemin. Jusqu'au jour où, en elle aussi, un sentiment de décadence, d'échec, se reflète soudain sur la ville. Elle a l'impression d'une ville moribonde.

Elle commence alors à le regarder avec d'autres yeux. Elle ne supporte plus ses jérémiades continuelles, son avarice, ses tentatives pour se servir d'elle afin de trouver un job. Tandis que Venise lui montre ses murs écaillés et ses eaux malodorantes, l'homme lui apparaît comme un pauvre diable qui cherche à se caser. Elle serait vraiment devenue amoureuse de lui s'il avait été capable de la transporter dans son monde, de la faire renaître dans celui-ci. Mais il la fait revenir en arrière en la ramenant dans le lieu qu'elle voulait quitter. Elle comprend, non sans lucidité, que, s'il faut vivre à Rome, le fiancé beau, riche et généreux est infiniment préférable. Elle veut avoir des enfants et leur donner une vie aisée. Comment a-t-elle pu s'engouer d'un raté ? Quelle maladie mentale s'est momentanément emparée d'elle ? C'est l'autre, l'amour qu'elle n'avait pas pu réaliser quand elle n'était qu'une gamine, qui est réapparu dans le Vénitien. Un rêve entrevu dans son adolescence qui est revenu pour la prendre au piège. Un rêve trompeur qui l'aurait menée à sa perte. Elle s'en était libérée et elle ne devait pas céder à sa nouvelle incarnation. Ni l'ancien amour ni le nouveau ne peuvent rien lui donner. Ce ne sont que sortilège et illusion.

Parce que leurs projets incluent un foyer et des enfants, beaucoup de femmes sont plus critiques et prudentes envers un nouvel amour que ne le sont les hommes. Nous avons vu qu'elles satisfont leur désir d'amour sous la forme de rêves les yeux ouverts en lisant des romans roses, en suivant des séries à la télévision, en rêvant d'une star de cinéma[1]. Ainsi ont-elles toujours en tête un idéal et, jusqu'au jour où elles tombent profondément amoureuses, elles comparent leur soupirant à cet idéal. Elles sont plus exigeantes et ont un sens pratique plus développé. C'est précisément grâce à ce sens pratique que *La fille de Rome* dissipe l'illusion avant qu'elle ne devienne irréversible.

Cet exemple nous montre que la passion amoureuse, même quand elle se présente sous une forme irrésistible, a besoin de nombreuses conditions intérieures et extérieures pour se poursuivre et s'enraciner. Elle a besoin de devenir un projet acceptable, désirable, de devenir un futur. Si elle n'y réussit pas, elle reste au niveau d'une exploration. Ou, comme dans ce cas, elle avorte.

Le renoncement

Qu'arrive-t-il quand le processus amoureux dépasse *le point d'irréversibilité* ? L'individu est devenu maintenant la moitié d'un couple en formation. Il n'a plus une identité séparée mais la partage avec un autre. Il sent l'autre comme sa propre vérité, comme sa propre essence. Alors, *renoncer* à son amour, c'est perdre ce qui est plus important que son moi empirique. Dans cette phase, le prix de la séparation est une véritable catastrophe du soi, c'est être vidé de tout sens et de toute valeur, la *pétrification*.

Les circonstances de la vie, les difficultés qui naissent de la relation peuvent créer une situation tellement douloureuse, tellement chargée de sentiments de culpabilité, tellement privée de futur que l'individu décide après tout de renoncer à son amour. De trancher le lien. Nous avons vu cela dans le cas de *L'homme de Bari*. Convaincu de ne pas être aimé en retour, il a préféré mettre fin à la liaison plutôt que de rester empoisonné par la jalousie. Le renoncement a pour but d'éviter une douleur et nous le qualifierons d'*égoïste*.

D'autres gens renoncent à leur amour pour ne pas faire souffrir quelqu'un qu'ils aiment. S'ils sont mariés : l'épouse ou le mari, les enfants. Partagés entre deux amours également forts, ils mettent fin au *dilemme éthique* en choisissant le monde ancien et en renonçant au nouveau. Dans ce cas, nous parlerons de renoncement *altruiste*.

Le renoncement, en tout cas, est toujours le choix qui, dans l'alternative, préfère l'ancien au nouveau, l'institution à l'état naissant. En agissant ainsi, le sujet fait quelque chose d'une extrême gravité morale. L'état naissant, en effet, est un contact avec l'absolu, et c'est à sa lumière que les objets d'amour précédents acquièrent leur valeur. Lorsque le contact avec l'objet aimé a été brisé, ces amours, ces désirs disparaissent ou s'affaiblissent. Dans le cas du renoncement *égoïste*, apparaît un sentiment de solitude, de vide total. Mais dans le cas du renoncement *altruiste*, l'effet est encore plus dévastateur parce que, à peine le renoncement a-t-il été accompli, le sujet devient incapable d'aimer même ceux pour lesquels il s'est sacrifié, pour lesquels il a sacrifié son amour. Alors, il ne sait plus pourquoi il a agi ainsi et il a l'impression d'avoir commis une faute très grave et irréparable, d'avoir détruit le sens même de la vie. Tout devient vide, privé de valeur, fantomatique. Pour agir il peut seulement copier les gestes des autres, répéter ce qu'il a appris, par pure et simple habitude. Il n'éprouve plus de véritables sentiments ; comme un acteur, il les met en scène. Il se sent comme un automate, une marionnette. C'est la *pétrification*. L'unique sentiment vrai et profond est la *nostalgie* d'une réalité perdue.

Le renoncement égoïste. L'amoureux qui doute des qualités de l'amour de l'être aimé se trouve devant un choix : ou continuer à l'aimer sans espoir, ou s'efforcer de ne pas l'aimer. Se détacher de lui tout en sachant qu'il l'aime, affronter la terrible période qu'est la perte de l'objet aimé : le *suicide psychique*. D'abord il tentera de lutter, de le conquérir, de le séduire, en usant de tout son charme et de son pouvoir de conviction. Lorsqu'il a compris que l'autre ne l'aime pas, il peut empoigner l'arme du détachement. La force qui lui reste lui permet de se trancher les mains qui se tendent vers l'aimé, de se crever des yeux qui le cherchent partout.

Afin de réfléchir sur d'autres cas de renoncement égoïste, nous utiliserons l'ouvrage *La Separazione degli amanti* de Caruso, le psychiatre bien connu[2]. L'auteur nous dit qu'il entend traiter uniquement de renoncements accomplis par les deux amants. En réalité, en étudiant attentivement tous ses cas, on voit que la décision de rompre la liaison est toujours prise par l'un des deux. Prenons pour commencer l'exemple du Dr IBN. Nous l'appellerons *Caruso IBN*. C'est un homme marié et sans enfants qui tombe amoureux d'une femme, désignée comme MAI. Pour des raisons et des doutes pas très clairs, il décide de quitter sa maîtresse. Cette femme tente de se plier à sa décision et de la comprendre, mais elle reste profondément amoureuse de lui. Elle lui écrit de loin des lettres déchirantes : « Tu es le seul pour moi. Tu es mon premier amour. Tu es mon univers. Tu es mon bonheur. Tu es ma vie. Je t'aime plus que le soleil et que la lumière. Sans toi le soleil est froid et la lumière est obscure. Tu es le grand Dieu qui trône sur le monde. » Et aussi : « Tu es mon temps de bonheur, mon bel univers[3]. » La séparation paraît avoir détruit physiquement et psychiquement la jeune femme. Les deux amants tentent de se rencontrer encore deux fois. Mais *Caruso IBN* est indécis, tourmenté et, chaque fois, il décide de rompre de nouveau. Finalement, il divorce d'avec sa femme. Mais au lieu de courir auprès de MAI et de se jeter dans ses bras, il le lui dit froidement au téléphone et ne donne plus signe de vie. Quelque temps après, la jeune femme se suicide sans laisser aucune lettre d'adieu. Il ne s'agit donc là en rien d'une séparation consensuelle. *Caruso IBN* est un psychopathe qui, après avoir tourmenté avec ses doutes la femme qui l'aime, l'abandonne. Elle se bat désespérément pour son amour, puis, quand elle comprend qu'elle a échoué, se suicide. Il ne s'agit évidemment pas d'une séparation consensuelle, mais d'un renoncement unilatéral et égoïste.

Un autre cas étudié par Caruso, *La signora RIK*[4], renonce à son amour parce qu'elle n'a pas compris la profondeur de son sentiment. Elle est sur le point d'épouser un personnage important, plus âgé qu'elle, qu'elle connaît depuis longtemps et qu'elle a idéalisé. Il s'agit là d'un mélange de mariage arrangé par les familles et d'idéalisation d'une vedette. Peu de temps avant la célébration du mariage, elle rencontre un jeune homme pour qui elle perd la tête. Considérant que c'est seulement une toquade, pas le sentiment qu'elle éprouve pour son fiancé, elle ne se rend pas compte que c'est un véritable amour. Elle renonce donc à lui et se marie. Aussitôt après, elle prend conscience qu'elle souffre terriblement et qu'elle a commis une très grave erreur. Une situation qui nous rappelle celle du film *Avec vue sur l'Arno*. À Florence, une jeune Anglaise tombe amoureuse d'un garçon de son âge. Mais elle est fiancée avec un homme de la haute société extrêmement ennuyeux. Rentrée dans son pays, elle revoit le garçon qu'elle avait rencontré à Florence, et elle cherche par tous les moyens à se dissimuler à elle-même l'amour qu'elle éprouve pour lui, elle veut même hâter la célébration de son mariage. Par chance, à un certain moment, elle se rend compte qu'elle n'aime pas son fiancé, et elle évite ainsi l'erreur commise par la *Signora RIK* de Caruso.

Le renoncement altruiste. Ici encore nous utiliserons un cas de Caruso, celui du Dr CD, chimiste, que nous appellerons *Caruso CD*[5]. Il s'agit d'un homme de trente-six ans, marié et père de deux enfants, qui tombe amoureux d'une de ses élèves âgée de dix-huit ans. La liaison est bientôt connue. Sa femme réagit comme une folle et il est l'objet de la critique des gens de son milieu. Après trois mois de tourments, il parvient à la conclusion que leur amour est impossible. Il convainc la jeune fille de s'en aller, et elle part. À peine s'est-elle éloignée qu'il souffre cruellement. Il lui écrit continuellement et elle lui répond qu'elle l'aime. Lui l'invite à trouver un nouvel amour, à se refaire une vie. Mais, en même temps, il est torturé par la jalousie. Leur correspondance se poursuit pendant plus de deux années. Il est évident que *Caruso CD* est profondément amoureux, mais son amour entre dans un conflit meurtrier avec les amours et les obligations sur lesquels son existence est fondée : sa femme, ses enfants, ses collègues, sa position sociale. La fille, en outre, est très jeune. Nous nous trouvons devant un cas typique de *dilemme éthique*. Il doit choisir entre la voie radieuse du nouvel amour ou demeurer avec les objets d'amour anciens. En choisissant ceux-ci, et en renonçant au premier, il tombe dans l'état que nous avons appelé *pétrification*. Il le montre lui-même en écrivant : « J'avais perdu quelque chose de grand et d'heureux que ma raison est complètement incapable d'expliquer. C'est comme si j'avais entrevu un autre monde et que je l'eusse payé cher. Je ne sais plus exactement ce qui arrivait dans ce monde : probablement le pur bonheur...

sans se soucier éternellement de ce qui est permis et de qui est interdit[6]. »

C'est une expérience que nous connaissons, car c'est l'expérience typique de l'état naissant, qui mène au-delà du bien et du mal. Mais l'état naissant a deux aspects, puisque le monde ancien et les anciens amours continuent d'exister. L'individu amoureux veut réaliser son amour sans faire de mal à personne. Dans le « nouveau monde », tous devraient être heureux. Le nouvel amour, au contraire, déchire l'ancienne société et cause de la douleur. *Caruso CD* est tourmenté par un sentiment de culpabilité envers sa femme, envers leurs enfants, mais aussi envers la jeune fille dont il est amoureux, parce qu'on lui dit, et lui-même se dit, qu'elle est trop jeune, qu'il cause sa perte, qu'elle a le droit d'avoir sa vie à elle. Ce n'est pas seulement un choix entre la fille et l'épouse, entre la fille et ses enfants. C'est un choix entre l'ancienne vie terne mais où personne ne souffrait, et la nouvelle, où il est heureux, mais où tous souffrent. C'est un choix entre ce que les autres et lui-même considèrent comme normal, et la folie, l'aventure. Le choix, pour cette raison, se présente comme un *dilemme*, parce qu'il doit être fait entre deux termes d'une alternative qui ne devrait pas exister. C'est comme de demander à une mère de deux enfants qui lui ont été enlevés de choisir lequel des deux doit être tué.

Dans la plupart des cas, l'individu amoureux choisit l'être aimé, rompant ainsi avec les autres objets d'amour, mais en veillant à leur causer le moins de mal possible. *Caruso CD*, au contraire, choisit les objets d'amour anciens et renonce au nouveau. Il sacrifie le nouveau monde naissant à l'ancien monde existant. Il détruit l'idéal, le possible, afin de garder en vie ce qui existe déjà. Un processus qui, en mettant en mouvement l'état de *pétrification*, aboutit le plus souvent à un échec. Après un véritable énamourement il est fort improbable que l'union précédente puisse être revitalisée. Celui qui a renoncé à son amour continue à rester inconsciemment amoureux. C'est comme si cet amour était emmuré dans un tombeau de pierre.

D'un point de vue pratique, toutefois, on peut en tirer une conclusion : quand un mari ou une épouse veulent sauver leur mariage, il est bon qu'ils évitent les tentations ou interrompent le processus d'énamourement à sa naissance, dans la phase d'exploration. Avant qu'il n'ait atteint le *point d'irréversibilité*.

Frustration et création

Qu'arrive-t-il quand nous tombons amoureux et que notre amour n'est pas partagé ? La pétrification ? Non. La pétrification est un drame moral, un choix pour lequel nous sommes coupables d'avoir détruit ce qui avait plus de valeur que tout. Mais si c'est la personne aimée qui nous quitte, ou qui ne veut plus entendre parler de nous, et si nous avons tout fait pour la retenir, nous ne sommes plus alors dans le monde du renoncement, mais purement et simplement dans celui de la perte. Celui qui a été étudié par Freud dans *Deuil et Mélancolie*[7] est analysé en détail par Bowlby[8]. Avec une différence que ces auteurs ne pouvaient pas avoir examinée : dans notre cas, un *état naissant* est agissant. Dans l'état naissant, le sujet a commencé une mutation. Des énergies extraordinaires opèrent en lui.

La perte cause une très grande douleur, *mais elle n'interrompt pas le processus de transformation* commencé longtemps avant. L'expérience n'est donc pas celle du simple deuil. C'est l'effondrement d'un processus de mise en ordre qui était en cours, de la finalisation du cosmos. C'est l'irruption du désordre dans l'ordre qui était en train d'émerger. Mais le pouvoir de la mise en ordre est encore actif.

Revenons au cas de *L'étudiant*. Celui-ci, lorsqu'il se rend compte que la fille ne l'aime pas, souffre terriblement et fait l'expérience bouleversante que le monde est régi par des lois injustes et absurdes. Il exprime cela en disant que Dieu « a créé le monde quand il était ivre ». Et il pense à se suicider. Il se rend en haute montagne et imagine qu'il traverse un immense glacier, marchant jusqu'à l'épuisement pour, finalement, mourir de froid. Mais il ne se suicide pas. Rentré chez lui, il se jette dans les études et, comme nous l'avons vu, commence un processus de transformation de lui-même. Il s'identifie à un ami, fait de nouvelles expériences, apprend avec une telle rapidité qu'en peu de temps il accomplit une véritable métamorphose. La stimulation qu'est le renouvellement de l'état naissant amoureux, même s'il ne peut pas réaliser son projet, la création du couple, n'est pas perdue, car elle trouve une autre voie, un autre but. Ce processus ne guérit pas le sujet de l'énamourement. Seul un nouvel amour peut le faire, mais il rend possibles la création, le progrès et la maturation.

C'est avec ces concepts présents à l'esprit que nous pouvons étudier les activités créatrices qui suivent l'échec d'un amour naissant. Le premier cas qui nous vient à l'esprit est celui de Goethe. Il était amoureux de Charlotte Buff et il subit une profonde déception quand la jeune fille se marie avec un autre. Goethe traverse une période de désespoir et il songe au suicide. Cependant, au lieu de se tuer, il écrit un roman, *Les Souffrances du jeune Werther* ; on y voit un jeune homme tomber amoureux, exactement comme lui-même l'avait fait, d'une jeune fille qui s'appelle Charlotte. Et, lorsqu'elle en épouse un autre, il se suicide. Les psychologues ont mis en évidence le fait qu'en imaginant et en rêvant le suicide, Goethe a évité de devoir l'accomplir réellement, et que le livre est la satisfaction hallucinatoire d'un désir, l'exorcisme d'un acte projeté. C'est tout à fait vrai, mais c'est autre chose qui nous intéresse ; qu'après la cruelle déception, Goethe devienne capable d'une extraordinaire activité de création et de transformation. *Werther* est un chef-d'œuvre qui eut un effet bouleversant sur toute une génération européenne. Il marque le début d'une époque nouvelle, non seulement dans la vie de Goethe, mais dans la littérature. Aussi pouvons-nous dire que la puissance créatrice de l'état naissant de l'amour pour Charlotte ne s'épuise pas avec la disparition de son objet d'amour individuel, mais se poursuit dans son œuvre de transformation du sujet et du monde.

La plasticité de l'état naissant permet des processus créateurs qui ne sont pas la substitution de l'imagination à l'action réelle, comme c'est le cas de Goethe. Selon notre théorie, l'état naissant peut suivre aussi une voie créatrice totalement différente. Prenons un exemple fameux. Nous sommes en 1883, et le grand philosophe allemand Nietzsche a trente-huit ans lorsqu'il tombe amoureux de Lou Salomé. Lou n'a pas l'intention de se marier. Elle veut réaliser une communauté spirituelle avec deux amis : Rée et Nietzsche. Mais Rée comme Nietzsche sont amoureux d'elle, ils la désirent de façon exclusive, et ils veulent tous deux se marier avec elle. Pendant longtemps Lou joue avec ces deux hommes et, à un moment, Nietzsche est convaincu que son amour est payé de retour. Il vit alors une période de joie et d'espoir. Il est heureux, il aime la vie et désire un enfant. Mais Lou prend ses distances, elle se fait attendre et, pour finir, se rend à Berlin avec Rée. Après de vaines tentatives pour renouer les relations avec elle, Nietzsche comprend qu'il l'a perdue pour toujours. Il a des cauchemars, souffre d'insomnie et se bourre de sédatifs. Il se sent seul, en exil, il a perdu toute confiance en soi. Ce qu'il a écrit, sa philosophie, s'effondre et devient vide de sens. C'est à ce moment même, le moment le plus dramatique et le plus douloureux de son existence, qu'il écrit d'un seul jet, en quelques jours du mois de février 1883[9], une œuvre extraordinaire, incroyable, destinée à influencer toute l'histoire de l'Occident, *Ainsi parlait Zarathoustra*. Ce n'est pas le récit d'un amour manqué, ni la transcription de rêveries tournant autour du suicide, mais bien la création d'une nouvelle philosophie et d'une nouvelle religion. L'annonce de la venue d'un autre être humain, avec une autre mentalité, une autre morale : le surhomme. La puissance créatrice de l'état naissant amoureux, détournée de son but, celui de créer un couple, éclate dans la création d'un monde, d'un nouveau ciel et d'une nouvelle terre.

On peut tirer une conséquence pratique de ces épisodes : pour guérir d'un énamourement déçu, la thérapie efficace consiste à continuer le processus de transformation déjà commencé. À accélérer le changement par l'exploration de nouvelles voies. Et surtout, à s'engager dans une grande tâche qui exige de l'énergie et de la créativité. C'est seulement ainsi que les forces libérées par l'état naissant ont la possibilité d'être canalisées dans un nouveau projet. Et la douleur, la colère, la volonté de vengeance deviennent des pouvoirs constructifs.

La fonction de la haine

Pourquoi l'amour se transforme-t-il aussi facilement en haine ? Pourquoi se termine-t-il souvent de façon violente, dans de furieuses querelles ? Pourquoi les divorces sont-ils pleins d'agressivité, de rancœur et de vengeances ? Plus généralement, quelle est la fonction de la haine dans la destruction d'un rapport amoureux frustrant et décevant et dans la guérison de la douleur causée par l'abandon ?

Dans l'énamourement, deux individus qui appartenaient à des sociétés différentes rompent leurs liens précédents pour former une nouvelle communauté. À partir de ce moment, ils visent à se fondre ensemble, à former une unité compacte, un nouvel organisme vivant avec sa propre identité, comme une secte, un parti, une nation. C'est sous la forme d'une communauté qu'ils construisent ensemble leur propre foyer, qu'ils choisissent ensemble leurs amis et qu'ils affrontent la vie ensemble. Ils édifient ensemble quelque chose qui appartient simultanément à tous deux, à leur *nous*, quelque chose d'indivisible et que chacun considère absolument comme sien.

La frustration, la trahison, la jalousie, le renoncement ou l'abandon rompent cette collectivité. Ils déchirent tant le sujet collectif que chacun des sujets individuels qui le composent. Tous deux sont amputés d'une partie de leur vie. Ils voudraient revenir en arrière, mais ils ne le peuvent pas. Chacun est alors forcé de reconstruire un nouveau soi à l'intérieur d'une nouvelle collectivité différente de la première. Cette fois, ce n'est pas l'état naissant ; ce n'est pas le processus qui, tandis qu'il détruit l'ancienne communauté heureuse, en crée une nouvelle. Pour faire de la place au nouveau, le sujet doit commencer par détruire activement ce qui existe. Et ce qui a été créé par l'amour peut seulement être détruit par une passion aussi violente, *la haine*. La haine comme libération, la haine comme subversion, la haine qui sépare, brise et anéantit. La haine qui détruit la communauté amoureuse pour faire place à un autre genre de vie. Telle est la fonction de la haine : détruire ce que l'état naissant avait créé.

Mais une communauté n'existe pas seulement dans le présent. Elle est enracinée dans le passé et se prolonge dans le futur. Pour cette raison, le processus de destruction doit s'enfoncer dans le passé et se projeter vers le lendemain. Il se produit donc une *seconde historicisation* où chacun reparcourt sa vie afin de détruire en soi la valeur de la relation détériorée, d'abolir les souvenirs agréables, d'exhumer les souvenirs désagréables, pour justifier le choix qui a été fait. Comme pendant la guerre, quand les combattants oublient les choses qui les ont unis et se rappellent seulement les différends, les torts subis, les injustices subies afin de nourrir l'envie de se battre.

La vengeance. Une des façons dont se manifeste la haine est la *vengeance*. Celle-ci, comme l'historicisation de l'état naissant, a le pouvoir de lier ensemble le passé et le futur. Mais elle le fait de la façon opposée. Dans l'état naissant, nous évoquons le passé parce qu'il nous fournit des modèles positifs pour résoudre les problèmes du futur, et qu'il nous donne de la force. Tous les mouvements religieux se réclament de la période divine des origines du mouvement. L'islam, par exemple, du temps où Mahomet était le guide de son peuple, le christianisme, de celui où Jésus était sur terre. En revivant cette époque sacrée et glorieuse, ils trouvent la force d'édifier un merveilleux futur. Dans la *vengeance* au contraire, nous regardons du côté du passé comme vers quelque chose de négatif, de détestable, et nous utilisons le futur pour régler un compte resté en suspens. Se venger signifie qu'on renvoie au futur un acte de destruction que nous aurions dû accomplir sur-le-champ, mais que nous n'avons pu faire. Se venger signifie renvoyer au futur un acte de destruction que nous aurions dû accomplir ausitôt, mais que nous n'avions pu faire. La vengeance garde le passé en vie, mais elle le fait sous la forme d'un vœu de destruction. La vengeance donne un grand plaisir, parce qu'elle nous permet d'imaginer qu'on fait du mal à l'autre autant de fois qu'on veut. La haine n'a pas le pouvoir de refaire le passé, elle confie cette tâche à la vengeance future. Elle ne peut pas détruire le passé, comme le fait l'état naissant de l'amour. Au lieu de le faire disparaître, elle le confirme et l'éternise.

La revanche. Il faut faire une distinction entre *la revanche* et la vengeance. Dans la revanche nous renvoyons au futur la solution d'un problème du passé non résolu. Or, pour cela, nous n'utilisons pas la destruction, mais bien la construction. Dans *Gatsby le magnifique*, le héros accumule une fortune parce qu'il veut reconquérir l'amour de la femme qu'il a aimée et qu'il n'avait pas pu épouser parce qu'il était pauvre. Il acquiert une villa voisine de la sienne et donne des réceptions stupéfiantes. Jusqu'au jour où, piquée par la curiosité, elle se rend chez lui, et leur amour reprend. Dans *Les Hauts de Hurlevent*, Heathcliff est un enfant trouvé ; élevé comme un fils de la famille Earnshaw, il joue avec Catherine, ils construisent ensemble un monde imaginaire, et ils deviennent amoureux l'un de l'autre. Mais elle est aussi attirée par une vie de luxe et par les bals. Elle dit un jour, d'un ton méprisant, qu'elle n'épousera jamais un valet d'écurie. Il l'entend sans être vu et il en reste bouleversé. Il part et ne reviendra que des années après, lorsqu'il est devenu riche. Il achète la ferme qui avait été celle de Catherine. Il est animé par un désir de vengeance, mais surtout par le désir de reconquérir l'amour de la jeune fille. Les souvenirs qui le guident sont les souvenirs d'une enfance et d'une adolescence passées ensemble, des souvenirs heureux. Il a un seul souvenir négatif, et celui-ci peut être aboli, en renouant les liens de l'amour. C'est ce qui arrive, car Catherine, avant de mourir, lui avoue qu'elle l'a toujours aimé.

Les alliances. De même que l'amour, la haine est aussi un fait collectif. Elle nous sépare de ceux que nous avons aimés et nous unit à tous ceux qui peuvent nous aider à faire du mal à notre ennemi. La haine, plus encore que l'amour, recherche des alliés, des individus et des institutions qui soient de son côté. Qui justifient et qui soutiennent sa guerre. La haine unit les alliés et crée entre eux une sorte d'amour fébrile qui continue à exister tant qu'il existe un ennemi commun. Un amour qui disparaît avec la disparition de l'adversaire.

Lorsqu'un couple se brise, les deux partenaires recherchent la solidarité de leurs amis. Ils leur demandent de rompre les relations avec la personne aimée auparavant et détestée maintenant. Et ils éprouvent du plaisir à entendre quelqu'un en dire du mal. Ils se font aider pour se livrer à des actions de vengeance et de représailles. Quand un amour prend fin, on assiste ainsi à des renversements d'alliance et à des trahisons, comme pendant la guerre. Certains qui étaient d'abord des amis, des alliés, deviennent maintenant des ennemis. Et certains ennemis deviennent des alliés. Et l'histoire est remaniée, récrite, afin qu'elle se trouve adaptée à la nouvelle situation.

L'oubli. Pour guérir un amour déçu, pour éteindre la vengeance, un autre mécanisme doit entrer en jeu : l'*oubli*. La haine voudrait détruire, mais elle doit se contenter d'oublier, de créer un refoulement, une amnésie, afin que les douleurs et les désirs de vengeance ne se réveillent pas.

La psychanalyse nous a habitués à considérer l'oubli comme un refoulement, comme un phénomène pathologique. En réalité, il a aussi une précieuse fonction vitale. Il nous permet d'effacer, ne fût-ce que provisoirement, une partie de notre vie, nous laissant libres de construire de nouvelles relations sociales et de faire de nouveaux projets. Bien sûr, une partie de notre énergie vitale reste emprisonnée dans l'inconscient, mais l'autre partie peut s'étendre. Avec l'oubli nous accomplissons une sorte de dédoublement de la personnalité. Nous oublions une partie de l'ancienne et, en même temps, nous commençons à en construire une nouvelle. Et pour faire cela nous utilisons les désirs, les rêves, les impulsions auxquels nous avions renoncé. Nous faisons fructifier des capacités que nous n'avions pas exploitées. Une déception en amour ne se traduit pas toujours par une dépression catastrophique. Le sujet peut utiliser pour les développer de nouvelles ressources, de nouvelles possibilités, pour recommencer la vie.

L'oubli ne parvient jamais à guérir la profonde blessure demeurée dans l'âme. Il reste le sentiment d'avoir perdu quelque chose d'essentiel. La blessure ne peut être guérie que si l'on retourne dans le passé avec la capacité de le racheter. Quelque chose que même la psychanalyse la plus profonde ne parvient pas à faire. Seul un nouvel état naissant y parvient. Donc un nouvel énamourement, ou une véritable conversion religieuse ou politique. C'est le seul cas où le processus d'*historicisation* traverse la barrière du temps et fait disparaître les douleurs et les haines emprisonnées.

CHAPITRE ONZE
CONQUÊTE ET RECONQUÊTE

La séduction

Afin de réaliser nos rêves, nos projets, il nous faut convaincre les autres, les mettre de notre côté. Si nous prenons le mot séduction dans son sens le plus large, comme le mot latin *se-ducere*, conduire avec soi, nous devrons dire que nous sommes toujours engagés dans une activité séductrice[1].

Ce mot a aussi un sens plus restreint : celui qui désigne les activités et la mise en scène que nous faisons pour nous rendre intéressants et attirants sur le plan érotique. Les animaux, à la saison des amours, revêtent aussi une livrée voyante, émettent des odeurs particulières et célèbrent des rituels d'accouplement. Chez les êtres humains, ces activités sont culturelles et volontaires, et elles diffèrent donc d'une société à l'autre, d'une époque à l'autre et d'un individu à l'autre. Au lieu de la livrée de parade, les vêtements élégants, la voiture ; au lieu des hormones secrétées, nous avons les lotions après rasage, les parfums et le maquillage. En ce qui concerne ce qu'on appelle « faire la cour », l'espèce humaine s'est ingéniée à inventer mille formes et rituels.

Tous les êtres vraiment amoureux désirent ardemment conquérir la personne aimée et ils ont recours à toutes les ressources de leur intelligence et de leur expérience pour se faire aimer en retour. Aussi le plus gauche des garçons et la plus timide des filles se lancent-ils dans la brèche. Les mécanismes primordiaux, les engrammes génétiques se déclenchent. La femme devient plus belle, ses yeux deviennent brillants, ses regards caressants. Elle devient plus douce, patiente et souriante. L'homme devient entreprenant et infatigable. Dans le film *Nuovo cinema Paradiso* de Giuseppe Tornatore, quand le garçon de quatorze ans tombe amoureux, il passe la nuit, pendant des mois, devant la maison de la fille qu'il aime.

Mais l'énamourement rend aussi les gens timides et respectueux. Nous adorons la personne aimée, nous n'avons même pas l'audace de l'effleurer de la main. Si l'on nous dit non, nous restons paralysés, nous ne parvenons pas à surmonter la résistance, à transformer le non en oui. Les garçons très jeunes ne savent souvent pas comment se comporter. C'est pourquoi, quand ils deviennent tendrement amoureux d'une camarade de classe, ils se conduisent si gauchement qu'ils la font fuir pour aller se jeter dans les bras d'un autre garçon plus brillant et adroit qu'eux. À un certain moment, même le moins doué des amoureux comprend que, s'il veut réussir à conquérir le cœur de celle qu'il aime, il doit s'armer de courage, trouver les mots qu'il faut pour lui parler, l'inviter à sortir ensemble, lui envoyer des fleurs ou l'emmener au restaurant. C'est encore mieux pour lui s'il arrive à moto ou en voiture, pour ne pas lui faire faire le chemin en tramway ou à pied, sous la pluie. Autrement dit, l'amour pur, désintéressé, sincère, naïf, n'est pas suffisant pour susciter l'intérêt de l'être aimé. L'art de la séduction est indispensable.

Le rapport de l'être amoureux avec la séduction est contradictoire. D'un côté il voudrait être aimé pour ce qu'il est, sans avoir rien à faire, pour le simple fait qu'il existe. De l'autre, il est prêt à user de tous les moyens pour conquérir celle qu'il aime ; même d'un philtre d'amour, même de l'hypnose, même de la tromperie, et jusqu'à la menace. En même temps, il ne veut pas que l'autre lui réponde « je t'aime » parce qu'il est hypnotisé ou par peur, mais parce qu'il l'aime vraiment. Le véritable énamourement veut la liberté.

Ainsi tout amoureux, pour se rendre attirant aux yeux de la personne aimée, est prêt à simuler des qualités qu'il n'a pas et à exagérer ses propres capacités. Cette mise en scène se heurte au désir d'être sincère, de montrer jusqu'au fond son propre cœur et de confesser ses faiblesses et ses défauts. Le résultat de cette double tendance est magnifique. Tout amoureux s'efforce de mettre en évidence ce qu'il considère comme la meilleure partie de lui-même, et il fait tout pour se conformer à cette image idéale et pour être à la hauteur de celle-ci. En somme, il s'efforce d'être ce qu'il voudrait être. Le résultat est une formidable impulsion donnée à l'*amélioration de soi*.

Ce n'est pas suffisant. L'amoureux sait que la personne aimée a des rêves, des désirs, des aspirations et des idéaux auxquels il ne correspond que partiellement. Il écoute avec attention ce qu'elle lui dit, prend note de tout ce dont elle fait l'éloge ou la critique. Avec ces éléments il cherche à découvrir quel est le modèle idéal auquel elle pense et il s'efforce de se conformer à celui-ci et de le réaliser. Il finit ainsi par être partagé entre deux tendances. D'un côté, il veut réaliser son *propre* idéal ; de l'autre, il veut devenir ce que la personne aimée rêve, désire, et correspondre à *son* idéal. Il s'ensuit qu'on voit se mettre en mouvement un processus de reconsidération continuelle de son propre modèle, de sa propre image, de sa vraie nature. Et comme ils font tous deux cette expérience, le résultat est une recherche bilatérale où tous les deux cherchent, passant par des tentatives et des erreurs, le miraculeux point de rencontre entre ses propres exigences profondes et celles de l'autre. Entre ses propres rêves et ceux de l'être aimé. Jusqu'à arriver à avoir des désirs et des rêves communs.

Pour les femmes, le *conflit entre spontanéité et séduction* est encore plus fort. Elles apprennent très tôt l'importance de la séduction. Petites filles, elles s'aperçoivent qu'avec un regard, un sourire, ou avec un petit air attendrissant, elles peuvent obtenir davantage qu'avec mille caprices. Puis elles voient que les hommes les plus intelligents et les plus forts sont désarmés devant les cajoleries, les provocations et les caprices de femmes médiocres et sans scrupules. Elles comprennent que les hommes sont facilement séduits sur le plan purement sexuel. Qu'ils restent fascinés à la seule vue de seins féminins.

En résumé, elles se rendent compte que, pour conquérir un homme, l'apparence, le charme, la capacité de se faire admirer et désirer sont essentiels. Mais quand elles sont amoureuses, elles voudraient être elles-mêmes, sincères et simples. Même la fille vraiment amoureuse a recours d'une manière malhabile aux arts de la séduction. Ce qui lui réussit bien est de se faire belle, charmante et douce. Mais son cœur se met à battre, il lui vient une envie de pleurer et elle voudrait s'enfuir. Elle reste stupéfaite lorsqu'elle s'aperçoit que l'homme qu'elle aime regarde, plein de désir, une de ses amies qui lui montre ses jambes d'une façon provocante. Ou bien qu'il se retourne pour observer une prostituée à peine vêtue. Elle se reprend alors et fait tout ce qu'elle peut pour se transformer en vamp. Elle se jette dans la brèche, mais, en même temps, elle voudrait ne pas le faire, car, si elle pouvait suivre son impulsion, elle voudrait attendre avec confiance qu'il ouvre les yeux et l'aime, elle et seulement elle.

Au fond de l'âme féminine il y a la crainte déchirante que l'amour véritable, sincère et simple, ne paie pas, parce que l'homme est uniquement sensible à l'artifice et aux manipulations féminines. Ce dilemme féminin s'exprime dans la littérature et dans la mythologie par deux personnages archétypiques : *la belle endormie* et *la sorcière*. La première, belle et pure, attend l'homme de ses rêves. L'autre, très experte et sans scrupules, conquiert le cœur de l'homme grâce à ses enchantements. La femme amoureuse s'identifie à la première. Elle voudrait attendre, les yeux fermés, immobile, le baiser de l'être aimé qui arrive sur un cheval blanc et partir avec lui. Ce désir d'être recherchée sans recourir aux manipulations la conduit souvent à assister, avec terreur, à l'approche de la dangereuse rivale. Sans pouvoir rien faire, sans même pouvoir mettre celui qu'elle aime en garde. Elle sait qu'il est inutile de lui dire : « Prends garde à celle-ci, à ses intrigues. » L'homme ne la croirait pas. Et elle jouerait le rôle de la femme jalouse. Ou, pis encore, celui d'une femme envieuse de la beauté d'une autre. Au cours de sa vie, la femme se trouvera chaque fois devant ce dilemme : quelle voie suivre ? Celle, ingénue, des sentiments sincères, ou celle de la manipulation ?

Une bonne partie des *romans roses* traite de ce problème. L'héroïne qui aime d'un cœur pur trouve la voie barrée par une rivale sans scrupules qui n'est pas vraiment amoureuse, mais qui n'hésite pas à faire usage des arts de la séduction. Et tout donne à penser que l'homme se laisse prendre, tromper et séduire. L'histoire se déroule au milieu des méprises et des incompréhensions et, plus d'une fois, elle est tentée de renoncer parce que l'homme cède et ne comprend pas. Mais elle résiste et, à la fin, l'amour véritable, le sentiment généreux et sincère triomphe[2].

L'art de la séduction s'exerce d'autant mieux qu'on agit avec intelligence et qu'on contrôle ses propres passions. Car nous savons ainsi surmonter les refus, choisir le moment juste et utiliser sans trop de scrupules les gestes et les mots appropriés. Une vieille légende, reprise dans le film *Adorable voisine*, avec James Stewart et Kim Novak, dit que la sorcière ne peut pas tomber amoureuse. Si elle le fait, elle perd ses pouvoirs.

C'est vrai, les grands séducteurs dominent leurs sentiments. Un des livres les plus fascinants sur l'importance de la froideur émotive dans la séduction est bien *Les Liaisons dangereuses*[3]. Les protagonistes sont deux « libertins », une femme, la marquise de Merteuil, et le vicomte de Valmont. Ils consacrent leur temps à manipuler les sentiments des autres afin de les faire tomber amoureux et, de cette façon, les rendre esclaves ou les conduire à leur perte. Ils savent utiliser les jeux psychologiques les plus raffinés pour susciter l'amour : la flatterie, l'adulation ; ils font appel à la compassion et à la tendresse, feignent d'éprouver un amour illimité et un dévouement total, mettent en scène de faux départs, de faux suicides, simulent des renoncements pleins de noblesse et des sentiments religieux. Puis, une fois leur but atteint, ils utilisent leur pouvoir pour de honteux desseins, par exemple pour se venger de quelqu'un. Ou, simplement, pour gagner un pari, pour rire avec les autres aux dépens du naïf qui s'est fait prendre au piège.

Pour réussir, le séducteur ne peut pas avoir des sentiments sincères, il doit toujours feindre. Dans une lettre à Valmont, la marquise de Merteuil écrit : « Mon premier soin fut d'acquérir le renom d'invincible. Pour y parvenir, les hommes qui ne me plaisaient point furent toujours les seuls dont j'eus l'air d'accepter les hommages. Je les employais utilement à me procurer les honneurs de la résistance ; tandis que je me livrais sans crainte à l'Amant préféré. Mais celui-là, ma feinte timidité ne lui a jamais permis de me suivre dans le monde ; et les regards du cercle ont été, ainsi, toujours fixés sur l'Amant malheureux[4]. » Pour que les amants heureux ne fussent pas dangereux, elle réussissait toujours à surprendre quelques-uns de leurs secrets, pour pouvoir les menacer et les soumettre à un chantage : « Ressentais-je quelque chagrin, je m'étudiais à prendre l'air de la sérénité, même celui de la joie ; j'ai porté le zèle jusqu'à me causer des douleurs volontaires, pour chercher pendant ce temps l'expression du plaisir. Je me suis travaillée avec le même soin et plus de peine, pour réprimer les symptômes d'une joie inattendue. C'est ainsi que j'ai su prendre sur ma physionomie cette puissance dont je vous ai vu quelquefois si étonné[5]. »

Nous pouvons alors nous demander, si la froideur est tellement importante, pourquoi l'énamourement sincère est si souvent payé de retour ? Nous trouvons la réponse en étudiant le mécanisme séducteur utilisé par le libertin. Le séducteur *feint d'être amoureux* et il feint d'avoir toutes les vertus que la société de ce temps considère comme les plus nobles. L'état naissant de l'énamourement a en effet un extraordinaire pouvoir de contagion. La phrase de Dante, « Amour qui ne permet pas de ne pas aimer à qui est aimé », est vraie. L'énamourement a une puissance de séduction intrinsèque qui fascine son objet.

Le séducteur feint donc d'être amoureux, mais il a soin de ne faire aucun geste qui *alerte* l'autre personne, qui la mette sur la défensive. L'énamourement est en effet un abandon dangereux, et chacun de nous s'en défend. Le séducteur contourne ingénieusement toutes les défenses. Il répète qu'il ne demande rien, qu'il ne désire rien, qu'il est prêt à disparaître à chaque instant. Rappelez-vous comment se comporte la séductrice au début du film *Attraction fatale*.

Le véritable amoureux, au contraire, est d'ordinaire émotif, exigeant, trop pressant et, en même temps, hésitant et timide. Il se fait insistant, il implore, puis il balbutie, tremble, pleure. L'énamourement n'est jamais une plaisanterie ou un jeu. S'il y a une chose que les amoureux ignorent, c'est bien l'humour. L'amoureux fait tout sérieusement. Il met sa vie en jeu, et il vous demande de mettre en jeu la vôtre. Celui qui n'est pas prêt à le faire, qui ne se sent pas suffisamment attiré, recule et se défend. Parfois il prend la fuite afin de ne pas alimenter des espoirs injustifiés. Chose qui n'arrive pas avec le séducteur, parce qu'il sait s'arrêter à temps, qu'il sait attendre ou rassurer. Il ne provoque jamais des anxiétés et des craintes. Pour cette raison, justement, celui qui hésite et éprouve le besoin de résister finit par tomber plus facilement amoureux du séducteur que de celui qui l'aime vraiment.

Quand nous rencontrons quelqu'un qui nous aime et que nous n'avons pas envie de partager ses sentiments, nous préférons souvent être avec une personne qui ne nous engage à rien. Quelqu'un qui nous amuse et avec qui peut se nouer une amitié, ou même avec qui nous pouvons avoir une aventure érotique. Après tout, pensons-nous, si l'autre est vraiment amoureux il m'attendra, il surmontera l'épreuve. En effet, le véritable amour est opiniâtre, il ne renonce pas facilement. Mais dans les phases initiales, quand il n'est qu'une exploration, ou pas beaucoup plus, l'amour est aussi fragile. Surtout chez certaines personnes jalouses et peu sûres d'elles-mêmes.

L'amour véritable doit toujours se défendre contre la fausse séduction. Dans la question qui revient périodiquement : « M'aimes-tu ? » il y a aussi cette interrogation : « Es-tu sérieux ou t'amuses-tu, es-tu sincère ou trompes-tu mes espoirs ? » Et ce n'est pas facile de trouver la réponse. Pour cette raison, dans l'amour, nous nous défendons, mettons à l'épreuve, attendons, essayons de déchiffrer le comportement de l'autre[6]. L'amour n'est pas seulement un don ; il est aussi de l'intelligence, une action visant à conquérir la personne aimée, à surmonter les difficultés, à repousser les attaques, à battre les rivaux qui veulent s'emparer de ceux que nous aimons. C'est encore la découverte des vraies intentions de l'autre. C'est déchiffrer, creuser profondément dans le monde du mensonge possible. Enfin, l'amour est action sur soi-même, métamorphose, perfectionnement et franchissement des épreuves. Tous les romans, tous les films d'amour sont le récit de cette aventure intérieure et extérieure, de cette recherche, de cette lutte avec nous-mêmes et avec le monde.

L'énamourement tardif

Il y a aussi un énamourement qui apparaît seulement après une longue fréquentation, une connaissance approfondie, une partie de notre vie passée ensemble. Le plus souvent, l'un des deux est déjà amoureux quand l'autre est encore hésitant et incertain. Il est beaucoup plus rare que les deux tombent amoureux en même temps après avoir vécu un certain temps ensemble.

Dans ce genre d'énamourement, il y a donc une personne amoureuse qui cherche à éveiller l'amour de quelqu'un qui résiste, qui ne répond pas. À un certain moment, elle y réussit. Le cas le plus simple est celui où l'autre aussi, en réalité, était prêt à tomber amoureux mais se défendait contre l'amour. Comme le faisait *L'homme prudent*, qui voulait être absolument certain, et qui avait peur de se laisser aller, parce que la femme dont il était en train de devenir amoureux était une beauté admirée et courtisée. Mais elle était profondément amoureuse, elle avait compris ses problèmes et elle a su attendre, souriante et rassurante, que ses craintes se dissipent.

Nous nous trouvons devant un cas plus complexe quand la personne amoureuse se propose de conquérir quelqu'un qui n'est pas prêt, qui n'est pas disposé à tomber amoureux. Nous en avons un exemple dans *La fille qui cherche un mari*. Après avoir eu une toquade pour le chanteur Al Bano, elle est attirée par une petite vedette locale qui ne la regarde même pas. Alors, elle étudie ses déplacements, fait connaissance de ses amis et s'arrange pour le rencontrer tous les soirs. Dans la rue, dans les magasins, dans les dancings. Elle se prépare chaque fois avec un grand soin, elle va chez le coiffeur, se maquille parfaitement, met ses vêtements les plus élégants et provocants. En dansant avec lui, elle utilise tous les trucs de la flatterie et de l'adulation dont elle est capable et elle le séduit sexuellement. Entrée chez lui et dans son lit, elle lui sert d'esclave, de geisha, satisfait tous ses caprices, toutes ses bizarreries. Elle lui apporte continuellement des cadeaux. Elle lui sert de femme de chambre, arrange ses vêtements, va faire les commissions et lui prépare à manger. Et elle n'oublie pas de lui apporter chaque jour des fleurs. Lui la traite mal, mais elle sourit. Elle ne regarde plus un autre homme et elle lui raconte qu'elle a eu dans le passé une foule de soupirants, mais qu'elle n'a jamais aimé personne.

Peu à peu elle s'installe dans sa vie. Tout en lui répétant qu'elle ne veut pas le déranger, qu'elle n'attend rien, et qu'elle est prête à s'en aller s'il le lui demande. Elle joue le rôle d'une maîtresse, d'une femme de chambre et d'une secrétaire. Elle va jusqu'à prendre note de ses rendez-vous galants sans jamais montrer la moindre jalousie.

Mais, pour éveiller l'énamourement, nous devons parler non seulement au présent, mais aussi au passé et au futur du sujet. Le garçon dont nous parlons vient d'une famille de la campagne, solide, traditionaliste, à laquelle il est très attaché. Une famille où une bonne épouse fait tous les travaux domestiques, obéit à son mari, toujours prête et toujours serviable. Avec son comportement humble et respectueux, *La fille qui cherche un mari* met exactement en scène ce modèle d'épouse idéale. Elle s'informe aussi de sa famille, en particulier de sa mère. Il lui montre des photographies, elle entre en extase. Elle dit qu'elle est sûre que sa mère est une femme extraordinaire, qu'elle aimerait faire sa connaissance, mais qu'elle n'ose pas le demander. Si bien qu'à la fin, lui l'emmène dans sa famille où elle se livre à des prodiges de flatterie et fait montre de ses qualités ménagères de belle-fille potentielle, soumise et fidèle. La mère, conquise, commence à dire du bien d'elle à son fils. Celui-ci, pour la première fois, la regarde avec d'autres yeux et examine sérieusement la possibilité de l'épouser. Il n'y avait jamais pensé avant : pour lui, elle était une maîtresse commode. Maintenant il « voit » soudainement les extraordinaires qualités domestiques de la fille. C'est sa mère elle-même qui les lui montre, comment en douter ? Et c'est ainsi qu'il devient amoureux.

Un autre exemple de ce genre d'énamourement est celui du mari de *La diplômée en droit*. Lui était un grand avocat du nord de l'Italie. Un civiliste froid et calculateur. Elle, une jeune femme du Sud. Arrivée à Milan, aussitôt après avoir passé sa licence, elle rencontre le grand avocat et reste fasciné par lui. C'est son idéal, son maître, son idole. Un amour pour l'idole qui aurait pu devenir un véritable énamourement réciproque, s'il avait été disponible. Mais cet homme est d'une nature renfermée et réservée. De surcroît, il a derrière lui une récente déception amoureuse. Il cherche une compagnie, une consolation. La jeune fille commence alors une opération de séduction systématique, incessante, sans répit. Il lui parle de l'autre femme sur un ton pleurnicheur, elle écoute patiemment. Il change d'humeur, elle ne réagit pas. Il la néglige, ne sort pas avec elle dans des lieux publics, il ne la présente pas à ses amis et, quand il le fait, ne lui adresse pas la parole. Il fait l'amour rapidement et, ensuite, reste des semaines sans se montrer. Elle reste toujours imperturbable. Elle se présente à lui toujours élégante, toujours séduisante, prête à satisfaire tous ses caprices et tous ses désirs. Il lui dit qu'il ne se mariera jamais et elle répond en souriant que cette existence lui convient très bien. Elle l'aide dans son travail et s'acquitte de tâches délicates. Elle gagne peu à peu la confiance de cet homme difficile, renfermé et lié à ses habitudes.

Deux années passent ainsi. Ils vivent maintenant comme mari et femme, mais il continue à ne pas parler de mariage. Jusqu'au jour où elle s'aperçoit qu'elle attend un enfant. Une métamorphose s'opère alors en lui. Il la regarde d'un œil nouveau. Non seulement il lui demande de l'épouser, mais il veut le faire sans aucun délai. Parce que c'est l'enfant qui l'intéresse. Une maîtresse dévouée, une assistante fidèle ne suffisait pas à son projet, la sacralité de la mère était aussi nécessaire. Et elle lui donne deux autres enfants. Il devient alors amoureux. Son projet amoureux, son modèle de communauté amoureuse n'était pas la femme, c'était la famille. Ainsi devient-il seulement amoureux de sa femme quand elle est devenue une mère entourée d'enfants et qu'elle est devenue le noyau de sa famille. À présent il est heureux et sûr de lui. Il se consacre corps et âme à son travail. Il ne prend jamais de vacances. Il gagne beaucoup d'argent qu'il remet à sa femme afin qu'elle l'investisse « pour la famille ». Il est heureux.

La reconquête

Les curieuses propriétés de l'état naissant nous permettent d'expliquer un autre phénomène apparemment paradoxal : il est possible de reconquérir quelqu'un qui est en train de devenir amoureux d'une troisième personne. Tout est simple quand les deux autres se trouvent encore dans la phase d'*exploration*. La raison en est que le processus est réversible. Lorsque des gens disent qu'ils tombent continuellement amoureux, ou qu'ils aiment simultanément deux ou trois personnes, c'est parce qu'ils font des explorations. Quand une de ces explorations tourne mal, rencontre quelque obstacle ou quelque déception, le sujet en commence une autre. Il arrive qu'il en fasse avancer beaucoup en même temps.

Une quantité innombrable de comédies, de romans et de films décrivent ces tentatives de séduction — une situation où tous les rapports sont instables et réversibles. Les gens se choisissent, s'abandonnent, essaient avec quelqu'un d'autre, puis reviennent au premier. Le phénomène reste le même si le sujet est marié. Il suffit d'une incompréhension ou d'une déception avec l'amant, et le mari ou la femme trahis peuvent reprendre leur place dans le cœur de l'être aimé. Mais tout cela n'est pas encore un énamourement. Le véritable énamourement a lieu quand on dépasse le *point d'irréversibilité*. Alors les jeux sont faits et il ne peut pas être question de changer d'idée.

Dans un livre amusant, Maria Venturi enseigne à une épouse la stratégie qu'elle doit adopter pour reconquérir son mari qui est en train de devenir amoureux d'une autre. Les suggestions qu'elle propose sont similaires à celles qu'avait déjà découvertes la marquise de Merteuil dans *Les Liaisons dangereuses* : contrôler ses propres émotions, savoir simuler, savoir mettre en scène l'indifférence ou la passion, selon le besoin. Le premier élément de la stratégie est d'ignorer ostensiblement la nouvelle relation et de changer son propre comportement. D'un côté redevenir fraîche, jeune, naïve et amoureuse, et, de l'autre, nouvelle, déconcertante et imprévisible. Le second élément est de jouer sur le sentiment de faute torturant, sur le dilemme éthique qui déchire l'homme. Maria Venturi dit : « La femme doit apparaître à son mari noble, détachée, résignée, bonne et généreuse. Trahir une épouse castratrice, oppressive, plaintive et inamicale lui semble être une autodéfense presque morale. Mais s'apercevoir qu'il fait souffrir une compagne pleine de dignité, compréhensive et dotée de ressources surprenantes, le livre à un sentiment de culpabilité[7]. » À ce moment, sa maîtresse commence à le presser de prendre une décision et de quitter sa femme. Le résultat de cette insistance est que, peu à peu, les rôles s'intervertissent. La maîtresse devient oppressive, répétitive, elle ne représente plus le nouveau, l'alternative, la liberté. À présent, c'est sa femme qui lui donne un sentiment de légèreté, qui lui ouvre la perspective d'une vie plus facile. Si l'état naissant vient seulement de commencer, si le processus est dans la phase de l'*exploration*, cette stratégie, d'ordinaire, a du succès.

Ce que Maria Venturi ne dit pas, ni, le plus souvent, les autres auteurs, c'est ce qui se passe ensuite. La femme légitime a réussi dans sa tentative de séduction. Elle a gagné. Mais elle se trouve maintenant dans la situation psychologique d'un athlète qui s'est entraîné longtemps, s'est concentré sur le but à atteindre et a gagné un trophée. Il veut à présent se relaxer et désire un repos réparateur. Il a accompli un effort titanesque et demande une récompense. La femme, elle, pense qu'elle a droit à des excuses pour les blessures laissées par la trahison et l'humiliation. Elle est lasse de la mise en scène qu'elle a dû exécuter pour s'inventer une nouvelle identité. Elle veut redevenir elle-même et cesser de mentir.

Mais elle ne le peut pas, car son mari attend qu'elle

continue d'être telle qu'elle lui est apparue quand elle l'a reconquis. Il attend plus de joie, plus de liberté, plus de nouveauté. En outre, il ne veut pas subir de jugements ni de récriminations. Il veut cette femme nouvelle telle qu'elle s'est révélée à lui. La nouvelle identité et les qualités qu'il a découvertes, il les croit authentiques, et à un point tel qu'il se reproche sa cécité et son manque de sensibilité pour ne pas les avoir vues avant.

L'épouse a gagné, mais, si elle veut garder l'amour de son mari, elle est obligée d'assumer la nouvelle identité qu'elle s'était forgée pour le reconquérir. Elle ne peut pas agir comme un acteur qui, ayant fini de jouer son rôle sur la scène, redevient celui qu'il est dans la vie. Elle doit continuer à jouer son rôle à chaque instant, en faire sa seconde nature, et même sa vraie nature. La précédente doit succomber. Est-elle capable de conserver une identité construite pour un but précis ? Peut-elle faire longtemps un tel effort pour un trophée qu'elle a déjà gagné ? Pour justifier un tel effort, l'homme qu'elle aime doit être vraiment extraordinaire, une sorte de divinité à laquelle elle offre en sacrifice son ancienne identité.

Le plus souvent, la femme renonce à faire cet effort. Elle cesse de feindre, elle adresse de durs reproches à son mari, exige des excuses et quelque chose comme de l'expiation. Aussi leurs relations recommencent-elles bientôt à être empoisonnées.

Et si le mari était *vraiment amoureux* de l'autre femme ? S'il avait dépassé le point d'irréversibilité ? Pour le reprendre à l'autre, elle doit jouer sur son sentiment de culpabilité et faire naître en lui le dilemme. Jusqu'à ce qu'il *renonce* à son amour. Mais, dans ce cas, il revient chez eux dans un état de *pétrification*, vidé, annihilé. Et la femme, qui s'est tellement battue pour le ravoir, trouve à son côté un homme absent, au regard éteint et sans énergie. C'est chose facile que de se montrer cruelle avec cet homme et de se venger des humiliations qu'elle a subies. Et puisqu'il ne réagit pas, il est facile de redevenir celle qu'elle était avant.

D'abord, elle se sent soulagée, mais elle s'aperçoit peu à peu que son existence est vide. Il est impossible de faire renaître l'amour. Et elle pressent qu'une autre perspective la guette : dès qu'il se sera remis de la douleur de la perte, dès qu'il aura récupéré son énergie vitale, il l'utilisera pour s'évader une autre fois. Pour la trahir, ou pour tomber de nouveau amoureux.

Nous avons décrit le processus au féminin. Il en est de même si c'est la femme qui devient amoureuse et si c'est le mari qui cherche à la reconquérir. L'unique différence concerne la nature du sentiment de culpabilité. Une femme, le plus souvent, n'éprouve pas de sentiment de culpabilité lorsqu'elle quitte un homme qu'elle n'aime plus. Si elle est déchirée par le dilemme c'est seulement à cause de son amour pour leurs enfants.

CHAPITRE DOUZE
LA CONSTRUCTION DU COUPLE

Fusion et individuation

Les deux amoureux sont attirés l'un vers l'autre par une force qui tend à les fondre pour créer une entité nouvelle, le couple. Chacun, cependant, reste un individu avec son histoire personnelle particulière, avec ses parents, ses frères et sœurs, ses objets d'amour, ses croyances, ses rêves et ses aspirations. Même dans le plus grand des amours il y a toujours un choc dialectique entre la force qui tend à la fusion et celle qui tend à l'individuation. La première veut l'accomplissement du groupe, l'autre l'accomplissement de l'individu. C'est pour cette raison que ceux qui s'aiment d'amour apparaissent extrêmement altruistes et extrêmement égoïstes. Chacun veut son propre bonheur et l'arracher à l'autre. Mais pour se réaliser lui-même, il doit vouloir l'autre, il doit l'accepter, l'aimer et se modeler sur lui.

La joie extraordinaire qu'éprouvent les amoureux leur permet d'exercer de très fortes pressions réciproques. Dans un jeu de tractions et de poussées, de pas en avant et en arrière, de découvertes continuelles d'eux-mêmes, ils parviennent à composer une vision commune du monde et un projet de vie commun. Vers le milieu des années soixante, Berger et Kellner[1] avaient déjà affirmé que, lorsque deux personnes se marient, elles s'engagent dans une tâche de restructuration de leurs propres relations sociales. Ce que les deux auteurs n'ont pas compris — car les concepts d'état naissant et de mouvement leur faisaient défaut —, c'est que le moteur de ce processus n'est pas le mariage, l'institution, mais bien le processus créatif de l'énamourement. Les deux auteurs appliquent au couple naissant le schéma de la *société* qui se construit sur la réalisation d'un but. Deux associés en affaires qui décident de lancer une nouvelle entreprise économique doivent aussi restructurer leurs relations sociales. Deux personnes qui vont cohabiter dans un seul appartement se trouvent dans la même obligation.

Ce qui caractérise l'énamourement n'est pas une simple restructuration, un réajustement des rapports sociaux. L'être aimé n'est pas un associé en affaires ni un camarade de collège. C'est l'objet unique, le centre absolu de référence, la porte qui donne accès à une nouvelle région de l'être, la seule où il vaille la peine de vivre. Il est en même temps le chef charismatique et le disciple, le prophète et le compagnon de voyage vers la Terre promise. L'énamourement est un recommencement *ab ovo*, c'est repartir de zéro, et tout, la vie, la famille, les croyances, est remodelé afin de créer une nouvelle conception de l'existence. La création du couple est une re-fondation, une re-naissance. Un nouvel individu et une nouvelle collectivité naissent ensemble. Le nouveau « nous » et les nouveaux « moi-même » et « toi-même » ne se construisent pas au moyen d'adaptations rationnelles, mais se développent par intuition et par révélation.

Le couple naissant est un ouragan d'énergie vibrante, d'émotions, d'espoirs, de doutes, de rêves, d'enthousiasmes et de peurs. C'est à partir de ce creuset incandescent, où se heurtent les forces qui tendent à la fusion et celles qui tendent à l'individuation, qu'émerge la nouvelle collectivité qui se structure et se stabilise. Mais comment se forment les supports stables de la relation de couple ? Comment passe-t-on de l'état fluide, exaltant et plein d'incertitudes, à la relation amoureuse confiante et sûre ? De l'énamourement à l'amour ?

Les épreuves

De l'énamourement, on passe à l'amour à travers une série d'épreuves. Des épreuves que nous nous imposons à nous-mêmes, des épreuves que nous imposons à l'autre, des épreuves qui nous sont imposées par le *système extérieur*. Certaines de ces épreuves sont cruciales. Si elles sont passées avec succès, l'énamourement entre dans le régime des certitudes quotidiennes que nous appelons *amour*. Dans le cas contraire, quelque chose d'autre prend sa place : le renoncement, la pétrification ou le désénamourement.

Si l'énamourement devient *amour*, les épreuves nous paraissent légères, presque un jeu. Quand les épreuves sont surmontées, nous projetons dans notre souvenir la continuité de l'amour que nous vivons. Quand elles ne le sont pas, nous projetons dans le passé les souffrances du désamour actuel.

Épreuves de vérité. Parmi ces épreuves, nous trouvons, avant tout, celles que nous nous imposons à nous-mêmes : les *épreuves de vérité*. Quand nous tombons amoureux, nous essayons toujours de résister à l'amour, nous ne voulons pas nous mettre complètement entre les mains de l'autre. Nous avons peur de ne pas être aimés en retour. Puisque l'amour de l'autre nous apparaît comme une « grâce » imméritée, nous craignons qu'elle ne nous soit pas donnée au moment même où nous la désirons ardemment, quand nous ne pouvons plus nous en passer. Nous pouvons, en outre, être déchirés par des sentiments de culpabilité envers nos parents, ou envers notre mari, notre femme, nos enfants. Ou nous avons peur que la personne aimée soit différente de celle qu'elle paraît être.

L'énamourement, au début, n'est pas un état constant, mais une succession de lueurs soudaines et de visions. L'objet aimé nous apparaît, nous fascine, puis semble s'évanouir. Nous nous disons parfois : « Ce n'était peut-être qu'un engouement. » Dans la phase naissante de l'amour nous sommes incertains, nous recherchons l'être aimé, mais nous désirons aussi nous en passer. Dans les moments de bonheur, la peur de nous perdre suscite en nous des pensées extravagantes. Nous nous disons : « J'ai atteint le maximum que je pourrai jamais obtenir, à présent je peux redevenir celui que j'étais, emportant seulement le souvenir avec moi. J'ai obtenu tout ce que je désirais, cela me suffit. » Ou bien il arrive que nous nous réveillions le matin avec l'impression de ne plus être amoureux. « Tout est fini, pensons-nous, ce n'était qu'une illusion. » Puis, l'être aimé nous revient soudain à l'esprit et nous nous apercevons que nous l'aimons éperdument. Affolés par la peur qu'il ne veuille plus rien savoir de nous, nous courons lui téléphoner, le cœur battant.

Pour savoir si nous sommes vraiment amoureux, il n'existe qu'un seul moyen : s'éloigner, essayer de nous passer de l'être aimé, et voir ce qui arrive. Si nous ne pouvons pas nous en passer, si nous sommes pris par un vrai *désespoir*, alors cela signifie que nous aimons vraiment. Nous avons remporté avec succès l'*épreuve de vérité*. Pour signifier quelque chose, le détachement doit être réel, comme doit l'être la poussée intérieure qui nous force à revenir. Mais l'être aimé peut interpréter notre détachement comme un manque d'intérêt. Il peut se consoler avec un autre, ou éprouver des sentiments de rancœur et de vengeance.

Contrairement à ce que beaucoup de gens imaginent, l'énamourement n'apparaît pas d'une manière radieuse et triomphante. Il s'affirme seulement en franchissant des obstacles, en les contournant, en parcourant des sentiers difficiles. Dans les phases initiales de l'énamourement, les deux amoureux, avant de s'abandonner, peuvent faire aussi des pas en arrière. Par exemple, retourner avec un amant précédent, ou tenter une nouvelle aventure. Si le temps de l'épreuve est bref, si l'autre a la force d'attendre, le processus se poursuit. Le véritable amour se fraie progressivement son chemin au milieu des incertitudes, de la jalousie, surmontant les situations triangulaires.

Quand l'amour est difficile et hérissé d'obstacles, l'individu se bat pour avoir ce qu'il aime, et les formes d'engouement superficielles, d'amour inauthentiques sont alors balayées. Les obstacles sélectionnent les formes d'amour les plus fortes. Un amour hérissé d'obstacles est un amour qui a passé les épreuves avec succès. Et l'épreuve que nous mettons volontairement sur le chemin de notre amour est un obstacle qui sert à démêler le vrai du faux.

Les épreuves de vérité sont toujours dangereuses. Si elles m'éloignent pour me mettre à l'épreuve, et que l'autre fasse de même, il en résulte un cortège d'incompréhensions. Pour ne pas courir ce risque, il faut qu'un des deux au moins soit sûr de son propre amour, et sache trouver des comportements et des mots permettant à l'autre de comprendre si son sentiment est vrai. *L'homme prudent* sortait d'un mariage désastreux et il craignait de commettre une autre erreur. Aussi, avant de s'abandonner à un nouvel amour, met-il à rude épreuve la force d'âme de la jeune femme qui l'aime. Il disparaît pendant de longues périodes de temps. La femme, qui est sincèrement éprise, adopte la stratégie de la patience. À chacun de ses retours, il la trouve toujours belle et souriante, comme s'il était parti la veille. Elle a compris qu'il est à bout de nerfs et elle le rassure, l'aide à résoudre ses problèmes professionnels et domestiques et se soucie de sa santé. Peu à peu, son foyer devient le port serein où il peut apaiser ses angoisses. Un jour, *L'homme prudent* tombe gravement malade, il est en danger ; elle lui demande alors de s'arrêter. Il accepte et cesse de fuir.

Épreuves de réciprocité. Nous sommes maintenant arrivés à la seconde catégorie d'épreuves — les *épreuves de réciprocité*. Si nous aimons, nous désirons être aimés en retour. Aussi continuons-nous à nous interroger, à effeuiller la marguerite : « elle m'aime, elle ne m'aime pas ». Ce que fait l'autre, ses gestes, les nuances de son comportement sont l'objet d'une analyse continuelle. Celui qui est amoureux étudie, analyse, interprète. « Si elle agit ainsi, cela veut dire que... si elle n'agit pas ainsi, cela veut dire que... » À partir des choses les plus simples, comme, par exemple, s'il arrive en avance ou en retard, s'il regarde ou ne regarde pas une autre personne. La signification n'est jamais limpide. Il peut arriver en retard et hors d'haleine, mais qu'est-ce que cela signifie ? Qu'il m'avait oubliée, ou qu'il a couru comme un dératé, alors son retard est-il une preuve d'amour ? Harcelé par la crainte, l'amoureux devient un détective privé. Même quand l'épreuve lui semble négative, il suffit d'une explication, d'un regard ou d'une caresse de l'être aimé pour lui faire oublier son angoisse et pour le rassurer.

Il y a aussi des épreuves de réciprocité difficiles à franchir. *L'homme prudent* s'échappe, plein d'anxiété et du sentiment de culpabilité. Il met à l'épreuve son propre amour, mais surtout, il met à dure épreuve la femme aimée. L'épreuve de réciprocité à laquelle se soumet la jeune femme est difficile. Pour en triompher, elle a besoin de patience, de sérénité, de courage et de fidélité. Comme elle y parvient, leur amour se confirme dans le bonheur. Mais une autre femme aurait pu tout détruire rien qu'en étant absente quand il revenait, ou en sortant en compagnie d'un autre homme.

Et si elle aussi avait eu besoin d'être rassurée ? Et si elle aussi avait voulu une épreuve de réciprocité quand lui menait une épreuve de vérité ? C'est-à-dire si elle lui avait dit : « Si tu m'aimes vraiment, tu ne dois pas partir. Si tu pars, tu ne me verras plus jamais ! » Que serait-il arrivé ? Il est probable qu'il ne serait pas parti, mais il aurait eu l'impression d'un chantage, ou d'une menace dangereuse. Il serait resté, mais avec un doute, une rancœur destinée à s'accroître avec le temps.

Il existe des épreuves de réciprocité particulièrement dangereuses. Ce sont celles qui mettent l'autre à l'épreuve en faisant appel à la jalousie. Dans le cas de *L'homme de Bari*, l'amour prend fin quand la femme lui dit que quelqu'un d'autre lui fait la cour, et qu'elle se refuse sexuellement à lui. Elle dit un mensonge afin de le pousser à choisir, mais lui ne comprend pas l'intention cachée. Il la croit véritablement amoureuse d'un autre. Il décide donc de renoncer à elle et part, bien qu'il soit en proie au désespoir. Dans d'autres cas, au contraire, l'arme de la jalousie fonctionne. Mais il y a toujours le danger qu'il reste des souvenirs angoissants, des blessures et des cicatrices qui auront à l'avenir des effets négatifs sur cette relation.

Les épreuves portant sur le projet. Chacun des deux amoureux désire réaliser le plus possible du futur qu'il a entrevu, et élabore un *projet*. Mais il est possible que les deux projets ne coïncident pas. Chacun des deux désire que le sien soit reconnu. La question : « M'aimes-tu ? » signifie aussi : « Acceptes-tu d'entrer dans mon projet ? » Et l'autre en disant : « M'aimes-tu ? » demande : « Acceptes-tu d'entrer dans le mien ? » Et chaque fois que l'un répond : « Oui, je t'aime », il lui dit en réalité : « Je modifie mon projet, je viens à ta rencontre, j'accepte ce que tu demandes, je renonce à quelque chose que je voulais, je veux avec toi ce que tu veux. » En même temps, il lui demande : « Que changes-tu de toi-même, comment viens-tu à ma rencontre ? »

Le « m'aimes-tu » sous-entend la demande : « Me veux-tu avec tout le poids de mon être concret et de mes rêves, et veux-tu que nous les réalisions ensemble ? » Le projet que chacun fait pour soi implique l'autre : c'est aussi un projet de vie pour l'autre. C'est la proposition de ce qu'on doit vouloir conjointement.

L'épero e en Pieran arpet a la jalousie Dans le cercle
à bonnet de figure, amour prend fin quand il fondue
lui-ou que quelqu'un d'autre lui fait la cour, c'ou elle
se rélac souvrelle bien ou or sua annonce qu'il
de le pousser à d'otation qui ne comprend pas l'ha-
randon ce doux Il la croit véritablement amoureux

La lutte avec l'ange

L'énamourement tend à la fusion de deux individus différents, qui conservent leur propre liberté et leur propre et indubitable spécificité. Nous voulons être aimés en tant qu'êtres uniques, extraordinaires et irremplaçables. En amour nous ne devons pas mettre de limites à notre être, mais les étendre, nous ne devons pas renoncer à notre essence, mais la réaliser, nous ne devons pas rogner nos possibilités, mais les mener à leur accomplissement. L'être que nous aimons nous intéresse aussi parce qu'il est absolument différent et incomparable. Et c'est ce qu'il doit rester, merveilleusement et souverainement libre. Nous sommes fascinés par ce qu'il est, par tout ce qu'il révèle de soi. Nous sommes donc prêts à adopter son point de vue et à nous modifier nous-mêmes.

Pour que l'énamourement soit possible, cette différence est nécessaire. Cependant, en même temps, l'énamourement tend à surmonter la différence, à fondre les deux amants, à en faire une unité collective unique, avec une unique volonté. Chacun d'eux développe une conception de soi et de l'autre, de tous deux et de leur destin. Et chacun exerce une pression sur l'autre pour qu'il se comporte comme il le voudrait, pour qu'il s'adapte à l'idéal qu'il s'est créé. Nous voyons en effet, concentrés dans l'être aimé, tous ceux que nous avons désirés et admirés. Les souvenirs, les désirs érotiques, même fugitifs, que nous avons eus dans le passé. Celui que nous aimons est la synthèse de tous les idéaux, de tous les héros du cinéma, de la littérature, de toutes les femmes et de tous les hommes, de toutes les stars. Et, par éclairs, nous avons l'impression de les reconnaître en lui.

Dans l'énamourement, on voit se vérifier le paradoxe que chacun, tout en voyant celui qu'il aime comme un être parfait, est aussi convaincu que, avec son aide, il deviendra encore plus parfait ; qu'il atteindra une cime encore plus élevée. C'est pourquoi nous exerçons des pressions sur lui et le poussons à changer. Mais il peut se vivre d'une façon différente, nous résister et nous proposer d'autres voies. L'amour est donc aussi une lutte, mais à l'intérieur de l'amour même. C'est *la lutte avec l'ange*[2].

Un exemple de lutte avec l'ange nous est offert par le cas que nous appellerons *La femme qui voulait un enfant*. Cette femme est jeune, remuante, rebelle, curieuse et anticonformiste. Elle est audacieuse, capable de se battre jusqu'au bout pour ce qu'elle veut et pour celui en qui elle croit. Jusqu'à présent elle n'a eu que quelques relations érotiques avec des garçons de son âge, mais aucune expérience amoureuse profonde. Elle n'a pas encore trouvé celui qu'elle cherche, un homme plus mûr, plus intelligent, un homme avec qui on peut affronter le monde et se réaliser. L'homme de sa vie, le chevalier errant avec qui aller à l'aventure. Elle rencontre un jour un personnage important, plus âgé qu'elle et très connu dans son milieu. L'homme, jusqu'alors, a consacré entièrement sa vie au travail. Il n'a pas eu de jeunesse. Il s'est marié sans être amoureux et il a assumé les obligations d'une grande famille méridionale. Lorsqu'il rencontre la jeune femme, ce genre de vie lui est devenu insupportable. Tous deux sont prêts pour un changement. A la première invitation à dîner, c'est un coup de foudre. Ils tombent sans réserve dans les bras de l'autre.

Elle lui dit qu'elle n'a peur de rien, qu'elle est prête à le suivre partout. Elle ne lui demande rien et ne fait pas de projets. Leur rencontre pourrait être l'aventure d'une semaine ou d'une vie. L'homme est ébloui par son énergie et par sa détermination. Il est fasciné par la façon dont elle met sa vie en jeu. Il a rêvé longtemps de se libérer de toutes les obligations qui l'écrasaient et d'envoyer au diable les demandes continuelles que tout le monde faisait pleuvoir sur lui. Mais il ne s'est jamais laissé aller et les paroles de la femme le séduisent et l'enflamment. Il ne se rend pas compte que sa disponibilité est due à sa jeunesse, à l'absence d'obligations et d'engagements. À ses yeux, elle devient le symbole d'une façon de vivre libre et heureuse.

Cependant, dans l'emportement de la passion naissante, la femme éprouve aussitôt un autre désir : avoir un enfant. Et elle lui en parle : « Tu pourras même partir, dit-elle, la chose importante est qu'il me reste un enfant. Moi, je l'élèverai, il sera à moi. Tu n'as pas à te faire de souci. » L'homme, qui a déjà des enfants et qui se sent écrasé par ses propres responsabilités familiales, reste perturbé. Ce qu'il recherche, c'est une maîtresse passionnée, pas une famille. Il recherche une femme jeune avec qui il pourra bouger librement comme il n'a jamais pu le faire, pas une mère auprès d'un berceau. Il sait que, s'il avait un enfant, il serait incapable de ne pas en prendre soin. Il sait ce que signifie avoir une famille. Il sait ce que signifie cette responsabilité. Il aime cette femme, mais son projet de vie est différent de celui qu'elle lui propose. Ne me parle plus de ce sujet, je t'en prie. C'est la lutte avec l'ange, le heurt de deux projets de deux personnes amoureuses.

Dans la période qui suit, l'homme est partagé entre son nouvel amour et ses devoirs familiaux. Il en parle à sa femme et ils s'efforcent de sauver leur union. Ils font une psychothérapie familiale. Il rompt les relations avec la jeune femme, devient insaisissable. Il souffre cruellement, résolu à mettre fin à leur liaison. Mais elle est bien décidée. Elle le poursuit, s'installe non loin de chez lui, cherche un travail et le trouve. Elle le rassure de nouveau : elle ne lui demande rien, elle n'a pas de projets pour l'avenir. Ils recommencent alors à se voir. Mais elle ne prend pas de précautions et elle se trouve enceinte. Son désir d'avoir un enfant l'a emporté malgré tout. C'est de nouveau la lutte avec l'ange.

Sous ses pressions la jeune femme cède encore une fois, elle avorte et lui assure que cela n'arrivera plus, que cela a été un hasard malheureux. En même temps, elle use de tous les instruments de la séduction et de la logique pour le convaincre de quitter sa femme et ses enfants et de vivre avec elle. La lutte se poursuit longtemps, avec une autre psychothérapie. C'est encore une lutte avec l'ange, et c'est elle qui gagne. Il laisse sa femme, qui accepte le divorce. Ils vont vivre ensemble et elle se montre une excellente compagne, dévouée et amoureuse. Elle est enfin heureuse.

Les points de non-retour

Il existe des choses qu'il est impossible de vouloir ensemble. Des choses telles qu'en les trahissant on trahit les valeurs mêmes qui ont été à l'origine de l'énamourement. Ce sont *les points de non-retour*. Si l'être aimé nous oblige à les dépasser et que nous acceptons, c'est comme si nous renoncions à notre essence. Nous avons déjà parlé de quelques cas qui se sont heurtés à un point de non-retour. Rappelons celui de Mahler, le grand compositeur. Le public et les critiques ne comprenaient pas sa musique. Mais lui se battait, avec la certitude qu'elle serait appréciée à l'avenir. Il s'aperçoit un jour que même Alma, la femme qu'il aime, pense comme les autres. Il lui écrit alors une lettre très belle et très pathétique où il lui demande de renoncer à ses critiques : elles lui auraient ôté la force de se battre. Pour lui, c'est un point de non-retour.

Reprenons maintenant le cas de *La femme qui voulait un enfant*. Nous l'avons laissée heureuse, finalement, avec l'homme qu'elle aime. Mais, quelques années plus tard, son désir d'avoir un enfant revient, parce que cela a toujours été son projet de vie, parce que c'est la façon dont elle a conçu son amour dès le début. La maternité devient pour elle une idée obsédante et torturante. Et si elle devenait trop âgée, si elle ne pouvait plus en avoir ? Elle essaie de refouler ce désir car elle sait que son mari n'en veut pas. Comme substitut de l'enfant, elle se met à élever des chiens et des chats, refait continuellement l'ameublement de l'appartement. Elle prépare et reprépare le « nid ». C'est un autre conflit, silencieux et douloureux. La *lutte avec l'ange* continue.

Pour elle, l'enfant est un *point de non-retour*. Mais il l'est aussi pour le mari qui résiste avec acharnement. Jusqu'au jour où elle tombe malade. Alors l'homme, à bout de forces et plein d'un sentiment de culpabilité, n'a plus le courage de s'opposer « irrationnellement » à ce qu'il considère comme un désir féminin légitime. La femme se trouve enceinte, pourtant, en même temps, elle est soucieuse. Elle dissimule sa grossesse et, après la naissance d'une petite fille, elle fera son possible pour ne pas laisser peser sa présence. Elle prend sur elle toutes les fatigues, se comportant héroïquement. Cependant, même si son mari l'apprécie sur le plan moral, s'il l'estime profondément, dans leur rapport amoureux quelque chose a changé. Elle n'est plus la compagne avec qui il a défié le monde, la femme d'une aventure folle. Elle est devenue une mère qui s'occupe de son enfant. Lui aussi adore la petite fille, mais, tandis que son amour paternel grandit, son érotisme commence à décliner. Une nouvelle psychothérapie leur explique à tous deux l'absurdité de la situation : l'analyse révèle à l'homme qu'il projette sur sa femme le rapport asexué qu'il avait avec sa propre mère. Mais cette découverte ne change pas la réalité. La passion érotique ne revient pas. Le feu du grand amour s'est éteint. Il reprend les relations avec sa première femme, avec leurs enfants, qu'il voudrait voir réunis, avec le petit enfant, dans une seule et unique grande famille. S'il doit être un père, il le sera de la même façon pour tous. S'il doit accomplir son devoir, il l'accomplira de la même façon pour tous.

Cet exemple nous montre un grand amour et le conflit entre deux projets de vie qui enfoncent leurs racines dans l'histoire passée des deux sujets, et dans leurs rêves. Deux projets incompatibles. Réaliser le projet de l'autre signifie, pour chacun, aller au-delà d'un point de non-retour. En dépit de leur amour, leur relation est condamnée.

Le pacte et l'institution de réciprocité

Nous rencontrons un *point de non-retour* quand l'autre nous demande de renoncer à quelque chose qui est essentiel pour nous. Une chose rendue essentielle précisément par le nouvel amour et sans laquelle l'amour perd son sens. La Bible nous en offre un merveilleux exemple. Abraham avait désiré par-dessus tout un enfant de Sarah, et Dieu avait miraculeusement exaucé son souhait. Mais Dieu le met un jour à l'épreuve : il lui demande de sacrifier ce fils, ce qu'il aime le plus au monde. C'est le dilemme : le choix entre les deux termes d'une alternative entre lesquels il est impossible de choisir.

Quand ce qui est mis en jeu est un point de non-retour, chacun demande à l'autre une reddition sans conditions, la perte du sens de sa vie, de son amour, de tout. Celui qui subit l'épreuve résiste désespérément ; si celui qui l'impose est décidé à aller jusqu'au bout, leur amour court un risque mortel.

Dans des cas de ce genre, l'amour peut continuer seulement si une autre solution est trouvée. *Parce que celui qui impose l'épreuve la subit à son tour*. Dans l'image biblique, Dieu met Abraham à l'épreuve, mais, en même temps, Abraham met son Dieu à l'épreuve. Qu'arriverait-il en effet à Dieu si Abraham tuait son fils ? Il ne serait plus un Dieu d'amour mais un Dieu cruel et sanguinaire. Exactement comme les dieux du passé qui demandaient des sacrifices humains et qu'Il est venu remplacer. Moïse est mis aussi à l'épreuve par son Dieu quand celui-ci lui demande d'entrer dans les eaux de la mer Rouge. Et Moïse, en obéissant, met Dieu à l'épreuve, parce qu'il ne peut pas dire « entrez dans les eaux » et laisser ensuite les eaux de la mer noyer son peuple. Un Dieu qui agirait ainsi serait un être trompeur, un démon.

Voici la clé de la solution : le point de non-retour est demandé, mais il ne doit pas être exigé. C'est un chèque signé qui ne sera jamais encaissé. Abraham est sur le point de tuer son fils, mais Dieu l'en empêche. Il arrête son geste en faisant apparaître un ange et un bélier. Et l'ange l'invite à sacrifier l'animal à la place de son fils. Abraham est prêt à sacrifier à Dieu ce qu'il a de plus cher, mais l'intention suffit à Dieu. Dieu et Abraham ont surmonté l'épreuve. Ils ont eu tous deux une démonstration d'amour. Ils ont accompli tous deux un renoncement essentiel : ils ont rencontré et reconnu une *limite* infranchissable de l'autre. L'amour réciproque ne devient possible que quand *le point de non-retour de l'autre est pris comme sa propre limite* authentique, et voulu comme tel.

Le *pacte* constitue la reconnaissance de la *limite* de nos prétentions et des droits inaliénables de l'autre. Il confirme, par un engagement solennel, notre unité et, en même temps, établit par un engagement solennel le respect de nos différences. Avec le *pacte*, chacun saura que l'autre ne lui demandera pas ce qu'il ne peut pas demander. Cette certitude, trouvée dans le désespoir, constitue le point fixe de la confiance réciproque : *l'institution de réciprocité*. Je sais que j'aime et que je ne peux pas ne pas aimer, je sais que j'ai une *limite* que je ne peux pas ne pas avoir, et je l'accepte. Mais je l'accepte avec tout l'élan de ma passion et du don de moi-même, sans réserve. Le *pacte* est une étreinte amoureuse, un serment.

L'amour naît autour de l'*institution*, autour du pacte. Le processus décrit ne se produit pas seulement une fois, mais de nombreuses fois, et chaque fois le conflit se termine par un pacte. Les nouvelles certitudes deviennent le point de départ pour une réorganisation de l'existence quotidienne.

C'est grâce à ces propriétés extraordinaires de l'énamourement que le couple, s'il surmonte les épreuves, crée une vision commune du monde et un code de comportement qui en assure la durée. La première correspond à l'idéologie des grands mouvements. La seconde, à leur charte constitutionnelle, à leur statut[3]. L'énergie créatrice et fluide de l'état naissant s'objective dans une structure, se transforme en principes, règles, pactes, normes et engagements solennels. Ces pactes ont le pouvoir de durer pour la simple raison qu'ils naissent dans le climat incandescent de la passion, au moment le plus favorable de l'union et de l'impulsion créatrice.

Le mariage

Le développement de l'amour du couple exige un apport de la volonté. L'amour se consolide si nous le voulons, si nous l'accueillons, si nous l'aidons, si nous nous engageons à le faire durer et à le rendre stable. Quand nous sommes amoureux, nous voulons être avec la personne aimée. Mais même dans l'énamourement le plus profond, il y a toujours en nous une force qui agit dans la direction opposée. Et même quand les épreuves de vérité et de réciprocité nous ont amené à la conclusion que nous l'aimons et qu'elle nous aime, même à ce moment nous pouvons continuer à résister à notre amour.

Il doit donc y avoir un moment du choix, un moment où nous excluons toute possibilité de préférer autre chose. Et il ne suffit pas que ce soit nous qui décidions, il faut encore que l'autre aussi décide. Deux amoureux peuvent avoir des projets différents touchant la durée de leur amour, touchant leur vie. L'un pense à un amour pour toujours, avec le mariage et un foyer, tandis que l'autre n'éprouve pas le désir de s'engager, fûtce seulement en pensée, d'une façon aussi totale. Il est profondément amoureux, mais il voudrait pouvoir choisir jour après jour ce qu'il faut faire. Il en naît une lutte avec l'ange qui, dans l'affirmative, se termine par une décision commune, par un pacte : *le pacte de continuité*. Pour cette raison, le *pacte de continuité* est un moment essentiel de la vie amoureuse. C'est celui où ceux qui s'aiment construisent le projet commun de continuer à s'aimer, écartant toutes les arrière-pensées, toutes les indécisions.

Mais on peut se demander ce que peut être un pacte établi entre deux personnes seulement, dans le silence de leur appartement. Les amants se jurent : « Je t'aime, je t'aimerai toujours, je ne te quitterai jamais. » Cependant, les états d'esprit changent. Il suffit parfois d'une dispute pour que cet amour se transforme en haine. Et il n'existe aucun témoin, aucune loi, aucun tribunal qui puissent imposer le respect de l'engagement pris. Peut-il exister un pacte purement subjectif, dont nous n'ayons à rendre compte à personne, et qui nous fasse sentir pareillement engagés ?

Oui. Sur le plan moral, Kant nous indique la règle morale en ces termes : « Agis sur la base de la maxime que tu voudrais ériger en norme universelle. » Le législateur de la morale est le sujet lui-même, et le tribunal moral n'est pas extérieur, mais intérieur, dans l'esprit et le cœur de l'individu. Le pacte entre les deux amants est donc un *acte moral*. Le couple, même s'il est fondé sur l'amour, sur la passion, ne peut pas continuer s'il ne se traduit pas en *moralité*. Mais la moralité n'est pas seulement un fait subjectif. Le principe « Agis sur la base de la maxime que tu voudrais ériger en norme universelle » implique que nous pensions à tous les autres et que nous nous engagions devant eux. Les amoureux sont fiers de se montrer en public et ils considèrent leur amour comme exemplaire. Ils sont prêts à prendre des engagements en public, jusqu'à ce qu'ils arrivent à celui qui est pris devant l'Etat ou devant la divinité : *le mariage*.

Il y a des couples stables et solides même sans le mariage, sans même le besoin de sanction légale, et qui vont jusqu'à s'opposer à la loi. Dans *Les Affinités électives* de Goethe, le comte et la baronne forment un couple amoureux extrêmement uni. Ils ne se cachent pas, voyagent ensemble, mais ne veulent pas se sentir contraints par les liens extérieurs de la loi matrimoniale. Cependant le mariage est important, même dans une société où il peut être dissous facilement par le divorce. Il indique une intention de continuer, de durer ; de faire des choix, des actes, de cultiver des sentiments qui renforcent l'amour. Et d'éviter ceux qui l'affaiblissent.

Avec le mariage, les deux amants introduisent volontairement un troisième élément, une puissance extérieure, l'État, et lui aliènent certaines de leurs volontés communes. Une partie du couple n'existe plus seulement dans l'esprit et dans le cœur des individus qui le composent, elle existe aussi en dehors d'eux, et aucun d'eux ne peut la modifier individuellement. Le mariage est le prototype et le symbole de toutes les activités qui acquièrent une existence autonome, le symbole des *objectivations* du couple.

CHAPITRE TREIZE

L'INSTITUTION :

OBJECTIVATIONS SPIRITUELLES

ET MATÉRIELLES

L'institution

Instituer signifie choisir, décider, affirmer, stabiliser. L'institution sert à rendre stables les choix qui ont été faits, sans devoir forcer la volonté de l'autre. Les institutions fixent la volonté et l'objectivent. Elles se traduisent en *objectivations spirituelles et matérielles*.

Quelles sont les *objectivations spirituelles* de l'amour ? Nous en connaissons déjà quelques-unes. L'*épreuve de vérité* par laquelle je parviens à la certitude que j'aime vraiment cette personne. L'*épreuve de réciprocité* avec laquelle je me convaincs que mon amour est partagé. Le *pacte de continuité* que les amoureux établissent afin de rendre leur amour durable et de le défendre contre les pièges extérieurs.

Le processus de fusion et d'édification d'une nouvelle identité n'est pas harmonieux, graduel et continu. Comme tout processus vital, il procède par des essais et des erreurs. Il connaît des moments de crise et des moments de stagnation. Et puis il a de brusques accélérations. Les adaptations réciproques les plus importantes sont justement celles qui émergent des crises. Ce sont des actes créateurs, des solutions réfléchies et acceptées par les deux amoureux.

Puis il y a les *objectivations matérielles*. Le couple

est une entité vivante qui agit dans le monde. Il produit, achète des objets et accomplit des actions. Ils travaillent tous deux, chez eux et au-dehors. Ils construisent un foyer, le meublent selon leurs goûts et leurs exigences. Ils ont des enfants, les élèvent, leur font faire des études. Ils participent à l'action politique et collaborent à l'activité d'associations laïques ou religieuses. Ils font des voyages et prennent des vacances. Ils nouent des relations avec les amis, les collègues et les voisins. Ils modifient le milieu matériel et social où ils vivent. En d'autres termes, ils créent leur niche écologique. Même dans cette activité constructive, les deux sujets sont dans un rapport dynamique : ils convergent et divergent, expriment leur identité personnelle et collective. Ils objectivent, en se confrontant, leur volonté et leur action. Ils créent un parcours, laissant une empreinte dans le monde où ils existent ensemble.

Les règles de vie

Les *objectivations spirituelles* les plus simples sont les règles de vie qui s'établissent à l'intérieur du couple. Le plus souvent, quand deux personnes sont très amoureuses, aucune ne tente d'imposer des règles rigides à l'autre. Elles sont disposées toutes deux à changer, à se modifier, à explorer de nouvelles formes de vie. Cependant, la cohabitation quotidienne produit un ensemble de normes élaborées progressivement, à travers des essais et des erreurs. Quelques-unes naissent d'une lente adaptation réciproque, de *l'habitude*, sans qu'il y ait de discussions. Celui qui se réveille le premier porte le café au lit à l'autre, qui n'arrive pas à ouvrir les yeux. Chacun choisit sa place préférée devant la télévision et la garde pendant des années. Si l'un ne boit jamais de vin et que l'autre n'en consomme qu'occasionnellement, la bouteille finit par disparaître de la table, pour ne réapparaître que quand il y a des invités à dîner.

Et puis il y a aussi des règles, des comportements, que l'un *enseigne* et que l'autre *apprend*. Et c'est surtout la femme qui se charge de l'enseignement, de l'éducation de l'homme à la vie à deux. Elle a une idée beaucoup plus claire que lui sur ce que doit être leur vie commune. Elle sait très bien comment il devrait se comporter et comment elle voudrait le faire changer. Ainsi, peu à peu, elle l'amène à faire ce qu'elle veut par des suggestions, des gestes appropriés, usant d'un art diplomatique plein de subtilité. Comme dans le cas d'*Anna et de Mauricio*. Ils se sont connus il y a peu de temps et ils sont tombés amoureux. Il va la retrouver vers le soir et, comme il aime courir et qu'il a peu de temps, il arrive chez elle en survêtement, en sueur et hors d'haleine. À peine arrivé, il la prend dans ses bras, la soulève, commence à la déshabiller dans l'entrée et ils finissent enlacés sur le tapis, sur le lit, sur le divan, n'importe où. Elle aime beaucoup faire l'amour avec lui, mais elle est un peu gênée : elle voudrait lui demander de prendre une douche, de se laver. Mais comment freiner son impétuosité amoureuse et lui dire : « Tu sais, chéri, tu ne sens pas bon, fais-moi le plaisir de te laver et de te parfumer. » Anna n'évoque pas le sujet, mais elle se jure de lui faire changer d'habitude quand ils seront mariés. Elle usera de toute son adresse féminine pour lui montrer comment on doit se comporter, et ce sera une véritable rééducation. Anna n'a aucune envie de lui servir de mère. Elle voudrait être sa maîtresse, sa complice. Elle pense ce que pensent toutes les jeunes femmes. Mais elle doit s'incliner devant la réalité. Elle l'aime, elle ne veut pas renoncer à lui, elle lui servira aussi de mère.

Il arrive que cette subtile diplomatie éducative n'ait pas de succès. Alors le processus ne peut se poursuivre qu'avec une *crise et une décision consciente*. L'homme, habitué à éparpiller ses affaires dans tout l'appartement, parce que c'était sa mère qui les ramassait tendrement pour lui, continue à le faire avec sa femme. Elle s'emploie à l'éduquer avec patience, elle les ramasse pour lui et il les retrouve bien rangées. Elle lui montre où sont les tiroirs, elle lui montre où elle a replacé ses chaussures. Mais il persiste dans sa vieille habitude, il devient même encore plus désordonné. La tension monte jusqu'à ce que la femme réagisse : « Je ne suis pas ta mère, je ne suis pas ta bonne. » À partir de ce moment-là il lui faut accepter, consciemment, de ne plus le faire.

Les rapports érotiques sont encore plus délicats. La femme veut faire l'amour quand elle est reposée, quand elle a du temps devant elle. Et elle a besoin d'être caressée et calinée. Puis elle se donne. Après l'acte sexuel, elle aime rester à parler dans la pénombre, dans les bras de son amant. Tandis que l'homme a un schéma mental différent. Il veut la prendre à l'improviste, lui arracher ses vêtements, répéter l'acte sexuel avec violence, même si elle dit non, qu'elle est fatiguée. Car il est convaincu que ce jeu lui plaît et qu'elle est aussi excitée que lui. Il est convaincu que son refus est un reste de pudeur enfantine. C'est pourquoi il insiste. Elle essaie de lui faire connaître ses désirs par des expressions allusives, de façon symbolique, mais elle n'y réussit pas. On en arrive ainsi à un point où le problème prend la forme d'une crise. Seuls une explication claire et un pacte permettent alors au couple de fixer une limite au processus de confusion suscité par le manque d'harmonie de leurs désirs respectifs, et de trouver quelque chose qui leur plaise à tous deux. C'est seulement le pacte qui permet de continuer le processus de fusion sans que l'un empiète sur la liberté de l'autre[1] !

Il arrive dans les couples ce qu'on observe dans les mouvements politiques ou religieux. Au commencement, il y a toujours une unanimité spontanée autour du chef charismatique. Mais cette unanimité, avec le temps, devient une dictature, un pouvoir oppressif. Alors il est nécessaire de redonner la parole aux gens, de laisser se manifester les divergences et les conflits selon la méthode démocratique. C'est le seul moyen de rétablir le consensus sur les valeurs fondamentales.

Dans la vie du couple, on observe de nombreux moments de ce genre. Parce que personne ne reste toujours le même, parce que de nouveaux désirs et de nouvelles exigences surgissent. La vie en commun pose sans cesse de nouveaux problèmes, aussi le processus de construction des règles de vie n'est-il pas différent de celui d'un État qui modifie ses lois, en introduit de nouvelles, donne une nouvelle interprétation à celles du passé. La stabilité du couple n'est pas statique, elle est dynamique.

Habitude, enseignement, crise et pacte sont les processus qui produisent les règles de la vie en commun de ceux qui s'aiment. Et ces règles, précisément parce qu'elles naissent de l'amour, ne sont pas une perte, un abandon, une annihilation. Mais une conquête, un enrichissement. Le moyen de prolonger le processus de fusion.

Dans le processus que nous avons décrit, les règles émergent de l'expérience amoureuse et de la vie en commun. Il y a cependant des cas où elles sont définies par avance dans le *contrat de mariage*. On y énumère méticuleusement les droits et les devoirs de chacun des conjoints. Par exemple, tout ce qui concerne la propriété et l'usage des biens ; la confession religieuse dans laquelle les enfants doivent être éduqués ; aussi des détails plus intime : si les époux doivent dormir dans le même lit ou dans des lits séparés, s'il est permis de fumer dans le salon, si l'on peut avoir des animaux à la maison, ou quel genre d'amis on peut inviter. Le contrat de mariage présuppose des personnalités qui savent exactement ce qu'elles veulent et qu'elles ne sont pas disposées à céder d'un millimètre à l'autre. Ce genre de contrat était répandu dans les familles aristocratiques, où le mariage servait à consolider une relation politique, ou entre des personnes de religion différente, de façon à régler les conflits possibles. À notre époque, il est établi quand de puissants intérêts économiques sont en jeu ou quand les conjoints ne s'aiment pas et ont peu de confiance l'un dans l'autre.

Le cadeau

La plus simple des *objectivations matérielles individuelles* de l'amour est le cadeau. Tout homme amoureux désire faire des cadeaux à celle qu'il aime, comme
toute femme à l'homme aimé. Dans l'énamourement,
le don est toujours don de soi-même, un symbole de
son propre être qui est remis à l'être aimé. Pour cette
raison il est donné avec émotion, et pour la même raison nous observons comment il est reçu, s'il est bien-
venu. Si l'autre l'apprécie, nous remercie, nous donne
un baiser, alors nous sommes heureux, car cela signifie
que nous sommes aimé et que nous avons mérité cet
amour. Si, au contraire, l'autre lui jette un coup d'œil
distrait et le met de côté, c'est comme si nous étions
nous-mêmes mis de côté. Aussi les gens vraiment
amoureux disent-ils toujours que le cadeau est magnifique, même s'il ne répond pas à leurs goûts. Et ils font
cela sans se forcer : ce don est le symbole de l'aimé,
et notre aimé nous paraît toujours beau. Si nous rece-
vons un cadeau bizarre ou de mauvais goût, nous
essayons de découvrir en lui quelque signification
symbolique.

Les amoureux, au début, font des cadeaux qui ne
correspondent pas aux goûts de l'autre parce qu'ils ne
les connaissent pas. Mais, surtout, parce que chacun
donne ce qui, à ses yeux, devrait rendre l'être aimé
encore plus beau et désirable. Dans son choix, il est
guidé par ses rêves, par ses imaginations érotiques. Un
homme peut ainsi faire cadeau à celle qu'il aime d'une
fourrure excessivement voyante qu'elle ne portera
jamais en public. Elle l'essaiera pour lui seul, et ils
finiront par s'en servir comme d'un tapis sur lequel ils
feront l'amour. Avec ce cadeau, il a voulu réaliser un
rêve de jeunesse : cette fourrure somptueuse est le
symbole des stars de cinéma dont le charme et la

beauté ont troublé ses nuits d'adolescent. Les femmes amoureuses sont également excessives et étranges, et, en particulier, les jeunes. Lorsqu'elles tombent amoureuses d'un homme mûr, elles lui font cadeau de vêtements conçus pour un jeune homme et qui le rendent ridicule. Mais, pour elles, il est très beau.

Le besoin de rendre l'être aimé plus beau selon nos propres canons diminue peu à peu. Nous apprenons à connaître ses goûts et à les respecter. Ainsi, avec le temps, les gens qui s'aiment finissent par avoir les mêmes préférences et par construire une esthétique commune.

Le cadeau appartient au domaine de l'extraordinaire[2]. Il doit se détacher de la vie quotidienne. C'est une interruption, une fête. Il doit donc être présenté dans un emballage spécial, avec des rubans et des nœuds. Il doit signaler ce qui le différencie du monde habituel et mettre en mouvement le rituel de l'attente. « Qu'est-ce que ça peut bien être ? » se demande celui qui le reçoit. Et pendant qu'il défait les nœuds pour sortir l'objet du papier qui l'enveloppe, sa curiosité grandit. Une partie importante du cadeau est justement ce plaisir pris à l'avance. Tandis que celui qui donne se demande : « Est-ce que cela lui plaira ou pas ? » et attend, frémissant d'émotion, l'étonnement joyeux de l'autre. Le rituel du cadeau demande donc toujours que l'on minimise ce qu'on donne : « Une petite chose de rien, une bêtise, c'est purement symbolique », afin d'éviter que l'autre puisse être déçu.

Dans toutes les relations, un cadeau est toujours donné à l'autre, non comme à une partie du couple mais comme à un individu, il vise sa valeur personnelle. Le cadeau de l'amoureux concerne l'autre comme sujet érotique, apprécié érotiquement. Quand le mari, pour l'anniversaire de sa femme, lui fait cadeau d'un objet pour la maison, une casserole, un service à thé ou une nappe, son geste signifie un refus de la femme comme amante. C'est comme s'il lui faisait cadeau d'un balai.

Certains cadeaux ne sont individuels qu'en apparence, alors qu'en réalité ils symbolisent le couple et son union. C'est le cas des bagues. Quand un homme amoureux fait cadeau d'un collier à une femme, il peut le présenter comme « une jolie petite chose », alors que c'est un symbole de lui-même qu'il désire voir toujours posé sur sa poitrine. Et c'est la même chose si la femme donne une montre ou un portefeuille, parce que ce sont des objets dont il ne se sépare jamais. S'il s'agit d'une bague, le symbole est évident. Il lui propose un engagement contraignant. Il dit : « Veux-tu lier ta vie à la mienne ? », et l'autre, en l'acceptant, répond : « Oui, je le veux. »

Ce symbole suscite parfois de la crainte et un désir de fuite. Le fait se produit surtout chez des gens qui ont eu des expériences désagréables. Un de mes amis, au cours de sa vie, n'avait jamais porté qu'une alliance. Mais après son divorce, il l'avait ôtée avec soulagement. « Je suis libre ! » me disait-il en me montrant sa main. Quelques années plus tard, il rencontre une femme qui lui plaît beaucoup et dont il devient amoureux. Elle lui offre un soir une très belle bague ancienne achetée chez un antiquaire. Il l'admire et la passe à son doigt en souriant. Mais le lendemain, quand il va à son bureau, un de ses collègues lui demande en riant si c'est la bague de fiançailles. Il a l'impression de tomber des nues. Il marmonne une explication confuse : elle appartenait à un oncle qui est mort, et il la glisse dans sa poche. Le mot « fiançailles » reste gravé dans son esprit, il lui rappelle son mariage qui avait mal tourné. C'est seulement au bout de quelque temps, lorsqu'il est sûr de la profondeur de son amour, qu'il l'accepte et la porte alors avec fierté.

Du nomadisme à la sédentarité

Lors de l'énamourement, au début, l'environnement compte peu. Seul compte l'être aimé : son visage, ses yeux, son corps, ses caresses. Tout le reste est secondaire. Les amoureux se rencontrent où et quand ils peuvent, dans une gare, dans un cinéma ou dans un restaurant. Ils s'embrassent à l'angle d'une rue. Le décor, si désolé qu'il soit, est transfiguré par la personne aimée. Plusieurs années après, ils s'en souviendront comme d'un endroit merveilleux.

Puis, spontanément, ils vont à la recherche de la beauté de la nature et ils y sont sensibles. Cette beauté est comme l'écho de leur beauté intérieure. Une plaine à perte de vue, un précipice rocheux, la campagne éclairée par la lune, un couchant embrasé sur la mer. L'amour ne crée pas seulement des métaphores poétiques dans notre esprit, il aiguise notre goût esthétique, notre capacité de percevoir. Les amoureux peuvent voir des choses qu'ils ne verront plus jamais, des couleurs qu'ils ne pourront plus retrouver. Et ces sensations sont indélébiles. Même quand un amour finit mal. Le refoulement ne peut rien contre cette transfiguration du monde.

Cependant, pendant quelque temps, les amoureux n'éprouvent pas d'attachement pour les endroits qui deviendront plus tard les sanctuaires de leur amour. Car leur énergie vitale est si grande qu'ils sont certains d'en trouver d'autres à l'infini. Ils quittent toutes les belles choses sans regret, certains que d'autres les attendent. Le monde entier est leur patrie, n'importe quelle anfractuosité dans un rocher, leur maison. Les amoureux sont pareils aux hommes de l'enfance de la civilisation : des cueilleurs et des nomades.

Puis ils éprouvent le besoin d'un environnement plus adapté, qui soit exclusivement à eux. Pour l'homme, ce besoin se présente comme un désir de revenir aux endroits des premières rencontres, qui deviennent peu à peu chargés de signification, consacrés à leur amour. Pour la femme, comme un désir d'avoir un foyer rien que pour eux deux, quelque chose de beau, un nid. Probablement parce que c'est la femme qui, dans notre civilisation, a pensé le plus à l'amour comme à une vie à deux, et qui a pensé depuis la petite enfance à l'aspect que devrait avoir son foyer. La maison, ou l'appartement, est son propre corps objectivé. Son corps accueillant.

Faire des choses ensemble, construire ensemble et objectiver, c'est vouloir faire durer son propre amour. Même avant, l'amour voulait durer, mais il pensait à durer dans les cœurs. Que signifie donc ce passage au foyer ? C'est comme le passage du nomadisme à la construction des villes[3]. On ne déplace pas une ville comme un campement. Avec la naissance de la ville, les hommes ne s'adaptent pas passivement à leur environnement, ils n'obéissent pas à ses vicissitudes climatiques. Ils dévient et canalisent les cours d'eau, irriguent la terre, se procurent les produits dont ils ont besoin par le commerce et la navigation. Ils transforment le monde d'une façon irréversible pour l'adapter à leurs propres exigences. Cela signifie qu'ils n'affrontent plus les problèmes au fur et à mesure qu'ils se présentent, mais qu'ils les prévoient. Qu'ils tiennent prêt un répertoire de solutions pour les affronter.

Pour accomplir ce passage de la phase nomade à la phase sédentaire, le couple a besoin d'une période de vie commune et d'étudier soigneusement tout ce qui lui est nécessaire. Cela implique un changement d'attitude mentale. Les amoureux se laissent emporter par le courant, le couple sédentaire non seulement construit un navire, mais il trace une route, prévoit les ports où il pourra s'approvisionner. Tous deux doivent donc développer un sens de l'orientation concret, pratique. Ils doivent aussi développer la réflexion, la mémoire, et apprendre à calculer.

Dans cette seconde phase, le couple recherche ce qui lui est utile et ce qui lui plaît, il s'emploie à avoir à sa disposition les objets qui pourront faciliter sa vie et la rendre plus confortable et plus sûre. Il modifie aussi l'environnement social où il vit. Il établit des relations avec certains voisins et certaines connaissances, sélectionne les amis à cultiver et les gens avec qui faire des affaires.

La troisième phase de la civilisation est la construction de la ville monumentale, avec des palais, des temples, des thermes et le luxe. Chez le couple, cette phase correspond à une redécouverte du beau. Nous nous rappelons qu'au début tout est beau, parce que tout est transfiguré par l'amour. Cette première phase est contemplative, alors que la deuxième est active et pragmatique. Les exigences fonctionnelles et la recherche de la commodité dominent dans celle-ci. La troisième phase voit revenir le désir du beau et l'esprit contemplatif. Le couple possède son propre goût esthétique et construit activement le beau autour de lui. Le beau qui, dans la première phase, était un cadeau, est maintenant une conquête, une objectivation spirituelle.

Certains, qui ne savent pas se renouveler, renaître, peuvent ensuite entrer dans la phase de la décadence. Ils ne sont plus capables de voir la beauté dans le monde qui les entoure. Parce que la flamme de l'amour naissant qui transfigure les choses et les rend magiques s'est éteinte. Ils ne sont plus capables de créer le beau, ils ne le recherchent pas. Ils s'agrippent aux habitudes, se méfient des nouveautés. Ils ne changent rien dans leur foyer, ils ne le renouvellent pas. Et ils ont un alibi pour cette stagnation : chaque objet doit rester identique parce qu'il est chargé de souvenirs heureux. Ils vivent ainsi entre de vieux murs écaillés, des papiers peints jaunis, des fauteuils défoncés qu'ils ne voient plus. Seuls une renaissance, un réveil, peuvent les secouer de cette torpeur et leur donner la force de recommencer à vivre.

La femme et la maison

Pour une femme amoureuse, construire et meubler la maison est un acte d'amour. C'est elle qui, souvent, choisit les différents meubles et les innombrables objets qui leur serviront dans les jours à venir. Elle les choisit de telle façon que le foyer plaise à son mari, pour qu'il s'y trouve à son aise, pour qu'il se sente bien à chaque moment de leur vie. Elle voit déjà où ils seront assis pour regarder ensemble la télévision. Elle imagine la pièce avec la nappe brodée où ils recevront leurs amis, quelle sera la place du mari et quelle sera la sienne. Et puis la chambre à coucher, les draps fleuris comme les prairies au printemps, le couvre-lit précieux, les couvertures chaudes, les édredons pour le grand froid. Et la chambre des enfants qui viendront, dont elle imagine déjà les papiers gaiement colorés, la moquette moelleuse pour qu'ils ne se fassent pas de mal. Puis la salle de bains dans laquelle elle découpe un peu d'espace pour elle, pour se farder, pour être belle. Et son espace à lui, pour son rasoir, pour sa lotion après-rasage. Il y a des endroits, comme la cuisine, où c'est surtout elle qui devra travailler, commode, spacieuse, avec tout ce qui pourra lui être utile. Et elle pensera aux nourriture qu'elle pourra cuisiner. Enfin, si le mari a une activité intellectuelle, elle s'arrangera pour qu'il ait son cabinet de travail, si c'est un sportif, elle trouvera de l'espace dans la penderie ou dans des armoires pour son équipement.

En meublant son appartement, la femme exprime sa vision du monde, son idéal de vie privée et le type de relations sociales qu'elle veut instaurer. Mais elle étend surtout *son corps*. Chaque objet est une partie d'elle-même. Sa peau se termine avec le papier des murs et avec les rideaux. Pour cette raison, c'est elle qui, normalement, se charge du chez-soi, de sa manutention. Elle le fait comme s'il s'agissait de son corps. Aussi se refuse-t-elle à laisser entrer des étrangers qui ne seraient pas présentables. Comme elle-même ne se montrerait pas à des étrangers en pantoufles ou dépeignée. Et, de même qu'elle parfume son corps pour elle, pour son mari, elle a horreur des mauvaises odeurs qui peuvent imprégner les rideaux, les divans ou la cuisine. Et elle veille à ce qu'il n'y en ait pas. Elle redoute les mauvaises odeurs et la malpropreté comme si c'étaient des maladies infectieuses. Elle devient de mauvaise humeur si le ménage fait par l'employée de maison est superficiel, si elle déplace les objets, abîme un tapis ou casse quelque chose à quoi elle attribue une signification symbolique particulière. Elle ressent le geste insouciant, désinvolte, de l'autre femme comme une offense personnelle qu'elle a de la peine à oublier. Comme elle n'oublie pas un invité maladroit qui salit un tapis. Elle vit comme une violence faite à elle-même tout ce qui défigure son habitation. Si des voleurs pénètrent dans l'appartement, elle vit cela comme un viol, une profanation. Bien des femmes, après un cambriolage, ne veulent plus vivre dans ces pièces, ou les désinfectent et changent l'ameublement[4].

Pour la femme, la gestion de la maison est aussi une forme d'érotisme. Car elle communique son amour non seulement en changeant sa coiffure, son eye-liner, en mettant une blouse fraîchement repassée, mais aussi en préparant le lit avec de nouveaux draps, en mettant des fleurs fraîches, en vaporisant des essences parfumées dans l'appartement. Ou encore en préparant un plat qui plaît à son mari.

Il arrive souvent que l'homme ne comprenne pas le travail raffiné que la femme accomplit pour rendre la maison harmonieuse et accueillante. Il ne comprend pas que c'est une œuvre d'art continuellement renouvelée, et qui implique son esprit et son cœur. S'il entre chez lui, pensant à autre chose, s'il jette ses vêtements sales n'importe où, elle perçoit ce comportement comme du désintérêt pour sa personne, comme du mépris pour son travail créatif, et elle se sent amère et offensée.

Si un homme devient amoureux d'une femme qui possède déjà une habitation, il va y vivre sans se casser la tête à ce sujet. Il ne prétend pas lui donner son empreinte car il n'en n'éprouve pas le besoin. C'est comme si elle l'accueillait dans ses bras, dans son lit, dans son corps. Mais si la femme va vivre dans l'appartement de l'homme, elle éprouve au contraire le besoin de le marquer de son empreinte. Si elle ne peut pas le transformer selon sa sensibilité, si elle ne parvient pas à le rendre comme un vêtement sur mesure, elle s'y trouve mal à l'aise, se replie sur soi, se fait toute petite, et il ne peut y avoir ni concorde ni harmonie dans le couple. Même l'amour le plus passionné est destiné à s'éteindre. C'est le cas de *Marina et Alberto*. Quand ils se rencontrent, ils sont tous deux adultes, chacun a un passé à oublier. Lui est veuf, elle divorcée. Ils se fréquentent et se trouvent bien ensemble. Elle tombe amoureuse. Elle est certaine d'avoir trouvé l'homme dont elle a toujours rêvé. Lui est affectueux, la couvre de cadeaux et d'attentions. Arrive le moment où c'est lui qui l'invite à aller vivre dans sa grande villa. Elle accepte, mais, à peine y est-elle entrée, qu'elle éprouve une sensation de froid : sa première femme est présente partout dans la demeure. Ses photographies, ses objets, les meubles, tout parle d'elle. Marina lui demande timidement si elle peut renouveler l'ameublement. Il lui répond qu'ils le feront plus tard et, en attendant, il la convainc de vendre l'appartement où elle a vécu avec son ex-mari. Il ne veut pas qu'elle y retourne et lui défend de prononcer son nom. Marina comprend peu à peu qu'il veut détruire son passé pour la faire entrer dans le sien. Cette maison où il l'a amenée est celle de sa première femme et ne sera jamais la sienne. Elle est le corps, la tombe de sa première femme, et il la force à y entrer et à devenir cette femme. Il est clair qu'il ne l'aime pas et qu'il ne l'aimera jamais. Il ne lui reste plus qu'à s'enfuir.

Dissonances

Les conflits et les divergences entre les époux se matérialisent dans la maison sous la forme de dissonances et d'inharmonies. L'examen de l'habitation permet de comprendre si les deux personnes ont des natures compatibles ou non. J'évoque le cas de deux intellectuels très épris l'un de l'autre, mais très différents. Lui, systématique et rationnel, elle, exhibitionniste et bohème. Dans leur appartement, une chambre était propre et très bien rangée, la pièce voisine sale et chaotique. L'une ne contenait que des choses essentielles et fonctionnelles, l'autre ressemblait à l'arrière-boutique d'un brocanteur. Malgré leur amour, leurs conceptions de la vie étaient inconciliables. Et, en effet, ils finirent par se séparer. Je citerai le cas contraire d'un couple de stylistes toujours en désaccord. Elle, prudente, effacée, lui, aventureux et téméraire. Mais leur appartement était marqué d'un cachet artistique cohérent et extrêmement rigoureux. En dépit des conflits, leurs personnalités étaient complémentaires : ils se corrigeaient mutuellement, et ils vivent toujours ensemble.

L'habitation révèle qui des deux partenaires l'emporte sur l'autre, lui impose ses goûts, l'écrase. Nous nous en apercevons quand un seul style dominant imprègne, sans exceptions, tout ce qui est visible, manifeste. Mais si vous observez attentivement les détails, par exemple dans la salle de bains de la femme ou dans le cabinet de travail de l'homme, vous trouvez les vestiges d'un autre style, différent du premier. Quelque chose de déplacé et de pathétique à la fois. Par exemple des fleurs artificielles et une icône dans un appartement où tout est moderne et géométrique. Ou encore un ordinateur ultra-moderne dans un coin, presque caché par des objets anciens.

L'habitation permet aussi de savoir si un homme est amoureux d'une autre femme. Parce qu'il se comporte alors comme un hôte. Il est presque toujours en voyage et il rentre très tard. Il se désintéresse de tout et, plein de magnanimité, dit à sa femme : « Fais-le donc, ma chérie, tu es la meilleure. » Quand il est présent, il réduit au minimum la place qu'il occupe. À table, il reste assis à l'extrémité du siège ; dans le lit, il se pelotonne sur le bord. Dans les armoires, il empile ses chemises et ses vêtements dans un coin. Il ne laisse plus traîner les choses qui lui appartiennent, efface ses traces. Il va jusqu'à enlever ses photographies. Peu à peu, il ne reste plus dans l'habitation que la présence de sa femme et des enfants. Et c'est comme s'il n'y avait jamais été.

Il en va autrement quand le mari reste absent pendant de longues périodes à cause de son travail. Dans ce cas, l'épouse amoureuse conserve presque partout sa présence symbolique. Ses photographies, ses souvenirs, ses pipes, son équipement de sport. Elle l'attend manifestement et toutes ses affaires sont prêtes pour son retour.

Quand c'est la femme qui a un amant, elle ne néglige pas la maison, au contraire elle l'embellit. Elle expulse son mari. À sa vue elle éprouve de la répugnance, il lui fait l'effet d'un étranger qui envahit son espace avec son gros corps et ses vilaines affaires. Tel un voleur qui profane son intimité. Elle s'ingénie alors à lui rendre la vie désagréable. Elle se lève tôt le matin et fait un boucan du diable. S'il rentre tard dans la nuit, il trouve la porte de leur chambre à coucher fermée. Elle oublie de lui préparer son repas ou le lui laisse refroidi. Ou encore, pendant qu'il mange, elle lui enlève les plats, avec des gestes d'impatience, même s'il n'a pas encore fini. Elle oublie de reprendre ses vêtements à la teinturerie ou les brûle en les repassant. Elle lui dit qu'il sent mauvais ; elle lui reproche d'avoir laissé traîner ses chaussures qui sont dégoûtantes. Peu à peu, la maison devient entièrement la sienne, et elle lui donne sa propre empreinte comme s'ils étaient déjà séparés.

CHAPITRE QUATORZE

LES TYPES DE LA VIE EN COMMUN

La cohabitation quotidienne

Il y a des gens qui vivent toujours ensemble. Ils habitent le même appartement, dorment dans le même lit, se lèvent le matin à la même heure, regardent les mêmes journaux, vont travailler au même endroit et mangent l'un à côté de l'autre à midi et le soir. Puis ils vont dormir à la même heure. Ils ont les mêmes amis. Si l'un doit faire un voyage, l'autre l'accompagne. Ils ont l'habitude de discuter les expériences qu'ils ont faites, et de commenter le comportement des gens qu'ils rencontrent. Ils vont ensemble acheter leurs vêtements ; il la conseille et elle le conseille. Ils choisissent conjointement l'endroit où ils vont habiter, l'ameublement de l'appartement, où et comment ils passeront leurs vacances. Ils sont mutuellement fidèles, ce qui ne leur coûte aucun effort, parce qu'ils s'aiment et qu'ils sont attirés sexuellement l'un par l'autre.

Cette intimité n'est pas le simple produit de l'état de fusion amoureuse. C'est le résultat d'un rapprochement progressif et qui les amène, peu à peu, à découvrir que les choses vont mieux quand ils sont ensemble, qu'ils renforcent alors leurs propres énergies, leurs propres capacités intellectuelles et vitales. Quand l'un est las, l'autre vient à son secours, quand l'un est irrité et perd patience, l'autre conserve la sérénité et l'équilibre. Chacun a pris confiance dans les capacités de jugement de l'autre. Il l'a vu à l'épreuve et sait qu'il peut avoir confiance en lui. S'il ne peut pas aller personnellement quelque part, il l'envoie à sa place parce qu'il sait qu'il agira pour le mieux. Ils ont aussi la possibilité de confronter leurs points de vue et de parvenir à un résultat commun. Puisque l'un est un homme et l'autre une femme, leurs sensibilités sont complémentaires. Chacun voit des aspects qui échapperaient à l'autre et, lorsqu'ils discutent d'un problème, ils ont une capacité de pénétration plus grande qu'ils ne l'auraient séparément. Avec le temps, ils se sont aussi habitués à tolérer leurs défauts mineurs et à corriger les plus préjudiciables. Ils ont appris à plaisanter, à éviter les sujets irritants, à s'excuser et à remédier aux erreurs.

Pour l'essentiel, ils vivent de la façon dont les amoureux imaginent d'ordinaire qu'ils doivent vivre. Toujours ensemble, toujours la main dans la main. Ils restent cependant deux personnalités séparées, distinctes, deux individualités impossibles à confondre. Comme Murray Davis l'a observé, le fait même d'avoir tant de choses en commun leur permet de distinguer avec plus de précision les éléments personnels qui les caractérisent. L'être humain, observe-t-il, est capable de se diviser en des personnages innombrables et de sentir chacun de ceux-ci comme son propre soi. Grâce à cette *synecdoque* psychique, un individu peut se donner totalement et, en même temps, rester soi-même, en gardant seulement les composants qui le caractérisent[1].

Pour cette raison, c'est une erreur de parler, dans ces cas, d'union symbiotique, comme le font quelques psychanalystes. Tout en étant étroitement unis, les membres du couple restent différents et libres. Chacun conserve quelques-uns de ses goûts spécifiques en matière d'alimentation. Chaque membre a ses propres rythmes biologiques, même s'il a appris à les harmoniser avec ceux de la personne aimée. Il a ses films et ses auteurs préférés, ses propres opinions philosophiques, politiques et religieuses. Il est naturellement très ouvert aux idées de l'autre, il comprend ses raisons et, quand il discute avec lui, fait montre de patience et de respect.

En somme, il voit le monde avec ses yeux et, en même temps, il est capable de le voir avec ceux de l'autre. Leur rapport n'est pas basé sur un accord continuel et ininterrompu, mais sur un dialogue continuel et ininterrompu, une confrontation qui comprend d'innombrables convergences et aussi des divergences. C'est ainsi que leurs discussions les enrichissent tous les deux.

Des vies séparées

Dans son film *Out of Africa*, le metteur en scène Sidney Pollack raconte la vie de Karen Blixen, l'écrivain danois. Karen tombe éperdument amoureuse de son cousin Hans von Blixen-Finecke. Un amour non payé de retour, alors, pour conserver au moins l'ombre, le halo de son amour de jeunesse, elle épouse son frère jumeau, Bror. En Afrique, ce mariage se révèle un échec. Bror est inconstant et cynique, il court après toutes les femmes, blanches ou noires, peu importe. Il contracte la syphilis. Un jour, Karen rencontre Denys Finch Hatton, un aristocrate anglais, et en tombe amoureuse. Mais ils ne vivent pas ensemble comme mari et femme, ils ne construisent pas une maison ensemble. La maison est celle de Karen. Et elle la rend belle et accueillante pour lui. Finch chasse les lions et les éléphants, fait du commerce et part pour des voyages de quelques jours ou de quelques mois. À ses retours, il trouve là un refuge et la sérénité. Karen est heureuse. « Si Denys arrive, la mort n'est rien... Je suis heureuse, parfaitement heureuse, si heureuse que pour vivre cette semaine cela vaut la peine d'avoir vécu et souffert, d'avoir été malade... Je suis liée à Denys pour l'éternité, j'aime la terre qu'il foule[2]. » Karen souffre des disparitions continuelles de Denys qu'elle voudrait voir auprès d'elle. Mais elle accepte sa façon d'aimer en se disant à elle-même que Denys est comme Ariel, qu'il a une nature aérienne. Et leur amour continue jusqu'à la mort de Denys. Toujours fait de rencontres, non d'une vie à deux permanente, vécue jour après jour.

Erica Jong, elle aussi, se rappelle une expérience amoureuse où elle et son amant vivaient séparés. C'est le cas de Piero, dont elle parle dans son roman *La Peur de l'âge*. La structure caractéristique des romans et de l'expérience personnelle d'Erica Jong est toujours la même. La femme tombe amoureuse et elle a une extraordinaire expérience érotique. Après, elle se marie. Son mari commence bientôt à lui devenir infidèle, elle ne le supporte pas et le quitte après d'âpres conflits. Suit alors une période de promiscuité sexuelle pendant laquelle elle fait toutes sortes d'expériences, va avec toutes sortes d'hommes. Elle espère arriver à avoir un rapport purement sexuel sans implication émotionnelle, ce qu'elle appelle « le baisage sans fermeture Éclair ». Mais elle reste déçue et amère. À ce moment, elle devient amoureuse d'un autre homme, redevient monogame, l'épouse et va vivre avec lui. Après quoi le cycle recommence.

Avec Piero, il en va autrement, elle ne l'épouse pas. Il est déjà marié et elle n'exige pas qu'il divorce. Ils ne vont même pas vivre ensemble. Ils restent amants « à la manière européenne ». Il va et vient, revient. « Mais quand il s'en allait, écrit-elle, je n'étais plus du tout sûre qu'il reviendrait. Cette histoire n'a pas de fin. S'il apparaissait tout d'un coup aujourd'hui, s'il me touchait, je serais de nouveau attirée dans la forêt, vers la lagune, dans le tourbillon de la danse du sabbat[3]. » « Aurais-je pu vivre avec le dieu de la forêt ? Seulement à temps partiel. C'était sa condition pour continuer à me voir. J'ai accepté, et j'ai passé mon chemin[4]. »

Erica Jong aspire à un rapport stable, mais, après ces déceptions qu'elle attribue aux hommes, elle y renonce. Et elle s'en contente. C'est une situation semblable à celle de Karen Blixen. Et Erica Jong, dans *La Peur de l'âge*, en énonce la théorie selon le modèle que nous avons décrit comme *l'île dorée* : « Pour rester elle-même, la passion ne doit jamais être mêlée au quotidien. Car le quotidien a tendance à prendre le dessus et à la chasser. Le quotidien est la mauvaise herbe la plus coriace qui soit[5]. »

La vie avec les enfants

La naissance et la présence des enfants ont un effet différent sur la vie du couple selon le projet initial. Dans le passé, un mariage et, souvent, même un amour n'avaient pas de sens sans enfants. Parce que l'homme et la femme désiraient en avoir. Tous les deux les considéraient comme l'expression et l'objectivation les plus importantes de leur lien. Abraham, bien qu'il aimât Sarah, était tourmenté par le fait qu'elle ne pouvait pas avoir d'enfants, et il accepte d'en avoir un d'Agar. De nos jours, ce désir a beaucoup diminué ; en Europe, les hommes qui deviennent amoureux en escomptant qu'ils auront des enfants sont peu nombreux. Je songe au cas d'un artiste de l'Italie du Sud que nous appellerons *Le sculpteur*, pour qui les enfants étaient essentiels. Il avait littéralement perdu la tête pour une très belle fille qui aurait été une femme idéale pour lui. Mais celle-ci avait grandi dans une famille pauvre et elle avait élevé toute seule quatre petits frères et sœurs. Elle se refusait absolument, pour cette raison, à avoir des enfants. Quand le sculpteur comprend que sa volonté sera irréductible, il commence à s'éloigner d'elle et son amour décline et meurt.

Si, au contraire, l'homme exclut explicitement les enfants de son projet amoureux, leur présence peut tuer l'érotisme. Cela prend surtout la forme de l'amour-révolte, comme dans le cas de *L'homme de Turin* ou de l'*Antonio* de Buzzati. Parce que cet homme désire l'érotisme des amants : fou, déchaîné, sans freins et sans discipline. S'il y a des enfants, il doit se contrôler, se cacher, se fixer des horaires et se taire. Il ne peut plus s'éclater, donner libre cours, dans l'espace domestique, à l'excès dionysiaque, à l'extase bruyante, à la fusion totale et exclusive avec la femme sans qu'il n'y ait rien d'autre qu'eux. Pour beaucoup d'hommes, la cohabitation quotidienne avec les enfants, leur éducation, les horaires, le savoir-vivre, les yeux indiscrets détruisent peu à peu l'érotisme comme un espace séparé du déchaînement et de la transgression. Tout cela, en somme, détruit ce qui pour l'homme fait que l'érotisme est l'érotisme, et pas autre chose.

Chez la femme, cette exigence de séparation, de spécificité, est généralement moindre, parce qu'elle se sent née pour procréer. Chez elle, tendresse, émotivité et érotisme vont ensemble. Et elle a l'impression qu'il n'y a pas d'opposition entre les différents plans, mais qu'ils se renforcent mutuellement. Pour bien des femmes, la grossesse est une expression de l'amour pour le mari. Elle s'attend que celui-ci admire sa nouvelle beauté de future mère et elle souffre s'il s'en abstient. Pour bien des femmes, la naissance d'un enfant complète leur amour. Certaines ne se sentent pas pleinement amoureuses avant d'être devenues mères[6]. Tout se déroule sur le plan du continu et de l'accroissement. Pour manifester à son mari un amour plus grand, la mère trouve naturel de porter le bébé dans le lit, entre eux deux, de le caresser et de le serrer sur ses seins. Puis elle s'attend qu'à son réveil son mari se montre galant, qu'il pense à lui envoyer une gerbe de fleurs. Elle ne se rend même pas compte que son mari aurait désiré un autre genre d'érotisme, tourné exclusivement vers lui. L'homme est ému lui aussi par le contact du corps tendre du petit enfant, mais cette émotion n'a aucun rapport, aucune similitude avec le désir qu'il éprouve pour le corps excité de la femme, pour son odeur, pour les mouvements convulsifs de son ventre et de son bassin. La vue de la mère et de l'enfant accroît en lui une autre forme d'amour. Un amour étroitement mêlé au sens du devoir et de la responsabilité. Quelque chose que le mâle de l'espèce humaine a appris dans le long processus de son humanisation quand, chasseur et guerrier, il devait défendre son territoire et, avec celui-ci, sa femme et leurs jeunes enfants faibles et désarmés.

Il existe un amour qui ressemble à l'amour maternel, mais qui n'en a pas les valences sensorielles, tactiles, cinesthésiques et qui, surtout, n'a rien d'érotique. C'est un amour vigilant, fait de soins et d'attentions cachés. Un amour qui se manifeste dans des actes, non dans des caresses. Un amour qui s'exprime dans la défense contre les dangers extérieurs, dont le symbole le plus juste est la sentinelle qui veille, en dehors du camp, dans la nuit. C'est un amour qui n'est donc nullement affecté par l'éloignement, qui n'a pas besoin de la proximité physique, du contact. Ce genre d'amour croît avec les années, avec la naissance des enfants, avec la vie en commun. Il est cimenté par les souvenirs partagés, par les combats livrés ensemble contre l'adversité. Il est tissé d'intimité intellectuelle et spirituelle et d'habitude au dialogue. C'est ainsi que l'épouse devient pour l'homme l'autre « moitié », selon une expression passée de mode.

Pourtant, cet amour si vrai, si profond, peut n'avoir absolument rien d'érotique. Un homme peut ainsi se trouver dans la situation d'aimer profondément quelqu'un qui lui est indispensable mais envers qui il n'éprouve aucune attirance sexuelle. Voire, au contraire, de la répugnance. Alors il peut faire l'amour avec toutes les autres femmes qui sont au monde, à l'exception de celle-ci, ou bien il le fait parce qu'il se l'impose, par devoir. Quand il sort en société, ou qu'il voyage, il ne peut pas s'empêcher de regarder les autres. Et même si, en les comparant, il trouve que sa femme est meilleure, et même plus belle, il n'arrive pas à ne pas désirer d'autres corps, d'autres contacts. L'estime, la reconnaissance et l'affection ne sont pas en jeu. Il continue à apprécier ses extraordinaires qualités intellectuelles et morales, son raffinement et son goût. Il peut considérer ses conseils comme précieux. Surtout, il ne voudrait lui faire aucun mal, il souffre de sa propre indifférence et en éprouve un sentiment de culpabilité.

Cet ensemble de sentiments appartient certainement au domaine de l'amour. Cet homme peut dire qu'il aime cette femme, mais elle lui est étrangère en ce qui touche la sexualité, elle ne peut satisfaire son besoin d'érotisme. Un besoin qui reste entier comme la faim, la soif, et qui le déchire.

Ce genre de déchirement est moins fréquent chez les femmes. Pour elles, érotisme et amour sont des frères jumeaux. Si elles perdent tout intérêt érotique pour leur mari, c'est, le plus souvent, parce qu'elles ne l'aiment plus. Alors elles ne désirent pas le voir. Si, au contraire, elles l'aiment, elles continuent à attendre de lui un geste romantique, une caresse, un baiser, une attention amoureuse, qui sont pour elles de l'érotisme. Alors que, pour l'homme, l'érotisme n'est pas là. La galanterie n'est pas de l'érotisme, les fleurs, la gentillesse ou la caresse ne sont pas de l'érotisme. L'érotisme, pour l'homme, est une chose à part, merveilleuse et torturante, toujours désirée et toujours fuyante, qui apparaît et disparaît comme un mirage.

Le drame spécifique de l'homme a été d'aimer une personne et d'en désirer une autre, et de sentir cela comme *une faute*. Une faute inexpiable, un péché originel auquel il tente de remédier en accroissant ses responsabilités, ses soins et ses devoirs. Toutes choses inutiles, parce que ce n'est pas cela qu'on lui demande. On lui demande de réunir en lui deux choses qui s'obstinent, comme par caprice, à s'y refuser. Ce conflit est la cause de l'autodiscipline que les mâles se sont toujours imposée depuis l'Antiquité[7]. Du contrôle de soi et de la répression sexuelle qu'ils ont toujours considérés comme méritoires. Nous l'avons déjà vu et nous le retrouvons maintenant : chez la femme, érotisme et morale vont de conserve, pas chez l'homme.

Parce qu'il à avoir les mêmes points et les mêmes princi-
pas. Ils ne se racontent pas tous les détails de leur existence, ils ne confrontent pas leurs jugements sur les
autres personnes de leur monde, ils ne lisent pas les
mêmes livres, ne se confient pas leurs petits secrets.
Ils n'ont pas à éditer une vie commune, un monde

Les amants

Parmi les nombreuses façons de construire un couple, il y a aussi celle qui consiste à ne pas mettre fin à
la relation précédente, à ne pas se séparer, à ne pas
divorcer, mais à entretenir une liaison clandestine. Il y
a mille et une raisons pour agir ainsi. Parce que, dans
l'ensemble, le sujet est satisfait de son mariage, pour
ne pas faire souffrir la femme ou le mari, pour éviter
des problèmes avec les enfants, pour se dispenser des
frais considérables d'un divorce, pour ne pas renoncer
à une belle demeure ou à une vie aisée. Ou, tout simplement, parce qu'il n'est pas sûr d'être vraiment
amoureux de la nouvelle personne, ou qu'il n'est pas
sûr d'être payé de retour. Ou qu'il désire une aventure,
un changement. Pas quelque chose qui remplace, mais
quelque chose qui s'ajoute à ce qui existe.

L'érotisme est stimulé par la diversité, par la nouveauté[8]. Le plus souvent, dans le mariage, après un
certain nombre d'années, l'excitation érotique perd de
la force alors qu'elle se réveille dans le contact avec
des personnes nouvelles et différentes. C'est ainsi que
naissent l'aventure, l'engouement érotique. C'est ainsi
que s'établit une liaison qui ne conduit pas à la séparation ou au divorce, mais qui enrichit la vie quotidienne
d'une saveur perdue. Le sujet trouve dans l'amant, ou
dans l'amante, ce désir brûlant, ce frisson de l'attente,
cet abandon total et déchaîné, ce plaisir trouble et bouleversant qu'il n'éprouve plus avec son mari ou avec
sa femme. Et il a ainsi l'impression de se saisir de
quelque chose qui lui est dû, et que l'autre n'est plus
capable de lui donner.

S'il n'y a pas d'énamourement, le rapport entre les
deux amants n'implique qu'une partie de la personne.
Ils ne mettent pas toute leur vie en commun, tout leur
passé. Ils n'aspirent pas à une communion totale de

l'âme, ni à avoir les mêmes goûts et les mêmes principes. Ils ne se racontent pas tous les détails de leur existence, ils ne confrontent pas leurs jugements sur les autres personnes de leur entourage, ils ne lisent pas les mêmes livres, ne se confient pas leurs pensées secrètes. Ils n'ont pas à édifier une vie commune, un monde commun. C'est une intimité, non une fusion qu'il y a entre eux. Et cette intimité concerne essentiellement le corps, le sexe. Ils ne modifient pas le milieu physique et social qui les entoure. Ils peuvent se retrouver chez l'un ou chez l'autre, ou à l'hôtel, l'endroit n'a pas d'importance. Ce qui compte c'est seulement leur relation, non ses objectivations.

Leur intimité est limitée aussi dans le temps. Ils se rencontrent certains jours, à certaines heures, et ils veulent seulement se donner mutuellement du plaisir, satisfaire leur besoin de sexualité et d'érotisme. Les amants savourent d'avance leurs rencontres et se préparent soigneusement au rendez-vous amoureux. La femme s'habille avec élégance, elle va chez le coiffeur et se maquille. L'homme se rase, se parfume, apporte des fleurs ou un cadeau. Chacune de leurs rencontres est un rituel de séduction que suit le déchaînement érotique, avec les vêtements jetés à travers la pièce et les corps nus enlacés. Comme cela se passe à l'aube de l'amour. Avec toute la fraîcheur de la surprise et du commencement. Se donner des rendez-vous secrets, dans un appartement bien caché ou dans un hôtel éloigné, fait partie du plaisir de la liaison amoureuse. Le plaisir d'un week-end, d'un voyage incognito, une sorte de voyage de noces rendu plus excitant par le secret, par le fait de voler ce plaisir aux autres.

La vie conjugale est faite aussi de reproches, de piques répétées, de petites vengeances. Il y a des gens qui, en ayant une liaison, punissent mentalement le conjoint pour ses défaillances ou pour ses défauts. C'est parfois un alibi pour sa propre conscience. Dans d'autres cas, c'est simplement le plaisir de trahir. Quand la tension devient plus forte au foyer conjugal, les deux amants se moquent des maris et des épouses trompés. Ils se moquent du monde entier, affirment leur propre plaisir à l'encontre des devoirs conjugaux et familiaux, leur liberté effrénée bafouant les obligations sociales. Ce n'est pas une subversion comme l'énamourement ; c'est une *désacralisation* du lien officiel, de l'institution. Et il y a même des gens qui éprouvent du plaisir à mettre l'amant ou la maîtresse dans le lit de l'épouse ou du mari, et des amants qui demandent eux-mêmes à y aller, pour le profaner, pour offenser et rabaisser symboliquement l'autre personne, prendre sa place et se moquer d'elle.

Dans d'autres cas, dans les relations entre amants, nous trouvons au contraire ce que nous avons décrit comme *l'île dorée*. Une liaison amoureuse séparée du monde, protégée dans sa pureté, où le devoir, la fatigue restent à l'extérieur, et tout le bon, toute la joie, sont à l'intérieur. Où seule la fête doit exister. Un amour qui n'a pas pour modèle la famille, la vie profane, mais le culte mystérieux avec des orgies sacrées protégées par le secret initiatique. Un amour dont le modèle n'est pas le mariage célébré en public, la maison ouverte aux amis, mais la secte dont les adeptes sont liés par une fraternité garantie par un serment, par l'obligation de la dissimulation. Un amour secret, clandestin, protégé. Un amour qui est la récompense quand les devoirs conjugaux ont été accomplis et les travaux professionnels terminés. C'est alors que la fête de l'âme et du corps est permise, l'exultation.

La liaison amoureuse peut continuer longtemps, pendant même des années. Et s'il arrive parfois qu'elle s'affaiblisse jusqu'à disparaître, dans d'autres cas elle prend encore plus de force. L'intimité devient progressivement plus profonde, la confiance mutuelle grandit, une véritable amitié s'établit. Et le lieu de la rencontre devient un vrai foyer. Un second foyer qui s'ajoute au premier : celui de la seconde épouse ou du second mari. Il peut même arriver que des enfants naissent de ces liaisons. Deux familles sont alors formées, chacune ignorée de l'autre. Et peut-être vivent-ils dans la même ville.

CHAPITRE QUINZE
Fidélité et infidélité

Fidélité et exclusivité

Dans l'amour, fidélité signifie *exclusivité* ; amour pour une seule personne, des rapports sexuels avec elle seulement. Comme dans le monothéisme absolu : « Tu n'auras pas d'autre Dieu en dehors de moi. » Alors que dans le polythéisme on peut être fidèle à plusieurs divinités. Être fidèle à un ami veut dire conserver intacts et durables mon amour, ma loyauté et mon aide. Cela ne signifie pas ne pas avoir d'autres amis[1].

Dans notre tradition, la fidélité a une double origine. L'une dérive du concept de la possession exclusive : à l'époque patriarcale, la femme appartient à l'homme et, si elle le trompe, elle mérite la mort. L'autre racine, c'est celle de la fidélité exclusive à la patrie, à la tribu, à la foi ou au chef. Ce type de fidélité est exigé par les mouvements politiques et religieux comme par ceux qui s'aiment. L'amour individuel et l'amour pour le chef charismatique divinisé sont faits de la même substance.

En étant fidèle à l'être aimé, je lui dis qu'il vaut plus que tous les autres, qu'il est mon seul bien et mon seul désir. Quand l'amoureux reste toutes les nuits devant la maison de celle qu'il aime, il lui dit qu'elle est l'unique chose au monde qui compte vraiment pour lui. Qu'elle lui est toujours indispensable, à chaque instant. Mais si l'autre ignore que je lui suis fidèle ? Être fidèle à quelqu'un qui n'en a pas connaissance, qu'est-ce que cela signifie ? Dans ce cas, la fidélité devient un rapport avec moi-même.

C'est un acte que j'accomplis en moi-même. Je chasse les autres présences, les autres désirs de ma pensée, pour faire place à lui seul, qui en devient le protagoniste absolu et privilégié. J'ouvre plus largement mon âme et mon cœur, excluant tout ce qui pourrait troubler et endommager mon amour, et m'éloigner de lui. J'élimine les séductions possibles, les tentations possibles. J'élève une barrière de protection autour de mon amour.

L'amoureux qui reste toutes les nuits devant la maison de l'être aimé, pendant combien de temps peut-il le faire ? Et quand il abandonne, cela signifie-t-il que son amour a pris fin ? Non, nous devons travailler, manger, dormir, entretenir des relations sociales, produire et créer. On peut être fidèle et exclusif en faisant tout cela. Mais jusqu'à quel point ? La femme d'un homme de science qui est mon ami affirmait qu'il la trahissait avec ses recherches. « Qui aimes-tu le plus, lui demandait-elle, moi ou tes cobayes ? » Et elle avait sans doute raison car il était absorbé dans ses recherches. Il n'avait ni aventures ni maîtresses, mais il rentrait tard dans la nuit et il s'enfermait souvent dans son laboratoire le samedi et le dimanche.

La fidélité implique toujours une dépense d'énergie, un dévouement total à l'être aimé. C'est un don de soi, de son propre temps, de ses attentions et de ses pensées. Même pour un ami — qui, lui, ne demande rien d'une façon exclusive — la fidélité exige un minimum de mémoire, d'attentions et de soins. Le fidèle fait des offrandes à son dieu, lui adresse des prières, le remercie pour les dons qu'il a reçus.

Puis il y a les rapports avec l'autre sexe. Quand l'infidélité se déclare-t-elle ? À quel moment la relation avec un autre peut-elle être considérée comme une soustraction à quelque chose qui nous est dû exclusivement ? Dans notre société, enlacer un autre homme en dansant n'est pas de l'infidélité, pas plus que de l'embrasser sur la joue quand on se rencontre ou se quitte. Ce n'est pas une infidélité de faire un voyage avec un collègue de l'autre sexe pour des raisons de travail. Mais c'en est une de se rendre tous les soirs chez lui pour des conversations privées, même s'il n'y a aucun rapport sexuel. Quand l'amitié et une relation intellectuelle entre un homme et une femme franchissent-elles le niveau qui permet de parler d'infidélité ? Si la relation entre les deux époux est riche et leur dialogue intense et continuel, alors l'amitié intellectuelle avec une autre personne ne crée pas de problèmes. Mais si leur dialogue est pauvre, il suffit d'une conversation animée pour susciter de la jalousie. Comme c'est arrivé à une femme que j'appellerai *La romancière*. Quelques années après son mariage et la naissance de deux enfants, elle commence à écrire. Elle invite d'autres artistes à venir parler de l'état de leurs travaux. Elle est convaincue de faire plaisir à son mari car elle pense qu'il se mêlera à la conversation. Mais lui, qui est entrepreneur, réagit très mal : il se sent exclu. Leur union conjugale se désagrège et ils finissent par divorcer.

Il y a enfin les rapports sexuels proprement dits. Pendant des millénaires, les rapports sexuels que le mari avait en dehors du mariage, avec les domestiques et avec les prostituées, n'ont pas été considérés comme des actes d'infidélité, mais ce n'était pas le cas pour ceux de l'épouse. Aujourd'hui, les deux sexes sont placés sur un plan d'égalité ; cependant, il y a encore des gens qui jugent insignifiant un rapport sexuel occasionnel dépourvu de toute émotion, alors que d'autres considèrent comme une trahison un simple baiser sur la bouche.

La fidélité peut être envisagée aussi sous l'aspect de la souffrance que nous infligeons aux autres. Celui qui est infidèle ne souffre pas. La souffrance est le lot de celui qui a été trahi, surtout s'il est lui-même fidèle. Mais il souffre uniquement s'il a connaissance de notre infidélité. Et s'il l'ignore ? Si je mens assez bien pour lui donner l'impression que je n'aime que lui, ou qu'elle, et si cette dissimulation durait toute la vie ? Qu'est-ce qui est moralement le plus important : dire la vérité ou ne pas faire souffrir ?

L'infidélité peut être une façon de se venger. Il y a des gens qui accomplissent des actes d'infidélité quand ils se sentent négligés ou traités injustement. *L'homme de Turin*, chaque fois qu'il se querellait avec sa femme, allait voir une prostituée. *Le commandant* allait voir une des nombreuses amies avec qui il avait une amitié érotique. Il y a encore l'usage de l'infidélité comme instrument de la loi du talion. Je te punis par l'infidélité, parce que tu as été infidèle. Je me venge de ton infidélité en t'étant infidèle. Et, pour rendre la vengeance plus cruelle, pour te blesser mortellement, je le fais sous tes yeux.

L'agitation sexuelle

Avec l'énamourement, deux êtres se choisissent, se préfèrent à tous les autres et prennent un engagement réciproque de fidélité. Mais cette force est toujours contrariée par une force opposée : par le désir sexuel pour des personnes nouvelles, différentes et intéressantes. L'amour qui unit de façon exclusive a pour adversaire pérenne la *tendance exploratoire* présente dans tout individu, masculin ou féminin.

Dans notre recherche sur l'amour, nous sommes partis de l'énamourement, de l'exclusivité, de la monogamie. Mais nous aurions pu partir aussi de la tendance exploratoire. Et considérer l'énamourement et l'amour comme l'interruption d'une tendance exploratoire inscrite dans notre patrimoine biologique. Chez presque toutes les espèces animales, en particulier chez les mammifères, le mâle produit et répand des milliards de spermatozoïdes. Le principe de l'insémination du plus grand nombre possible de femelles est à la base de son comportement sexuel. La femelle, bien différemment,

est à la recherche d'un mâle doté du meilleur patrimoine génétique, afin de s'assurer une descendance
vigoureuse et vouée au succès.

La tentation érotique peut même s'éveiller chez le
plus fidèle des maris, chez la plus vertueuse des épouses. Cet érotisme se manifeste précisément comme
transgression, trahison, aventure et désordre. Une attirance soudaine pour quelqu'un qui, en d'autres circonstances, n'aurait jamais provoqué notre intérêt. Un
désir brûlant, une faim de sentir le contact d'un corps
inconnu ou interdit, le plaisir de séduire, d'être séduit,
le jeu érotique, le frisson, la transgression.

Qu'est-ce qui a donc toujours poussé les hommes
mariés, avec des enfants et des responsabilités familiales, à chercher des aventures érotiques risquées, parfois
catastrophiques ? Qu'est-ce qui a poussé bien des femmes mariées à risquer d'être mises à mort pour avoir
été accusées d'adultère ? Et, aujourd'hui, qu'est-ce qui
pousse tant de gens à risquer une maladie contagieuse
mortelle comme le sida ? Nous imaginons qu'il y a à
la base de ce comportement quelque motif grave, une
insatisfaction profonde du mariage, ou une grande passion amoureuse. Non, le plus souvent, ce n'est pas
l'amour, ce n'est pas le désespoir. C'est un motif plus
futile, un plaisir plus capricieux, gratuit. Le goût du
nouveau, de la diversité, une pulsion primordiale et
irrationnelle. C'est cette force obscure qui a fasciné
Freud et l'a conduit à mettre la sexualité à la base de
toutes les activités humaines. Parce qu'elle lui paraissait la puissance la plus difficile à discipliner, à canali-
ser et à contrôler.

Le mot « sexualité » nous suggère l'idée d'un besoin
comme la faim, la soif ou le sommeil. D'une tension
qui désire se décharger et, une fois déchargée, disparaît. Mais, chez l'être humain, la sexualité est fécondée
par l'imagination, alimentée par l'amour et la haine,
les émotions, les espoirs, les passions, les joies, les
angoisses, les répugnances, les rêves et les projets. La
sexualité, devenue érotisme, se transforme en une puissance inquiétante, capricieuse et démesurée, qui défie

le risque, parce qu'elle est alimentée par une imagination inépuisable. Nous désirons tous une vie plus intense. Nous désirons voir de nouveaux pays et faire de nouvelles rencontres. Nous désirons non seulement vivre plus longtemps, mais aussi vivre plusieurs vies. Ce qui nous caractérise est une recherche inquiétante, une tendance à nous transcender. L'érotisme naît quand cette tendance, divine et démoniaque, fait irruption dans la sexualité et nous fait entrevoir le merveilleux, l'extraordinaire, la révélation d'une stupéfiante nouveauté. Cela a été bien compris par Georges Bataille[2] qui considère l'érotisme comme un synonyme de transgression et de violation d'un tabou. C'est pourquoi il juge impossible un érotisme qui soit canalisé dans la normalité et dans l'institution.

Tandis que l'énamourement ne connaît pas de différence de sexe, d'âge et de pays, la *tendance exploratoire* continue à être assez différente chez les deux sexes. L'homme est davantage stimulé par la diversité, la femme par la qualité. L'homme est fasciné par le corps de la femme. Il suffit d'un vêtement qui couvre ou découvre la poitrine et la laisse entrevoir. Il suffit d'une minijupe qui remonte sur les fesses quand la femme se penche. Ou d'une jupe avec une fente qui s'ouvre quand elle marche. De plus, l'homme recherche surtout le sexe, le plaisir purement sexuel. Certains acteurs de Hollywood qui ont quantité d'admiratrices vont jusqu'à fréquenter des prostituées.

La femme, au contraire, même si elle admire la beauté sculpturale d'un corps masculin, ne se contente pas de cela. Pour devenir érotique, pour enflammer son désir, ce corps, ce sexe doivent devenir ceux d'un homme qui lui fait la cour, qui doit promettre une relation intime. La femme est excitée par le désir que l'homme éprouve pour elle. Le véritable don Juan fait sentir à chaque femme qu'elle est unique, extraordinaire. Il lui transmet son désir. L'érotisme féminin est toujours une imagination amoureuse où le rapport sexuel n'est qu'un moment. En réalité, disons-le clairement, la femme est potentiellement aussi portée à la promiscuité que l'homme. Elle a autant que lui besoin de diversité. Elle ferait l'amour avec des hommes toujours nouveaux. Qu'est-ce donc qui l'arrête ? Le fait de ne pas trouver l'homme qu'il lui faut. Parce qu'elle est beaucoup, beaucoup plus exigeante que le mâle. Elle ne se sent attirée que par des hommes débordants de vie et pleins de désir et de passion pour elle. Aussi cherche-t-elle à exciter l'homme. Elle se met en valeur, elle danse. La danse érotique, la danse des sept voiles, la danse du ventre, la danse où l'on se déchaîne en discothèque sont féminines. Il arrive que la femme éprouve plus de plaisir à voir l'effet de sa puissance de séduction que dans l'acte sexuel lui-même. Une chose que l'homme ne comprend pas.

Cependant, dans les deux sexes, c'est justement cette *tendance exploratoire*, vagabonde, destructrice, ce désordre, qui, à un certain moment, se traduit en puissance créatrice qui unifie. Du désordre naît, à l'improviste, l'ordre. L'explosion érotique transgressive de l'énamourement produit la fusion du couple et l'exclusivité. L'énamourement, le « je t'aime », interrompt alors la recherche et donne naissance, au contraire, à une structure stable, à une unité permanente, à un couple fidèle. Pour l'homme, plus attiré par la diversité en tant que telle, l'énamourement est donc un événement plus surprenant, plus bouleversant que pour la femme.

De nos jours, beaucoup de gens, pour une partie plus ou moins importante de leur vie, vivent dans la *promiscuité*, ont en même temps des rapports sexuels avec d'autres personnes. Et il a toujours existé des mouvements politiques et religieux qui ont cherché à réaliser l'amour libre entre leurs membres. Pour cette raison, ils se sont opposés aux rapports exclusifs dans le couple et ont regardé l'énamourement d'un œil soupçonneux. Des communautés idéologiques de ce genre se trouvent chez les Frères du libre esprit dans le bas Moyen Âge, chez les Frankistes, une secte juive née du mouvement messianique de Sabbatai Zevi. Au siècle dernier, les communautés Nashoba et Oneida apparurent aux États-Unis. Une autre floraison de communautés adonnées à la promiscuité se situe dans les mouvements de jeunesse des années soixante, soixante-dix. Mais le maximum de la *promiscuité* a sans doute été réalisé dans les communautés gay, où, à une époque, la sexualité sans amour était une condition de l'initiation. On a assisté à un processus analogue dans les communautés de *singles* qui ont fleuri dans les années soixante-dix et dans les premières années quatre-vingt[3].

Aujourd'hui, les *réseaux d'amitié érotique* sont très fréquents. Chaque individu a des rapports sexuels réguliers ou occasionnels avec un certain nombre d'amis de l'autre sexe. Ceux-ci, à leur tour, en ont avec d'autres. On voit ainsi se créer un réseau très vaste, où plusieurs amis ont des rapports sexuels avec la même personne, tantôt en connaissance de cause, tantôt en l'ignorant. Ces réseaux érotico-amicaux sont plus fréquents chez les jeunes, chez les *singles*. On en trouve aussi parmi des gens mariés. Lorsque, dans ces réseaux amicaux, deux personnes deviennent amoureuses l'une de l'autre, elles cessent d'avoir des rapports érotiques avec les autres. Mais il suffit que le couple rencontre une difficulté pour que les anciennes habitudes réapparaissent. Si un couple veut rester fidèle, il lui faut abandonner le réseau des amitiés érotiques et fréquenter seulement les réseaux non érotiques.

En transgressant et en violant les règles, l'érotisme cherche, dans son exploration, d'autres liens possibles, d'autres relations, d'autres amours. Chaque rencontre érotique, fût-ce un simple regard, un désir qui nous fait vibrer, une phrase galante, le contact fugitif avec la main, avec le bras, avec le corps de l'autre, est virtuellement le début de quelque chose de différent. Comme si c'était le germe d'un amour, d'une liaison, donc d'une nouvelle vie possible.

Pour cette raison, les gens qui aiment sont d'ordinaire jaloux et ne supportent pas que l'être aimé regarde une autre personne, lui fasse la cour, ait un rapport sexuel avec elle. Parce que ce rapport n'est jamais, ne peut jamais être purement physique, même la rencontre occasionnelle avec une prostituée. C'est toujours une rencontre d'âmes, une ouverture amoureuse à l'autre qui est justement rendue possible par le rapport sexuel, par l'intimité maximale des corps, par leur fusion. Parce que le rapport sexuel, même quand il a lieu entre deux inconnus, brûle toutes les étapes des conventions sociales. Il vient un moment où l'homme et la femme, jusqu'alors engagés dans le rituel social qui règle l'habillement, la parole, les gestes, les distances, s'en débarrassent. Ils se déshabillent et, en abandonnant leurs vêtements, ils abandonnent toutes les règles. Ils peuvent alors se donner des baisers, se pénétrer de toutes les façons possibles, se contorsionner, hurler, dire des phrases obscènes, sucer et mêler leurs humeurs, faire tout ce qui est non seulement prohibé, mais aussi considéré comme répugnant dans la vie sociale. Et, dans cette intimité, des confessions habituellement gardées secrètes deviennent possibles. Même l'attitude galante la plus simple, le flirt le plus anodin établissent une intimité, un rapport, un patrimoine de souvenirs.

Chez la plupart des couples fidèles, l'agitation sexuelle s'exprime sur le plan de l'imaginaire. Même les gens qui s'aiment profondément peuvent se sentir attirés par quelqu'un d'autre, et, en fantasmant, avoir une liaison avec cette personne. L'imagination, dans ce cas, se substitue à l'action, prend sa place et permet ainsi de rester fidèle à l'être aimé. Beaucoup d'hommes regardent avidement des magazines ou des films pornographiques, beaucoup de femmes vivent des aventures érotiques dans les films ou les feuilletons télévisés. Elles se trahissent souvent aussi pendant l'acte sexuel. Certaines femmes imaginent qu'elles se trouvent avec une star adorée, ou encore avec un amant précédent. Quelques-unes fantasment qu'elles sont violées, tandis que les hommes fantasment sur des détails de rapports déjà vécus. Ces imaginations, le plus souvent, disparaissent à l'approche de l'orgasme. Elles sont comme une exploration préparatoire. Puis les souvenirs, les rêves, les fantasmes se concentrent sur l'être aimé, confluent en lui, reversent sur lui l'énergie, l'évocation des imaginations du passé. C'est pourquoi même les partenaires du couple le plus fidèle se trahissent sur le plan de l'imaginaire. Ils ne peuvent conserver leur propre rapport monogamique qu'à la condition de tenir soigneusement dissimulé l'un à l'autre leur propre univers imaginaire.

La situation de ceux qui ne s'aiment pas est différente. Les fantasmes érotiques, dans ce cas, ne convergent pas sur la personne aimée, ils s'en éloignent, au contraire, de plus en plus. Et, pour atteindre à l'orgasme, chacun d'eux doit imaginer qu'il est avec quelqu'un d'autre. Une situation qui, tôt ou tard, aboutit à l'impuissance ou au refus.

Le pacte de fidélité

On rencontre chez l'être humain deux tendances. La première est caractérisée par le vagabondage sexuel, la recherche du nouveau et la promiscuité. La seconde par l'énamourement qui noue une relation amoureuse exclusive et durable. Mais l'état naissant amoureux doit devenir projet, institution. Et il y a de nombreux projets possibles, de nombreuses institutions possibles. Deux êtres qui s'aiment peuvent décider de ne pas vivre ensemble, ils peuvent décider de ne pas dormir ensemble. Ils peuvent même décider de s'accorder une liberté totale et d'avoir des rapports sexuels et amoureux avec qui ils veulent. Un fait plutôt rare car d'ordinaire, quand nous sommes amoureux, nous voulons l'autre pour nous seuls. Cependant, cela peut arriver.

George Sand rencontre Alfred de Musset en 1833, elle a trente ans et lui vingt-deux. Ils tombent amoureux l'un de l'autre et partent pour l'Italie. Mais chacun se considère libre, dégagé des pactes de fidélité. Arrivés à Gênes, George Sand tombe malade et Alfred l'abandonne pour les prostituées du port. La même chose se répète à Florence et surtout à Venise, où elle reste seule dans sa chambre, tandis qu'Alfred consacre son temps aux actrices et aux danseuses. C'est à ce moment qu'entre en scène le médecin italien Pagello, qui la soigne et qui, profitant de l'indifférence de Musset, se lie avec elle. Les rôles s'inversent. Alfred tombe malade et George, rétablie, devient la maîtresse de Pagello. Musset est contraint de retourner en France. George Sand et Pagello vont alors faire un voyage dans les Alpes et ne le rejoignent à Paris que longtemps après. Là, la relation entre Sand et Musset reprend avec lassitude. C'est au même moment que cesse également sa liaison avec Pagello.

George Sand et Alfred de Musset étaient-ils vraiment amoureux ? Sans doute. Mais ce qui est certain, c'est qu'aucun d'eux n'a fait le moindre effort pour être fidèle à l'autre, pour donner un caractère monogamique à leur relation. À peine George est-elle tombée malade qu'Alfred, par ennui, s'est intéressé à d'autres femmes et qu'elle, pour lui prouver qu'elle était sur le même plan, s'est comportée de la même façon avec son médecin traitant. C'est ainsi que leur relation s'est rapidement détériorée.

Pour que l'énamourement devienne un amour exclusif et fidèle, il faut que l'un et l'autre le veuillent. L'amour, comparé à l'état naissant d'énamourement, est une institution, c'est-à-dire quelque chose de choisi, de voulu. C'est le résultat d'un pacte. Si l'on n'a pas clairement conclu un *pacte de fidélité*, l'état naissant peut donner naissance à d'autres types de rapports.

La fidélité du couple est profondément influencée par la culture. Le couple reste fidèle si la société présente la fidélité et la durée comme un modèle à suivre. En revanche, si elle les critique, si elle propose comme modèles la polygamie, la promiscuité, le couple ouvert ou la vie de *single*, alors le couple amoureux se fissure. Les soutiens culturels extérieurs au couple sont fondamentaux. L'énamourement est un état plastique. Si la culture ne l'amène pas à former un couple, un foyer, une famille, l'énamourement ne les forme pas. Les deux amoureux se cherchent mais ne savent pas quoi faire. Héloïse ne voulait pas épouser Abélard parce qu'elle pensait que le mariage n'avait aucun rapport avec l'amour, qu'il en était la corruption. Une idée qui a longtemps perduré, jusqu'à l'époque romantique. Une autre idée, acquise à travers la culture, c'est que le mariage conçu comme un moyen d'avoir une descendance fait disparaître l'érotisme.

Récemment, on a vu se propager une idéologie contraire au couple et à la fidélité conjugale. Dans les années soixante-dix, cette idéologie s'est répandue extrêmement vite avec la révolution sexuelle et le féminisme. Je rapporterai un seul des innombrables cas analogues de cette période. Deux couples de jeunes qui s'aiment profondément et tendrement. Je les appellerai *Bruno* et *Bruna*, *Carlo* et *Carla*. Avec l'arrivée du féminisme, *Bruna* se met à fréquenter un groupe de militantes féministes où on lui explique que la fidélité sexuelle est réactionnaire. Elle entraîne avec elle *Carla* et, ensemble, elles commencent à avoir, sous leur propre toit, des relations sexuelles avec d'autres hommes. Leurs maris respectifs doivent attendre de l'autre côté de la porte qu'elles aient fini. Peu à peu, ces rencontres sexuelles deviennent multiples. La nuit, le sol est couvert de corps enlacés. Après quelques mois, *Carla* commence à vomir et souffre d'une crise d'anorexie. Le mari devient taciturne, change de travail, va vivre dans une autre ville et, deux ans après, tombe amoureux d'une autre femme. *Carla* en ressort brisée.

Bruno, en revanche, résiste à l'épreuve. Il reste derrière la porte jusqu'à l'aube pour ne pas déranger sa femme qui accomplit ses devoirs érotiques avec l'homme de service. Un bébé étant venu au monde, il en prend soin comme une mère. Par la suite, *Bruna* et lui se séparent, mais aucun d'eux ne retombe amoureux. On reste amis, un peu tristes. Quand *Bruno* meurt, *Bruna* le pleure longtemps parce qu'il a été son unique amour véritable.

La tendance spontanée à l'exclusivité et à la fidélité de l'énamourement se transforme en une fidélité effective si elle est désirée, voulue, requise et *intégrée au pacte comme un point de non-retour*. Voilà un point très important. *Le pacte de fidélité* se conclut lorsque le processus de fusion entre en vigueur, et que les émotions et les promesses sont comme de la lave ardente, du métal liquide qui coule dans son moule et prend sa forme définitive. C'est le pendant de la constitution des pays démocratiques rédigée avec enthousiasme au moment de la libération et dont le souvenir demeure profondément gravé dans les esprits et les cœurs.

Cet engagement de fidélité, comme tous les autres engagements touchant au couple, doit être renouvelé dans le temps. L'institution est le résultat de cette réaffirmation du pacte. Si tel est le cas, si le pacte est durablement respecté, il produit un changement en profondeur de la relation érotique. Petit à petit, les deux amants renoncent à imaginer des trahisons, ils ne s'exposent plus aux tentations et apprennent à rechercher la beauté et le plaisir dans le corps de l'autre. Permettez-moi une analogie. Il y a des gens qui aiment les voyages, qui cherchent continuellement des paysages nouveaux. Et ils se lassent, ils s'ennuient s'ils sont obligés de rester toujours au même endroit. Tandis que d'autres « tombent amoureux » d'un certain paysage, ou même de leur jardin. Ils en découvrent l'infinie complexité. Ils savent apprécier les nuances des couleurs des différentes saisons, la joie des fleurs qui éclosent. Et l'on ne peut pas dire que leur émotion esthétique soit inférieure à celle du touriste qui contemple les chutes de l'Iguaçu ou les cimes des Alpes.

L'amour au pluriel

Il est des milieux où l'infidélité, même si elle est source de souffrance, n'est pas considérée comme un motif suffisant de divorce. C'est ce qui arrive souvent dans le monde de l'aristocratie et de la grande bourgeoisie européennes où sont en jeu titres nobiliaires et immenses fortunes. Ce n'est pas un mariage ouvert. Les deux conjoints ne doivent rien se raconter. Chacun fait semblant de ne rien savoir, à condition que l'autre continue à accomplir ses devoirs familiaux et sache sauver les apparences. C'est dans ce milieu que se range le cas de *La princesse*. Née dans une famille paysanne, elle était d'une intelligence extraordinaire, très belle et dotée d'une irrésistible vitalité. À seize ans, elle gagne un concours de beauté, elle devient mannequin. Lors d'un défilé, elle fait la rencontre d'un aristocrate richissime qui tombe amoureux d'elle. C'est vraiment le prince charmant. Il la fascine, elle s'éprend de lui. Il la présente à son père, un vieil industriel de génie qui, frappé par la personnalité de la jeune femme, donne son blanc-seing au mariage, malgré les objections des frères et de la famille. Commence une vie merveilleuse faite de réceptions, de voyages, de yachts, parmi magnats, artistes et têtes couronnées. C'est une maîtresse de maison parfaite et, en dix ans, elle met au monde de nombreux enfants. La famille en est fière.

Elle devient l'une des protagonistes de la vie mondaine de son pays, admirée, courtisée. Un jour, elle se rend compte que son mari la trompe avec une de ses amies intimes. Si elle avait suivi son premier mouvement, elle l'aurait fait rouler dans l'escalier puis aurait demandé le divorce. Mais elle se retient. Elle sait que, dans son milieu, on ne brise pas un mariage pour si peu de chose. On ne remet pas en question sa famille, ses enfants, son nom et son entreprise. Pourtant, quelque chose s'est cassé. Elle voyage de plus en plus souvent seule, mène une vie mondaine plus intense. Et c'est ainsi qu'elle fait la rencontre d'un très grand peintre, un des hommes les plus en vue de son époque. Il a vingt ans de plus qu'elle, il est marié. Il sent vieillir. De temps à autre, des admiratrices débarquent qui se jettent dans ses bras. Pourtant, il ne se lie avec personne. Il vit retiré au milieu de ses toiles. Mais elle lui transmet une irrépressible envie de vivre et il tombe amoureux d'elle.

Elle aussi est prête à s'énamourer. Cependant, elle

résiste. Elle tient à être une bonne épouse, une bonne mère, elle veut mériter la place éminente qu'elle a conquise. Mais l'énamourement produit chez l'artiste une véritable renaissance. Mettant de côté le vieux monde politique et l'idéologie, il est totalement absorbé, ensorcelé par la beauté de la femme qu'il aime, il reconstruit autour d'elle tout son monde pictural. Pendant vingt ans, il ne peindra qu'elle. Il crée des œuvres prodigieuses. *La princesse* se sent bouleversée par cet amour, par cette adoration, par ce flux créateur. Elle devient sa maîtresse très discrète. La femme du peintre n'en sait rien. Le mari de *La princesse* ne sait pas ou ne veut pas savoir. Et elle les aime tous les deux bien que d'un amour différent. Le premier fait d'une tendresse à toute épreuve, l'autre de rêve, d'élan mystique.

Est-elle tombée amoureuse ? Oui, bien que d'une manière contrôlée. Elle se laisse aimer plus qu'elle n'aime. Jamais ils ne projettent de vivre ensemble. Leur amour se passe entièrement dans l'intimité de l'atelier. Elle voyage, arrive, repart, reste quelques heures, puis sort et reprend sa vie. Lui se contente de ces rencontres extatiques. Comme il se replonge dans la création, il se nourrit d'elle. Quand elle est absente, il la recrée. Mais elle, elle ne s'en contente pas. Elle voudrait l'entraîner dans le tourbillon de son activité mondaine, faire fusionner leurs vies, peut-être avoir un enfant.

Ainsi renaît, en silence, une obscure insatisfaction. C'est alors qu'elle rencontre le grand don Juan, l'homme le plus beau du pays, et qu'elle tombe amoureuse de lui. Cette fois, c'est une explosion érotique. Mais cette relation ne se traduit pas non plus par une vie commune. Elle continue à se rendre chez le peintre qu'elle aime profondément. Il est jaloux. Pourtant, il ne sort jamais de chez lui et il est facile de tout lui cacher. Même s'il était au courant, sans doute ne ferait-il rien et continuerait-il à l'aimer. Car il est marié et ne veut pas divorcer, il n'a pas envie de causer une douleur aussi grande à la femme qui a vieilli à ses côtés. Il est absorbé par son art, grâce auquel il ne cesse de la recréer. Son amour est du type *île dorée*, où seul compte ce qui se passe sur le moment, où le monde extérieur est mis à l'écart, rejeté. C'est un type d'amour qui peut aller jusqu'à se nourrir de l'idée que celui ou celle qu'on aime a des relations avec d'autres. Parce qu'il s'en empare avec sa création, l'arrache au monde, la rend éternelle, et en fait ainsi exclusivement sa chose.

Cette situation dure une dizaine d'années, jusqu'à ce que le grand peintre disparaisse. Alors, tout à coup, *La princesse* s'aperçoit qu'elle a perdu la personne la plus importante de sa vie. Parce que sa jeunesse, sa beauté se trouvent dans ses toiles. Parce que son immortalité à lui l'a rendue immortelle. En peu de temps, les autres amours s'évanouissent. Maintenant, elle est véritablement amoureuse de lui. Elle se sépare de son mari, quitte son amant et reste seule.

Le mariage ouvert

Plutôt que d'en parler dans l'abstrait, je commencerai par l'illustration d'un cas concret : celui de *Giovanna* et de *Donato*. Il est américain, elle est italienne. Ils se sont connus aux États-Unis à la fin des années soixante, quand se répand parmi les jeunes l'idéologie de la vie en communauté et qu'on taxe de bourgeoises la monogamie et la jalousie. Au moment du mariage, ils concluent un pacte : chacun est libre d'avoir des rapports amoureux et sexuels avec qui il veut pourvu qu'il respecte trois conditions. La première, raconter au conjoint toutes ses expériences personnelles, jusque dans le moindre détail. La deuxième, continuer à conserver avec lui des rapports érotiques et d'amitié. La troisième, s'assister mutuellement, prendre soin des enfants et ne demander ni séparation ni divorce. En substance, une monogamie permissive sur le plan érotique, mais très rigide sur celui des engagements familiaux.

Ce schéma fonctionne vingt ans. Chacun a de nombreuses expériences érotiques avec d'autres personnes. La femme tombe amoureuse plusieurs fois, mais dit aussitôt à l'homme dont elle s'éprend qu'elle n'ira jamais vivre avec lui et qu'elle ne lui sera jamais fidèle. Dans un premier temps, il l'accepte, puis fait quelques tentatives pour la convaincre de renoncer à sa promesse. Finalement, il se met à la tromper à son tour et finit par s'en aller.

L'engagement pris de devoir raconter ses pensées, ses sentiments et ses projets, de faire rencontrer à son conjoint celui ou celle dont on s'est épris les a toujours empêchés tous deux de développer un autre projet amoureux. De plus, il a également rendu impraticable le modèle de l'amour refuge, de l'*île dorée* loin du monde. Aussi les énamourements de Giovanna ne se sont-ils toujours situés qu'au niveau de l'exploration et n'ont-ils jamais menacé son mariage.

En revanche, avec leur mariage ouvert, ils ont créé de nombreux problèmes à leurs amis. Parce qu'ils tendaient à exporter leur modèle de vie conjugale. Chacun faisait la cour au mari ou à la femme de leurs amis, comme si c'était la chose la plus naturelle du monde. Ensuite, si l'autre acceptait d'avoir des relations sexuelles, on allait tout de suite le dire au conjoint, en fournissant tous les détails. Avec les conséquences que l'on peut imaginer.

Les cycles amoureux

Certaines personnes sont portées au vagabondage érotique, à la promiscuité. D'autres, en revanche, inclinent à nouer des liens solides et durables. Au cours de notre vie, nous traversons tous plus ou moins des périodes où prévaut le premier type de tendances et d'autres où s'affirme le second. Des phases de vagabondage érotique ou émotionnel, de recherche, de promiscuité, et des périodes d'amour monogamique, fort et fidèle[4].

Étant donné les énormes différences entre les individus, ce schéma peut varier profondément. Il y a des hommes et des femmes chez qui domine la promiscuité tandis que chez d'autres la monogamie l'emporte. Il y a des gens chez qui la séparation entre la phase monogamique et la phase de promiscuité est nette. Chez d'autres, en revanche, elle reste floue. Aussi avons-nous identifié une série de cas types.

1. *Promiscuité absolue.* Les cas de promiscuité absolue ne se rencontrent fréquemment que chez les couples qui se sont mariés très jeunes sur la base du mariage ouvert et qui l'ont respecté. Un exemple nous est donné par l'histoire de *Giovanna* et *Donato*. Parfois, de brèves périodes monogamiques interrompent la promiscuité. Témoin le cas de Hugo Hefner, le fondateur de la revue *Playboy*. Hefner s'était marié très jeune. Nous avons donc une première phase courte de monogamie. S'ensuit une longue phase polygame quand il fonde la revue *Playboy* et crée à Chicago un véritable harem au sein duquel il sélectionne chaque mois sa favorite, qu'il présente nue au public de sa revue. Par deux fois cependant, il fait preuve d'un attachement plus fort : d'abord avec Baby Benton de Los Angeles, puis avec Karen Christy de Chicago. Ce sont deux courtes phases monogamiques. Le conflit entre les deux femmes, toutefois, le fait revenir rapidement à sa promiscuité habituelle[5].

On rencontre les cas les plus typiques de promiscuité absolue chez certaines vedettes qui ont connu le succès très jeunes. Elvis Presley par exemple qui, après son triomphe, a toujours mené une existence de promiscuité totale, même à l'époque de son mariage avec Priscilla. La dernière phase de sa vie se caractérise par une perpétuelle succession d'orgies et de drogue, et ce jusqu'à sa mort[6].

2. *Amours successives.* Les expériences érotiques ou passionnelles se succèdent comme les anneaux d'une chaîne. La vie de George Sand nous en fournit un exemple. Mariée sans amour à Casimir Dudevant, elle réussit à lui imposer une espèce de mariage ouvert et noue une première liaison avec Jules Sandeau. Celle-ci prend fin quand vient s'y ajouter la liaison avec Prosper Mérimée, auquel succéderont Alfred de Musset et l'Italien Pagello. De retour à Paris, George Sand tombe amoureuse de Michel de Bourges, l'homme politique, auquel succèdent Leroux et Chopin. Tout cela en l'espace de huit ans, de 1830 à 1838[7].

La vie de D'Annunzio nous fournit un autre exemple. Après un amour d'adolescent pour Giselda Zucconi, D'Annunzio s'éprend de la jeune marquise Maria Hardouin di Gallese. C'est le niveau social élevé de la jeune fille qui se trouve à l'origine de son attirance. D'Annunzio se lasse vite de la vie conjugale et tombe amoureux, cette fois profondément, de Barbara Leoni. Nous sommes en 1887. Jusque-là, il n'avait écrit que des poèmes. Cet énamourement marque une nouvelle phase de sa vie et de sa création. Il écrit des romans : *Le Triomphe de la mort*, *Le Plaisir* et *L'Innocent*. Une fois achevée son histoire d'amour avec Barbara Leoni, il vit un intermède conjugal avec Maria Gravina qui lui donne deux enfants. Survient ensuite la rencontre avec Eleonora Duse. C'est pour elle qu'il écrit des œuvres théâtrales : *La Ville morte*, *Le Rêve d'un matin de printemps*, *La Joconde* et *Francesca da Rimini*. Mais, durant la dernière phase de sa vie, D'Annunzio ne tombe plus amoureux. Il se voue à la guerre et à la politique, et mène une vie de promiscuité totale[8].

3. *Plusieurs amants à la fois.* C'est une modalité très répandue dont nous avons vu un exemple dans le cas de *La princesse*. Après une phase monogamique, le sujet tombe amoureux une deuxième fois ou se contente de nouer une nouvelle relation érotique sans interrompre la précédente. Et ainsi de suite. De cette manière, il vit une relation principale et, en même temps, une ou plusieurs liaisons amoureuses durables. Au Mexique, parmi les classes aisées, la coutume était répandue chez les hommes d'acheter une maison à leur nouvelle maîtresse. Mais en agrandissant et en enrichissant à la fois celles de leur épouse et de leurs maîtresses précédentes, de manière à conserver la hiérarchie de leur statut social. En définitive, c'est un mode informel de polygamie[9].

4. *De longues phases amoureuses.* L'exemple type est celui de Goethe qui, dans sa jeunesse, passe par plusieurs amours non partagés. L'un, en particulier, pour Charlotte Buff, fiancée puis mariée avec son ami Kestner. Il met à profit ces expériences dans *Les Souffrances du jeune Werther.* Devenu célèbre, il fait la connaissance à Francfort du prince Charles Auguste qui l'invite à Weimar, où il deviendra son bras droit dans le gouvernement de ce petit État. Là, il fait la connaissance de Charlotte von Stein, une femme plus âgée que lui, cultivée et raffinée. Il en tombe amoureux et leur liaison durera longtemps. C'est avec elle qu'il parvient à l'âge mûr et devient un homme d'État. Mais, à trente-sept ans, il se rebelle, part en cachette pour un voyage en Italie de presque deux ans. De retour à Weimar, sa relation avec Charlotte von Stein touche à son terme. Il s'éprend de Christiane Vulpius qui, à l'opposé de Charlotte, est pétulante, aime les vêtements de couleur, les bijoux voyants et la bonne chère. Il entre dans une troisième phase durant laquelle il cesse de voyager, mène une vie de famille, s'occupe de botanique, de physique et de sciences naturelles[10].

5. *Recherche de promiscuité et approche monogamique.* C'est un type d'expérience assez fréquent chez les personnes très douées, issues d'un milieu social très modeste. D'abord, ils ne sont pas pris en considération, subissent maintes frustrations et finissent par se contenter d'un amour de consolation. Puis, le succès venu, ils vivent une sorte d'ivresse et se laissent aller à des excès. Ils se marient, divor-

cent et ont de nombreuses maîtresses. C'est seulement à leur âge mûr qu'ils trouvent la personne avec
laquelle ils ont de réelles affinités électives. S'ensuit
alors une phase stable de monogamie[11].

6. *L'unique grand amour.* Il est aussi des personnes
qui connaissent un unique grand amour dans leur vie
et lui restent fidèles. C'est le cas de Giuseppe Verdi.
Après avoir été marié, sans amour, avec la fille de son
bienfaiteur, il tombe amoureux du soprano Giuseppina
Strepponi, qui croit en lui et l'aide au début de sa carrière. Ils vivront toujours ensemble jusqu'à la mort de
Giuseppina. L'unique incident dans ce parcours monogamique, c'est son énamourement soudain et sans
doute resté à un stade platonique pour le soprano
Teresa Stolz. Le cas de Freud n'est pas très différent[12].

CHAPITRE SEIZE
LA CRISE PRÉCOCE

Pourquoi la crise ?

Les recherches sur la vie matrimoniale montrent que la crise et le divorce, dans toutes les cultures et toutes les sociétés, se produisent surtout dans les premières années[1]. Pourquoi ? Beaucoup expliquent cela par le fait que les processus amoureux sont le produit de facteurs émotionnels, de rêves infantiles, et donc de choix impulsifs, irrationnels. Au contraire, nous considérons que, dans la plupart des cas, la *crise précoce* du couple advient parce qu'un lien amoureux fort ne s'est pas établi. Parce qu'il n'y avait pas de véritable énamourement. Certes, il y a aussi des cas où la crise survient malgré l'énamourement, par exemple lorsque les divergences sur le projet sont trop grandes.

L'énamourement manqué

Beaucoup de couples vont mal simplement parce que les deux personnes qui « se mettent ensemble » ne sont pas véritablement amoureuses. Nous examinerons quatre situations de ce type.

1. *L'exploration amoureuse.* L'énamourement com-

mence toujours sous forme d'explorations. Un intérêt, un coup de foudre, une émotion intense. Chacun essaie de se rendre agréable à l'autre. Il ne lui demande pas de faire des travaux pénibles, mais les fait avec lui. Il ne le critique pas, ne le réprimande pas, il le complimente. Il ne lui donne pas d'ordres, il se montre serviable. C'est la période où l'on se courtise, où l'on se consacre entièrement à l'autre. On ne travaille pas, on n'accumule pas de ressources, on les dépense. Comme en vacances, comme dans la fête. On se comporte en grands seigneurs. On ne s'intéresse qu'à son corps et à celui de l'autre, à la beauté, à l'érotisme et à l'amour.

Mais si tous deux commencent à se fréquenter régulièrement, s'ils décident de vivre ensemble, les problèmes de la vie quotidienne ne tardent pas à revenir et avec eux le travail, la fatigue, les soucis. Et ces deux personnes qui, auparavant, avaient tout le temps de penser au seul jeu amoureux, doivent maintenant affronter les problèmes pratiques du monde. Chacun a des choses à demander à l'autre, il le critique, lui rappelle ses obligations. Les différences de caractères, d'habitudes resurgissent. Aujourd'hui, beaucoup de jeunes restent longtemps à vivre dans leur famille, accueillis et pris en charge par leurs parents. Ils ne sont pas habitués à affronter les petites difficultés de la vie, nettoyer, faire la lessive, cuisiner, refaire les lits, travailler et dépenser avec parcimonie le peu d'argent qu'ils gagnent. S'il n'y a pas de véritable énamourement, la poésie s'évanouit en peu de temps et l'amour s'éteint.

Dans son étude *Quando l'amore finisce*, Donata Francescato nous présente beaucoup de cas de ce genre. Par exemple, celui de *Teresa* qui dit : « Quand je le voyais le samedi et le dimanche, je m'amusais beaucoup avec lui... je pensais que si j'avais pu être avec lui toute la semaine ou toute la vie... ç'aurait été encore mieux, que je serais devenue quelqu'un de bien[2]. » Ou celui de *Valeria* : « Mon mariage a été un acte impulsif. J'aimais tellement faire l'amour avec mon mari, je le trouvais beau, fascinant, imprévisible

[... Mais] aucun des deux ne supportait de s'être lié si jeune à l'autre, tous nos amis étaient libres, pas nous. Nous étions habitués à nous faire servir à la maison par nos mères... progressivement je me suis rendu compte que c'était une farce, une chose inconsistante[3]. »

2. *Fantasmes romantiques de mariage.* Les adolescentes aspirent à une vie amoureuse d'une intensité extraordinaire. Beaucoup d'entre elles ont des fantasmes d'amour avec les idoles du spectacle. Quelques-unes finissent par se fiancer et se marier avec un homme qu'elles considèrent comme nettement inférieur à leur idéal. Elles l'épousent sans être véritablement amoureuses, même si elles refusent de l'admettre. Elles désirent ardemment être amoureuses, elles veulent le grand amour. Mais, comme il ne vient pas, comme l'homme réel n'est jamais à la hauteur de l'homme idéal, elles se persuadent qu'elles vivent une grande passion qu'elles n'éprouvent pas réellement. Certaines songent à la robe de mariée, à la somptueuse réception, à l'admiration de leurs amies, à leur entrée dans le monde des femmes mariées. Pour elles, la cérémonie nuptiale, *l'institution, est ce qui devrait produire* l'éclosion et l'épanouissement de l'amour. Naturellement, la transformation magique sous l'effet du mariage n'a pas lieu. La passion ne grandit plus, le mari ne se transforme pas en un amoureux irrésistible. Les voilà qui vivent ensemble et n'ont plus rien à se dire. Quand ils sont seuls, les heures s'écoulent dans l'ennui. Chacun découvre que l'autre reste lui-même, avec ses habitudes, ses défauts, ses préjugés. Alors c'est la déception, la colère, les reproches, les disputes, les récriminations, les accusations. Au bout de quelques mois, un an, commencent les démarches pour le divorce[4].

Cela me rappelle l'histoire de *La fille du banquier.* Elle était belle, arrogante, sûre d'elle. Elle n'était jamais tombée amoureuse, bien qu'elle ait eu plusieurs flirts ou toquades, phénomènes que, dans notre terminologie, nous appelons explorations. Mais elle se sentait incomplète. Depuis qu'elle était petite fille, elle rêvait d'un grand amour et du mariage — un grand mariage en robe blanche, avec une centaine d'invités —, de devenir une « dame » avec un mari, une maison, d'être adulte. Le jeune homme qu'elle avait rencontré lui plaisait physiquement, ils faisaient l'amour joyeusement. Chacun habitait chez ses parents, qui pourvoyaient à tout. Ils avaient passé ensemble de belles vacances, des vacances romantiques où ils s'étaient tenus par la main en se disant qu'ils étaient fiancés et où tout le monde les regardait avec sympathie. Elle était persuadée qu'avec le mariage leur amour grandirait encore.

Elle voulait être amoureuse, elle s'imaginait qu'elle l'était. Mais un examen attentif de son comportement montrait qu'il n'y avait à l'origine de leur histoire aucun état naissant. La transformation radicale de soi qui aurait dû lui permettre de se modeler sur l'autre, de se fondre l'un en l'autre, de former une communauté nouvelle, capable de s'affirmer dans le monde par des luttes et des sacrifices parce qu'elle se sait porteuse d'un destin et d'un but, ne s'était pas amorcée. Elle était restée telle qu'elle était, une jeune fille habituée à une vie aisée. Dans son imagination, le mariage devait faire surgir, déchaîner, dévoiler, faire naître l'amour. Le mariage, c'est-à-dire l'institution, devait engendrer le miracle de l'état naissant. Une erreur insensée, mais fréquente, surtout chez les très jeunes filles.

3. En d'autres cas, c'est l'énamourement qui manque parce que le sujet a décidé de **choisir la personne qui convient le mieux en faisant appel à la raison**. Dalma Heyn nous présente le cas de *June* qui, lorsqu'elle désire avoir un enfant, décide que le moment est venu de se marier. Elle se choisit un mari « bien sous tous rapports », équilibré, serviable. Aussitôt après le mariage, elle comprend qu'elle ne le supporte pas et elle divorce. Le cas de *Connie* est encore plus intéressant : cette adolescente considère le sexe comme

une conquête et un devoir. Pour être moderne et émancipée, elle fait l'amour avec une centaine de partenaires différents. Puis elle décide qu'il est temps de devenir une femme adulte, sérieuse, de se marier. Elle se met alors à la recherche du mari qu'il lui faut et, pour ne pas se tromper, pour ne pas se laisser influencer par les sentiments ou l'érotisme, elle en choisit un qui lui parait posé, sérieux, mais qui ne provoque en elle aucune émotion et aucune attraction érotique. Le résultat, naturellement, est catastrophique[5].

Ce type de décision à froid, rationnelle, est souvent pris après une déception amoureuse. Nous en avons parlé dans le passage sur l'*amour consolation*, où nous avons vu le cas de *L'homme de Turin*. Tout d'abord, il avait mené une vie dissolue et déréglée. Mais au bout d'un certain nombre d'années, il avait eu besoin de la chaleur, de l'affection sincère, de l'amour dévoué d'une femme. Alors il avait commencé à fréquenter une ancienne camarade de classe, gentille, très sympathique, qui le traitait avec douceur et était pleine d'attentions pour lui. Il n'était pas amoureux d'elle mais il appréciait les qualités d'humanité de cette femme généreuse, sincère, joyeuse, fidèle. Elle aurait fait une excellente épouse. Sexuellement, elle ne l'attirait pas beaucoup. Il y avait des femmes bien plus belles et plus désirables mais il savait que, dans la vie, on ne peut pas tout avoir. D'ailleurs, se disait-il, l'amour grandit quand on apprend à se connaître l'un l'autre. En compagnie de cette femme, il se sentait en sécurité, protégé, aimé. Il l'épousa, ils eurent des enfants. Mais, comme nous le savons, quelques années plus tard il tomba amoureux d'une autre. Pour conclure, nous rappellerons la dramatique *Histoire de Chiara*. Après une déception amoureuse, elle accepte d'épouser un homme qui vit près de Milan, seulement parce qu'il lui rappelle son grand amour perdu. Après la mort de son père, elle s'enfuit de chez elle par une nuit d'hiver et personne n'a jamais su ce qu'elle était devenue.

4. *Quand l'un aime et l'autre pas.* Pour qu'un cou-

ple amoureux puisse se former, il faut qu'il y ait réciprocité. Sans réciprocité, le processus de fusion reste partiel, le processus d'historicisation ne peut se mettre en route et le pacte n'a pas l'importance dramatique qu'il prend lorsqu'il est conclu entre deux personnes qui s'aiment réellement. Une longue tradition de sagesse populaire dit qu'avec le temps l'amour de l'un éveille celui de l'autre. Peut-être en allait-il ainsi autrefois, dans les sociétés paysannes. Mais aujourd'hui les hommes autant que les femmes restent érotiquement jeunes au moins jusqu'à soixante ans. Ils trouvent autour d'eux toutes sortes d'incitations, ont de nombreuses possibilités de rencontres. Celui qui n'aime pas se sent sacrifié, prisonnier. Il peut éprouver de la tendresse, parfois de la reconnaissance. Mais il est difficile, très difficile, que ces sentiments se transforment en amour.

Considérons maintenant le cas que nous avons intitulé *La femme du médecin*. C'est une jeune fille élevée sans père, par une mère autoritaire. Belle, aux formes généreuse, elle attire l'attention des hommes. La mère considère la beauté de sa fille comme un capital précieux, un investissement. Elle l'a depuis toujours mise en garde contre une liaison avec un homme qui ne serait pas très riche. Les années passent et la jeune fille atteint la trentaine, toujours belle mais sentant avec anxiété que son éclat commence à pâlir. Un soir, dans une discothèque, elle fait la connaissance d'un médecin. Dès la fin de son adolescence, il a possédé de luxueuses voitures de sport. Encore maintenant, il dépense une bonne partie de ses gains en voitures coûteuses. Il donne à tout le monde l'impression d'être riche. À l'époque où elle le rencontre, il traverse une période de recherche érotique effrénée. Il passe ses soirées dans les discothèques, ne rentre jamais avant trois heures du matin. Il est attiré par les femmes les plus diverses. Il passe d'une aventure à l'autre. En réalité, il est prêt pour un changement radical, pour un nouvel énamourement.

Elle est attirée par lui. Il ne lui plaît pas physiquement mais ses automobiles fabuleuses, sa vie de grand seigneur la fascinent. Sa mère s'informe et apprend qu'il va bientôt hériter d'une grosse fortune, bref, il est très riche. Tout cela excite beaucoup la jeune fille qui sent qu'elle peut réaliser enfin le rêve qu'elle a long-temps caressé : épouser un milliardaire.

À la première rencontre, quand le médecin voit apparaître cette jeune fille, grande, pulpeuse, à l'abon-dante chevelure rousse, aux seins splendides, c'est le coup de foudre. Il l'invite à monter dans sa luxueuse automobile, les gens se retournent pour les admirer. Il n'a jamais rencontré une telle femme, une diva, une déesse. Cette déesse l'accepte, fait l'amour avec lui, elle est prête à venir vivre avec lui. Il n'a jamais éprouvé autant d'orgueil, ne s'est jamais senti aussi puissant. La possession de la beauté, de la beauté que tous admirent, que tous regardent, que tous désirent et que lui seul possède, lui donne le vertige. Il est comme le jeune Pâris après avoir conquis la belle Hélène. Son désir s'alimente de celui de tous les hommes qui la désirent dès qu'ils la voient. La situation est compara-ble à celle de la jeune fille qui a rencontré une grande vedette, qui est choisie par lui entre toutes les groupies et marche fièrement à ses côtés, suivie des regards envieux de toutes les autres femmes. Mais son adora-tion de l'idole se mue en un véritable amour. Désir de fusion, de se consacrer entièrement à elle. « Cette femme, pense-t-il, est celle que j'ai toujours cherchée et que j'aimerai pour toujours. »

Mais elle n'est pas amoureuse. Physiquement, il ne lui plaît pas, il ne lui fait pas « tourner la tête ». Elle est attirée par sa vie luxueuse, par ses voitures pharao-niques, par son exubérance. Elle s'amuse et surtout elle voit en lui la perspective d'une vie aisée pour elle, sa famille, ses futurs enfants. La jeune femme est aussi arrivée à un âge où elle doit faire des choix si elle veut connaître la maternité. Or elle veut être mère. Elle se retrouve enceinte. C'est le mariage. Puis la déception. Elle vit maintenant jour après jour aux côtés de son mari et elle s'aperçoit qu'il n'est pas aussi riche qu'elle le croyait. Il gagne bien sa vie, il a de belles voitures, il lui fait des cadeaux splendides parce qu'il l'aime à la folie, mais il n'est pas milliardaire. Derrière ses allures de grand seigneur, il y a simplement un médecin qui se procure chaque jour par son travail l'argent nécessaire. Cette découverte la traumatise. Elle est prise d'une violente colère. Elle a un mouvement de dégoût, pour lui, son corps, pour leurs rapports sexuels. Lorsque leur enfant vient au monde elle s'en occupe de manière excessive, obsessionnelle, et n'accorde même plus un regard à son mari. Elle l'accuse d'être avare, égoïste, elle lui fait des reproches en public. Le mariage est près de se rompre de manière irréparable, mais le médecin réagit. Il lui explique qu'il ne lui a jamais dit qu'il était riche, qu'il n'a jamais essayé de la tromper. Qu'elle doit choisir, savoir si elle veut un père pour leur enfant, ou vivre seule. Il l'aime et sera un bon père. Qu'elle choisisse, mais clairement et sans regrets. Mise devant une alternative aussi nette, elle décide de rester. Mais elle ne l'aime pas, et de toute façon, leur mariage est condamné.

Le faux énamourement

Souvent, le couple entre très rapidement en crise parce que l'homme et la femme ont confondu l'illusion de l'énamourement et l'énamourement véritable. Dans le premier cas, tous deux pensent être amoureux. Seul un examen attentif montre que tous les éléments de l'état naissant ne sont pas réunis. Les formes les plus fréquentes de l'énamourement illusoire sont : l'amour compétitif, l'amour pour l'idole, l'engouement érotique.

1. *L'amour compétitif.* Dans ce type d'amour, la compétition est le véritable sentiment sous-jacent. Nous désirons ardemment quelqu'un qui appartient à

un autre, quelqu'un qui nous résiste. Le désir est alimenté par l'obstacle, par la lutte.

L'amour compétitif a trois formes. La première est le *désir de conquête*, de séduction. Nous en avons vu des exemples dans les personnages de Diego et de Stefano dans les romans de Castellaneta et celui du duc de Nemours dans le roman *La Princesse de Clèves*. L'amour de type compétitif est néfaste pour la formation du couple, parce qu'il s'évanouit dès qu'il devient réciproque.

Le deuxième type d'amour compétitif est alimenté par le désir d'affirmer *sa supériorité sur son rival*. Comme le fait *Casanova* joué par Alain Delon dans le film d'Édouard Niermans, ou encore comme le fait *La fille qui cherche un mari*. Ce type d'amour s'évanouit au moment où le rival ou la rivale est déclaré perdant.

Le troisième type d'amour compétitif est celui qui se constitue dans le couple *contre un adversaire, un ennemi*. Nous le trouvons assez fréquemment chez les jeunes qui veulent se libérer de la tutelle de leur famille, s'émanciper, se rendre autonomes. Jurg Willi nous en donne un autre exemple[6]. Le fils d'un riche commerçant juif avait épousé une Allemande catholique. Les parents s'étaient efforcés, par les menaces et les flatteries, de les en dissuader, sans résultat. Ils se marient en secret et vivent pendant de nombreuses années en parfaite harmonie. La lutte contre les parents du jeune homme, contre leur pression, contre leur ostracisme les a soudés. Mais un jour, les parents se résignent à ce mariage et accueillent affectueusement l'épouse de leur fils. Ce jour-là, le jeune homme a une violente crise de nerfs et soudain ses rapports avec sa femme se détériorent.

2. *L'engouement pour l'idole*. Nous avons longuement traité de l'amour pour l'idole à propos des adolescentes. La fragilité de l'amour pour les stars dérive du fait que l'attachement à la star dépend de *la désignation* de la société. Il tend à s'évanouir lorsque l'adoration collective disparaît. Mais il s'évanouit aussi

lorsque, avec la proximité, la vie commune, la personne aimée se présente dans sa réalité d'homme ou de femme ordinaire, avec les qualités et les défauts de tout un chacun. Les qualités extraordinaires de l'idole ne sont pas le produit de notre transfiguration personnelle, c'est-à-dire de la capacité que nous acquérons, lors de l'état naissant, d'apprécier, d'aimer l'être pour lui-même, d'en saisir l'extraordinaire et unique beauté. Dans l'engouement pour l'idole, nous ne voyons pas l'être mais ce que la société a projeté sur elle. Aussi, lorsque nous nous trouvons seuls avec elle, pouvons-nous éprouver une terrible déception. Nous l'imaginions sans doute forte, généreuse, intrépide, et nous la découvrons avare, peureuse et fausse. Nous pensions qu'elle était gentille et douce, mais elle est brutale et arrogante. Il faut en outre tenir compte du fait que la relation avec l'idole est inégale, qu'il (ou elle) se considère supérieur, pense avoir des droits particuliers.

Enfin, souvent la personne qui a épousé un grand personnage, une idole, se met à désirer pour elle la même notoriété, la même célébrité. Lorsqu'elle se rend à des réceptions, elle en a assez de se sentir négligée tandis que tous accourent à la rencontre du mari célèbre. Les femmes, habituellement, supportent cette inégalité mieux que les hommes. Elles sont plus habituées à se contenter d'être « la femme de ». Mais pour les hommes, c'est différent. Comme le montre le cas du *Mari de la chanteuse*. C'est une des plus grandes chanteuses de notre pays. Belle, intelligente et mystérieuse. Lui est un architecte brillant. Il la rencontre un soir où elle chante et il tombe sous le charme. C'est le coup de foudre. Il lui fait une cour passionnée et elle, qui entre alors dans une nouvelle phase de sa vie, succombe à son tour. Elle est prête à vivre tout de suite avec lui et même à l'épouser. Mais l'homme entre alors dans une période de doute parce que, lorsqu'ils sortent ensemble, tous les regards se tournent vers elle, parce que, dans les réceptions, tous les invités s'intéressent à elle, parce que quand elle est sur scène, sous le feu des projecteurs, il se tient dans un coin et personne ne fait attention à lui. Il ne s'adapte pas à cette situation. Il n'accepte pas d'être le « mari de... », « l'amant de... ». Il refuse donc la vie commune. Il se comporte en célibataire. Il l'oblige à ne le voir que de manière espacée, comme deux amants clandestins.

3. *L'engouement érotique*. Nous avons étudié divers cas d'engouement érotique. Chez l'homme, il se caractérise par un plaisir sexuel effréné mais qui ne débouche pas sur un état naissant et un projet de vie commune. Souvent il s'alimente chez la femme d'un engouement de type idolâtre. Comme dans le cas de *Carmen* de Georges Bizet. Carmen est pleine de fougue, elle a envie d'aimer et d'être aimée. Don José lui plaît parce qu'il est beau, parce qu'il porte un uniforme et l'aide à s'enfuir. Mais lorsqu'il sort de prison, où il a été enfermé à cause d'elle, et qu'il voudrait rentrer à sa caserne pour ne pas être arrêté de nouveau, l'attitude de Carmen montre qu'elle ne l'aime pas : elle se moque de lui et le contraint par la séduction à déserter, à la suivre avec les contrebandiers. Elle ne renonce à rien, lui à tout. Devenu déserteur, l'homme est déprimé, triste. Carmen s'en lasse. Elle a déjà un nouvel amour en tête : le torero Escamillo.

Un cas typique d'engouement érotique est celui de cet homme d'affaires italien qui se rend à Rio pour le carnaval, est érotiquement ensorcelé par une très jeune mulâtre et tombe sous le charme. Je l'appellerai *L'homme de Rio*. Persuadé d'être follement amoureux, il la convainc au bout d'une semaine de venir avec lui en Italie. En cachette de sa femme, il la loge dans un petit appartement à Milan. Il lui donne chaque mois une somme confortable qu'elle envoie systématiquement à sa famille au Brésil. La jeune femme mène une vie retirée, elle parle très mal l'italien et souffre de solitude. Sa mère, son frère, ses amies lui manquent. Elle devient triste. Elle a perdu son éclat, son charme, l'érotisme débordant qu'elle avait durant le carnaval. L'homme s'aperçoit que sa Brésilienne a un corps menu, maigre même, des petits seins, que c'est presque une enfant. Maintenant, plus qu'un élan sexuel, il éprouve vis-à-vis d'elle une tendresse paternelle. Au bout d'un ou deux mois, la jeune fille lui demande en pleurant de pouvoir rentrer au Brésil. Il se sent soulagé. Il lui offre une forte somme d'argent et l'accompagne à l'aéroport. Ils gardent des relations affectueuses. Ils se revoient une fois au Brésil. Mais plus de trace du grand amour.

Incompatibilité des projets

La crise du couple peut se produire aussi lorsqu'il y a un énamourement véritable et donc état naissant, fusion, historicisation, pacte. Mais si l'état naissant nous rend souples, adaptables l'un à l'autre, nous gardons des personnalités distinctes, avec des rêves, des aspirations, des sentiments, des projets existentiels différents. Nous avons déjà parlé de la lutte avec l'ange et des ruptures, des drames qu'elle peut provoquer. Nous avons examiné divers cas. Celui de Tolstoï et de sa femme Sophie est particulièrement intéressant. Après leur mariage, ils partent s'installer dans la propriété d'Iasnaïa-Poliana. C'est le royaume de Tolstoï, de ses habitudes. Un lieu où règnent le désordre le plus total, la saleté, où les paysans dorment dans les corridors, où le cuisinier est un ivrogne. Sophie est attirée par le génie capricieux de Tolstoï mais elle voudrait en faire un mari normal. Elle prend en main la maison et tente de la transformer en une résidence élégante. Tolstoï interprète ces exigences comme de la coquetterie. Aucun des deux ne parvient à réaliser le projet de vie qu'il avait en tête. Elle veut une vie gaie, mondaine, lui une vie simple de paysan. Elle cherche un homme avec qui puisse se produire une rencontre spirituelle, lui une femme avec qui avoir des relations sexuelles, qui ne pense pas à son apparence, qui renonce à la vie sociale et s'occupe seulement de la maison et des enfants, sans prétentions intellectuelles. Pourtant, quand il était tombé amoureux d'elle, Tolstoï s'était senti attiré par son esprit vif, brillant, par son élégance. Maintenant il veut anéantir en elle ce qui l'avait séduit : la gaieté, la spontanéité, le désir de se divertir, de plaire[7]. Et puisque chacun donne à lire à l'autre son journal intime où il décrit ses doutes et ses rancœurs, les disputes violentes commencent dès les premiers mois du mariage.

Facteurs extérieurs

Lors de l'énamourement, nous reprenons en main notre destin d'individus. Nous nous libérons des conditionnements de la famille, du milieu social. Nous cherchons notre route. Mais parfois ces forces sociales nous reprennent, nous contraignent à redevenir ce que nous étions. L'amour alors s'évanouit. L'ouvrage de Woods Kennedy *Un anno d'amore*[8] raconte celui de deux jeunes Américains de dix-huit ans à Paris. Ils partagent la vie de bohème de la diaspora américaine de Fitzgerald, Pound, Henry Miller et Hemingway. Le jeune homme appartient à une famille riche, il n'a jamais eu d'expérience sexuelle. Sarah vient du milieu du music-hall new-yorkais. Elle a été la maîtresse d'un metteur en scène et, à la suite d'une maladie vénérienne, elle ne peut plus avoir d'enfants. Mais elle est très belle, très douce. Elle lui révèle le corps féminin, lui enseigne l'amour érotique et, à travers l'érotisme, va naître entre eux un profond amour. La jeune fille commence à fréquenter le milieu du jeune homme, ils suivent les cours d'une école d'art, ils vivent dans une intimité totale. Dans ce monde désordonné, anticonformiste, ils constituent un couple d'amoureux inséparables et fidèles. Puis vient le moment où la mère du jeune homme exige qu'il revienne à Boston. Il emmène Sarah avec lui. C'est un autre milieu : riche, arrogant, puritain, qui a d'autres valeurs, d'autres règles. Sarah est choquée, anxieuse. Elle se sent rejetée, elle étouffe. L'homme qu'elle aime est le garçon libre qu'elle a connu à Paris, et non le fils esclave des conventions familiales. Elle comprend qu'elle ne sera jamais acceptée, qu'elle ne parviendra jamais à faire vivre l'amour dont elle a rêvé. Dans son cœur se lève alors la révolte, la haine envers ce monde que, enfant, elle voyait de loin, froid, hostile, impitoyable. Elle va voir sa mère dans les quartiers misérables de New York où elle retrouve en elle-même cette force prédatrice, rebelle, qui lui avait permis de se battre et de survivre. Elle décide de revenir dans le monde du spectacle en jouant sans scrupules sur sa beauté et sa sexualité. Ainsi s'achève leur amour, aucun des deux n'ayant réussi à surmonter leurs différences, à franchir les barrières des mondes dont ils sont issus, à échapper à leurs tentacules. Ils ne sont pas parvenus à s'inventer un mode de vie différent, chacun a été alors réabsorbé par son milieu, et c'est la séparation.

Ce type de conflit entre le nouveau couple et les milieux sociaux dont chacun provient est une constante, bien qu'il ne soit pas toujours aussi fort. Bon nombre des conflits qui apparaissent dans les premières années du mariage sont dus aux interférences des parents du jeune homme ou de la jeune épouse[9].

Affaiblir l'autre

Certaines personnes tombent amoureuses de quelqu'un qui a des caractéristiques et des capacités supérieures aux leurs. Puis, lorsqu'elles sont sûres que leur amour est réciproque, elles cherchent à détruire en l'autre précisément les qualités qui les ont fascinées. C'est l'histoire de cet homme marié, riche, appartenant à la bonne bourgeoisie, qui s'amourache d'une danseuse, d'une actrice, parce qu'il est attiré par sa liberté, qu'il voit en elle un symbole de transgression, d'érotisme effréné, parce que, à travers elle, il veut sortir de sa coquille, dépasser ses limites, relâcher les freins de sa plate médiocrité. Mais au fond, sa beauté, la fascination qu'elle exerce sur les autres et sur lui-même lui font peur. Il sait que, pour garder la jeune femme, il doit toujours rester à la hauteur des espoirs qu'il a suscités. Il n'est pas sûr d'y parvenir, il n'est pas sûr de ses capacités. Il sait quelle puissance érotique elle est capable d'exercer quand elle est elle-même : c'est une diva. Il a peur que quelqu'un puisse la lui prendre. Il redoute même son amour. Alors il l'enferme à la maison, il l'éloigne de son milieu, lui demande de quitter son travail, lui fait des enfants, lui impose de s'habiller d'une façon banale, anonyme. Il la transforme en une femme au foyer traditionnelle, inoffensive, dépourvue de charme érotique. Il la neutralise, la détruit et finit par ne plus l'aimer, ni la désirer. Il se débarrasse de son amour.

N'avons-nous pas dit que, si quelqu'un est véritablement amoureux, il désire aimer, il veut intensifier son amour ? Certes. Mais nous avons vu aussi qu'en chaque être humain il y a des forces en faveur de l'amour et d'autres qui agissent contre lui. Chez ce type d'homme, les forces contraires sont les plus fortes. La peur prend le pas sur l'amour. Il était tombé amoureux d'un splendide animal sauvage qui courait librement le monde. Mais il le craint, il a peur d'en devenir l'esclave. Il ne veut pas renoncer, il ne veut pas souffrir. Il emploie alors une méthode plus insidieuse pour tuer son amour. Il tente de le domestiquer, d'en faire un objet familier, inoffensif. Il lui coupe les ailes et, quand elle n'est plus qu'une poule couvant ses petits, son amour finit par mourir. C'est ce que nous avons vu dans le cas de Tolstoï et de sa femme Sophie.

En analysant plus attentivement ce type d'amour, nous découvrons qu'il entre dans la vaste catégorie des amours compétitifs, des amours mus par le désir de remporter une épreuve contre les autres, de s'emparer d'un trophée, d'être le vainqueur, d'exceller. C'est un type d'amour dans lequel le sujet s'affirme lui-même sans être prêt à se donner, c'est un amour égoïste, où il ne s'agit pas d'élever l'autre, mais de l'écraser par tous les moyens, de le contraindre à s'abaisser à son niveau. C'est un amour marqué par la compétition et l'envie. Lorsqu'un homme ordinaire parvient à épouser la diva vers laquelle vont tous les regards, au début il en est fier, puis il se sent diminué et naît alors *l'envie*. Il cherche à détruire sa beauté, à faire d'elle une femme ordinaire médiocre comme lui. C'est seulement ainsi qu'il se sentira à l'aise, qu'il n'aura pas à faire d'efforts pour s'améliorer, pour se hisser à son niveau.

Cela nous rappelle l'histoire de Sandra Milo, une actrice que Federico Fellini avait rendue célèbre et qui abandonna son rôle de diva par amour. Elle épousa un médecin et partit vivre avec lui dans un petit village. Elle devint mère. Lui, lorsqu'il l'avait épousée, lui avait demandé de renoncer à sa carrière d'actrice, de devenir une épouse, une femme toute à lui. Bref, il avait demandé à la diva de se transformer en une femme ordinaire. Pourtant, il en était tombé amoureux quand elle était au plus haut de sa carrière, célèbre, resplendissante et inaccessible. Quand ce travail de destruction s'est achevé, leur amour s'est évanoui. Sandra Milo est retournée à Rome, dans son milieu. Mais les admirateurs n'étaient pas au rendez-vous. Les metteurs en scène ne se disputaient plus ses apparitions à l'écran. Le temps de la gloire était passé.

C'est aussi un peu ce qui est arrivé à Ingrid Bergman lorsqu'elle a épousé le réalisateur italien Roberto Rossellini, le célèbre inventeur d'un nouveau genre cinématographique : le néo-réalisme. Ingrid Bergman était devenue une grande diva de Hollywood grâce à des films comme *Pour qui sonne le glas*, *Les Enchaînés*, *Casablanca*. Tous deux pensaient qu'ensemble ils allaient faire des choses extraordinaires. Mais Rossellini ne parvient pas à sortir de son schéma. Il lui fait jouer des rôles de paysanne comme dans les films néoréalistes. Ce ne sont pas des rôles pour elle. Ces films sont des échecs. Alors Ingrid Bergman se consacre à sa maison, à ses enfants, loin d'Hollywood, de son monde, de ses amis. Puis un beau jour, elle se rebelle et elle s'en va. Mais sa vie d'actrice ne sera plus comme avant.

L'énamourement est fondé sur l'égalité et la valorisation réciproque. Si l'un cherche à rabaisser l'autre, il tue l'amour. Dans l'énamourement, aucun des deux ne doit se laisser piétiner, dominer, emprisonner par l'autre, car l'amour c'est la parité et la liberté. Si chacun ne revendique pas sa dignité et sa valeur, si chacun ne défend pas sa personnalité, il se trahit lui-même et il trahit aussi l'autre qui l'a choisi pour ce qu'il est.

Dépassement d'un point de non-retour

Chacun de nous a des objets d'amour essentiels, des valeurs fondamentales, qui constituent sa personnalité et qui ne peuvent être détruits, pas même par l'énamourement. Lorsque nous tombons amoureux, nous redécouvrons, nous reconfirmons, nous remettons ces caractères essentiels au centre de notre projet amoureux. Nous avons vu le cas de *La femme qui voulait un enfant* : en tombant amoureuse, elle découvre et reconfirme son désir intime de maternité. Certains hommes ont un besoin analogue de paternité. Souvenons-nous du *Sculpteur*. Cet homme, nous l'avons vu, est amoureux d'une jeune fille très belle, il lui fait une cour assidue. Lorsqu'elle succombe enfin à son tour, il commence à lui parler de ses projets de mariage. Il est riche, il a une grande maison sur le lac. C'est là qu'il veut vivre avec elle et avoir plein d'enfants. La jeune fille a des projets de vie différents. Elle veut terminer ses études à l'université, puis se consacrer à la réalisation de films de télévision, secteur où elle travaille déjà occasionnellement. Peut-être un jour aura-t-elle à son tour envie d'un enfant, mais pour le moment elle n'a aucunement l'intention d'aller s'enterrer dans une villa au bord du lac. Elle veut rester dans la grande ville où elle habite, c'est seulement là qu'elle pourra réaliser sa vocation artistique et professionnelle. *Le sculpteur* ne s'avoue pas vaincu, il tente de la convaincre par la séduction. Mais la jeune femme se sent traquée. Le désir de le voir se mue en désir de lui échapper. Elle le quitte. Des années plus tard, le sculpteur rencontre une femme qui, comme lui, souhaite fonder une grande famille. Il l'épouse bien qu'il ne l'aime pas et ils ont une ribambelle d'enfants. Le sculpteur réalise son rêve, il renonce à l'amour et devient une sorte de patriarche.

Parfois le point de non-retour dépend d'une décision prise très longtemps auparavant, comme dans le cas que nous avons intitulé *La jeune fille et le réalisateur*. Un réalisateur de films pour la télévision avait épousé une Anglaise très cultivée, experte en littérature et passionnée de cinéma. Ils formaient un couple solide, elle s'intéressait au travail de son mari, l'encourageait, l'aidait. Ils discutaient ensemble des sujets, du choix des acteurs, de la musique, de la mise en scène. Un jour, la production invite le réalisateur à engager une jeune fille qui vient de terminer ses études et aspire à devenir réalisatrice. Il accepte, sa femme l'approuve et l'aide à initier la jeune élève à la mise en scène. Mais le réalisateur et la jeune fille prennent bientôt l'habitude de discuter entre eux de la mise en scène, comme s'ils étaient seuls. L'épouse est anéantie. Elle observe silencieuse la complicité qui s'est créée entre eux et comprend qu'il n'y a plus de place pour elle. Elle quitte son mari, les plateaux de télévision, la maison qu'ils avaient construite ensemble, et se réfugie dans un appartement meublé où elle tente de se concentrer sur une recherche littéraire.

Pendant ce temps, la jeune fille est venue vivre chez le réalisateur. Elle lui dit qu'elle l'aime, qu'elle veut vivre avec lui. Tout le monde pense qu'ils sont amants. Surtout sa femme qui, faisant appel à tout son self-control anglais, ne s'interpose pas. Un jour, le mari vient la trouver, non pas pour s'excuser, ni pour lui demander de pardonner la souffrance qu'il lui a causée, mais pour lui demander de l'aide. Il lui raconte que la jeune fille dont il est tombé amoureux est prête à vivre avec lui, à l'aider dans son travail, à s'occuper de la maison, mais qu'elle ne veut pas avoir de rapports sexuels. Elle veut être sa complice, son amie, sa sœur, mais pas sa maîtresse. Pourquoi ? Parce que, des années auparavant, elle a été amoureuse d'un garçon de son âge qu'elle connaissait depuis l'école maternelle. Lorsque ce garçon est mort dans un accident de voiture, elle a fait vœu de chasteté, et ne veut le rompre pour rien au monde. Le réalisateur ne renonce pas, il parle aux parents de la jeune fille, demande à un prêtre d'intervenir. Tout cela se révèle inutile : la jeune fille est inébranlable. La vie du réalisateur est devenue un cauchemar, il ne parvient plus à dormir ni à travailler. Il est obsédé par le désir. Pourtant, il n'a pas le courage de rompre, la seule idée de la perdre le rend fou. Que doit-il faire ?

Sa femme l'écoute en silence, puis, ouvrant toute grande la porte, elle lui dit : « Je reste ici pour attendre tranquillement la fin de ton histoire romantique, puis je retournerai pour toujours en Angleterre. » Rentré chez lui, le réalisateur ne trouve pas la jeune fille, mais un billet de quelques lignes : « Ma place est au couvent. La vie de réalisateur est agitée de passions tumultueuses et ne me permettrait pas de respecter le vœu que j'ai fait. En restant dans le monde je ne pourrais vivre sans causer de la douleur. J'en ai déjà trop causé, à toi aussi. N'essaie plus de me joindre. »

Depuis ce jour, l'homme n'a plus cherché à la voir. Il n'a pas revu non plus sa femme, retournée en Angleterre. Il a renoncé à l'amour et au travail. Il s'est réfugié dans la solitude de l'alcool.

CHAPITRE DIX-SEPT
LE COUPLE QUI DURE

Évoluer ensemble

La vie est un processus incessant de mutations qui, même si elles s'opèrent à travers une multitude de petits pas, se manifestent le plus souvent de manière discontinue. Un filin métallique continuellement sollicité par un poids s'altère dans sa structure moléculaire jusqu'à ce que qu'il rompe. Les maladies aussi arrivent sans crier gare. Pendant longtemps notre organisme contrôle l'action des agents pathogènes, jusqu'à ce que les défenses cèdent. Alors apparaissent les symptômes. Le même phénomène se produit en ce qui concerne les décisions humaines. Mon insatisfaction vis-à-vis de mon travail s'aggrave, je me mets à regarder autour de moi et je découvre d'autres possibilités. Je prends contact avec des amis ou avec des agences spécialisées. Arrive le moment où je dois prendre une décision irrévocable. Ma vie subit alors une brusque transformation. Les mouvements collectifs, l'énamourement suivent la même loi : une multitude de petits changements, de petites tensions s'accumulent, de nouvelles routes de l'imaginaire sont explorées, jusqu'au moment où se produit l'explosion, où éclate la révolution.

Si les changements se produisaient de manière continue ou par avancées infinitésimales et si nous en étions conscients, nous pourrions nous adapter facilement et prévenir les crises. Mais cela est structurellement impossible. Les tensions, les incompréhensions, les problèmes qui mûrissent au sein du couple suivent la même loi. C'est la raison pour laquelle les psychologues conseillent aux deux époux de parler, d'examiner les problèmes avant que les tensions n'atteignent un seuil critique. Les forces en présence, les péripéties de la vie agissant sur nous de manière discontinue, le couple doit inévitablement faire face à des mutations soudaines, des problèmes inattendus. Certains sont la conséquence de désirs anciens que nous n'avons jamais pu satisfaire, comme d'avoir des enfants, une belle maison, faire des voyages dans des pays lointains. D'autres surgissent au fur et à mesure de notre évolution. Lorsque nous avons atteint un but, nous nous en fixons un autre, plus élevé. Nous recherchons une reconnaissance que nous estimons méritée. D'autres encore agissent sur nous de l'extérieur, comme la maladie, la nôtre ou celle dont est atteint notre conjoint, ou encore des frères ou des sœurs, des parents.

Ces difficultés peuvent frapper les deux membres du couple séparément ou avoir des effets profondément différents sur l'un et sur l'autre. Chaque changement est donc potentiellement l'occasion d'une crise, car il contraint les membres du couple à repenser les buts qu'ils s'étaient fixés. C'est pour les deux sujets autant d'occasions de se retrouver d'accord, de prendre un chemin commun, de redécouvrir leur amour, ou au contraire de prendre des directions opposées et de s'éloigner l'un de l'autre. Les événements discontinus de la vie constituent pour le couple autant d'occasions de mutation convergente ou divergente.

L'amour n'est pas une chose qui existe, qui dure, qui reste, c'est un défi permanent, une perpétuelle mise à l'épreuve. Ainsi il pourra se renouveler, renaître ou, au contraire, s'affaiblir, se dégrader, disparaître. On ne saurait traiter de la persistance de l'amour dans le couple sans étudier également les défis qu'il lui faut surmonter. L'amour, c'est précisément surmonter ces crises, se renouveler à travers elles. La *co-évolution*[1] n'est pas un processus continu, mais le produit de la solution convergente de tensions, de conflits, de crises.

Prenons le cas que j'appellerai des *Deux intellectuels*. Lui est un scientifique, elle un écrivain. Un couple sans enfants, un couple d'époux-amants, profondément amoureux l'un de l'autre, qui se plaisent érotiquement et qui ont toujours fait face ensemble aux difficultés. Ils voyagent ensemble, travaillent ensemble, discutent de tous les problèmes et le plus souvent arrivent aux mêmes conclusions. De l'extérieur, il semble qu'ils n'aient jamais de problèmes, qu'ils aient toujours été d'accord. En réalité, leur relation amoureuse est le produit d'un continuel va-et-vient entre des périodes d'éloignement pour des explorations personnelles et des périodes de retrouvailles.

Puis un jour, de manière inattendue, le mari accède à la célébrité. Sa femme, qui l'aime véritablement, en est heureuse et éprouve pour lui une attraction encore plus grande. Mais, bien qu'elle excelle elle aussi dans sa profession, on ne s'adresse plus qu'à son mari, dont on sollicite des interviews, alors qu'on méconnaît ses qualités intellectuelles. Souvent c'est elle qui résout les problèmes, trouve les solutions. Mais elles ne sont prises au sérieux que lorsqu'elles sont formulées par l'illustre mari. Les femmes l'envient parce qu'elle est la « femme de » et l'ignorent ostensiblement dans les manifestations publiques. Les rivaux de son mari attaquent son épouse pour le blesser. Elle souffre de cette injustice et ressent par moments un terrible malaise qui pourrait facilement se muer en jalousie, en rancœur envers son mari. L'envie apparaît entre deux personnes qui se considèrent comme égales lorsque l'une des deux prend le pas sur l'autre[2]. La crise, qui aurait pu devenir destructrice, est surmontée lorsque tous deux prennent la décision d'apparaître en public ostensiblement unis et complices. Ils voyagent ensemble, tiennent ensemble des conférences, affrontent au coude à coude le monde extérieur. Leur relation, leur érotisme s'en trouvent renouvelés. C'est un geste spontané de l'un et de l'autre en même temps qu'une solution intelligente à un problème périlleux.

Quelques années plus tard, la femme se découvre un

vif intérêt pour la politique. Elle s'y investit de plus en plus. Le mari, par amour, se laisse à son tour attirer sur ce terrain. C'est une règle fondamentale de la coévolution ; chacun doit s'intéresser et participer intensément à ce que fait l'autre. Mais l'intérêt de la femme pour la politique finit par dominer. Ils discutent continuellement de politique mais lui se lasse, il voudrait s'occuper d'autre chose. Sa femme passe tout son temps dans les réunions du parti, accepte quelques fonctions officielles. On lui propose de se présenter aux élections législatives. Il ne s'y oppose pas, elle commence alors à voyager seule, fréquente d'autres hommes. Il se découvre jaloux. Il le lui dit. La femme sait que si elle accepte de se présenter aux élections, si elle se lance dans une carrière politique, leur vie commune va devoir changer profondément. Ils réfléchissent même à l'éventualité de se consacrer tous les deux à la vie politique, de s'installer dans la capitale, pour rester unis, pour continuer à travailler ensemble. Puis la femme se rend compte que son mari n'est pas fait pour cela, que ce serait pour lui un trop gros sacrifice. Alors ils décident qu'elle sera absente quatre jours par semaine et qu'ils passeront ensemble les trois autres.

Jusqu'à ce que la femme découvre que l'activité politique n'est pas seulement une bataille d'idées. Elle est faite aussi d'attentes épuisantes, de bavardages sans issue, de « sempiternels » compromis. Elle songe avec nostalgie à sa maison, à ses livres, à ses longues réflexions dans le calme, aux échanges approfondis avec son mari. Elle comprend que sa véritable vocation, c'est d'écrire. Ils retrouvent alors de nouveau un but commun. Ils vont continuer à s'occuper de politique, mais seulement sur le terrain intellectuel, sans participation directe. L'écriture à quatre mains d'un grand roman historique va ouvrir une nouvelle phase dans leur vie.

L'amitié

L'amitié et l'énamourement sont deux choses différentes[3]. L'énamourement apparaît brusquement, avec
l'état naissant. L'amitié se consolide peu à peu, rencontre après rencontre, avec le plaisir d'être ensemble,
avec la confiance qui grandit. L'énamourement est une
passion. Nous aimons parfois quelqu'un qui ne nous
aime pas. L'amitié, au contraire, ne peut exister que si
elle est réciproque. L'énamourement est au-delà du
bien et du mal. Nous pouvons aimer une personne qui
nous fait du mal, qui nous fait souffrir. L'amitié, au
contraire, est un sentiment moral. Nous ne pouvons pas
être l'ami de quelqu'un qui nous traite avec méchanceté, qui nous trompe, qui nous trahit. Lorsque je vois
devant moi la personne dont je suis amoureux, je sens
mon cœur battre. Quand je vois un ami, je suis heureux, serein. Les amoureux tendent à la fusion, exer-
cent une pression l'un sur l'autre. Les amis, eux, se
traitent comme deux grands seigneurs et chacun a le
plus grand respect pour l'autre, pour son monde personnel et social. Quand je suis amoureux, je ne supporte pas de rester longtemps loin de la personne
aimée. Le temps me semble long. Les amis, en revanche, peuvent rester longtemps séparés et, lorsqu'ils se
retrouvent, ils reprennent leur conversation là où ils
l'avaient laissée plusieurs mois auparavant. L'amour
est exclusif, jaloux. Si la personne aimée me dit qu'elle
en aime un autre, je deviens fou de douleur. Si un ami
me raconte qu'il est amoureux et qu'il part avec la
personne aimée pour un long voyage autour du monde,
je me réjouis pour lui.

Pourtant, la relation amoureuse a besoin, pour durer,
des sentiments moraux de l'amitié : la confiance, le
respect réciproque, la loyauté, la modération, la prudence, la sincérité. Elle a besoin de la délicatesse, de

la liberté de l'amitié qui n'impose rien, parce qu'elle pense n'avoir aucun droit sur l'autre et le respecte dans sa différence. Dans l'amour de l'énamourement, l'amitié se fraie un chemin lorsque l'aspiration frénétique à la fusion se relâche et que s'affirme l'autre besoin, ancré en tout être humain, du respect de son individualité. Le processus d'institutionnalisation peut être en partie décrit comme un passage de la fusion à l'amitié, avec ses frontières, ses limites, avec ses relations morales fondées sur les engagements, les pactes.

On peut alors se demander si, lorsque la passion amoureuse, l'intérêt érotique s'atténuent, le couple peut rester stable en se basant uniquement sur l'amitié. Nous pensons que non. Sternberg[4], qui considère que le couple est constitué de trois éléments : la passion, l'intimité ou amitié, l'engagement, est arrivé à la même conclusion. Sans la dimension de la passion, on ne peut pas même parler de couple[5].

L'amitié est donc une composante importante de l'amour dans le couple. Le développement des relations morales de l'amitié contribue à son renforcement. Mais, à elle seule, elle ne suffit pas. L'amitié est fondée sur le principe du plaisir, et un ami qui nous déçoit cesse d'être un ami. S'il nous fait du tort, nous ment, ou simplement s'il est désordonné ou devient ennuyeux, nous l'évitons. L'amour de l'énamourement est une force qui surmonte ces difficultés. Pas l'amitié.

Il y a aussi le thème de la séduction érotique. Deux amis ne sont pas tenus de se plaire sur le plan érotique. Aucun ne tente de séduire l'autre. S'il le fait, il ne s'agit plus d'amitié. Les amis se présentent tels qu'ils sont, sans artifice, leur attitude est naturelle et spontanée. Mais un couple dans lequel aucun des deux ne cherche plus à attirer l'intérêt de l'autre est réduit à bien peu de chose : l'estime réciproque, l'habitude. Ce peut être le cas d'un couple de vieillards qui n'attendent plus rien de la vie, mais cela ne peut suffire à deux personnes jeunes et pleines de désir.

Enfin, l'amitié n'est pas exclusive. Mon ami peut avoir autant d'amis qu'il le veut. Il peut se marier, divorcer, avoir des liaisons sans me tenir au courant. Mais que se passe-t-il lorsque cette liberté totale est également admise dans le couple ? D'ailleurs, l'expression « un couple d'amis » est d'après nous impropre, nous préférons dire simplement « deux amis ».

Intimité

Beaucoup d'importance a été donnée ces derniers temps à l'intimité[6]. Surtout par certaines psychologues féministes. Elles ont observé que, lorsqu'elles sont amies, les femmes, surtout les adolescentes, se touchent, se caressent, s'embrassent, étudient ensemble leurs corps, les comparent sans honte, même dans les parties les plus intimes. Elles se racontent sans réticences leurs expériences amoureuses, sexuelles, leurs sentiments. Elles se confient leurs secrets. Elles ont l'une envers l'autre cette curiosité impudique et sans limites qu'ont leurs mères vis-à-vis d'elles, comme si elles continuaient à faire partie de leur corps, comme si elles étaient des extensions de leur être.

Les hommes ont en revanche des difficultés à communiquer leurs sentiments, leurs troubles amoureux. Ils en ont honte comme d'une faiblesse, ils ont peur de dévoiler la partie vulnérable de leur être. Dans l'imaginaire collectif, l'homme véritable ne s'épanche pas en soupirs et lamentations, il ne se laisse pas aller à des débordements d'émotions, il ne pleure pas, ne se plaint pas, ne colporte pas de rumeurs, parce que ce sont des manières de « bonnes femmes ». Son caractère est rude, fort, silencieux. Il affronte l'adversité sans broncher.

Cette différence entre les sexes est le produit d'une longue tradition culturelle qui continue à marquer les comportements et qui peut créer des problèmes dans le couple lorsque la femme ressent un profond besoin de recevoir et de communiquer des émotions, tandis que l'homme se montre réticent. Nous l'avons constaté dans bon nombre des cas que nous avons examinés. L'homme se soucie avant tout de son travail, il rentre le soir fatigué et ne voit même pas les multiples petits gestes par lesquels sa compagne lui a témoigné son amour : en mettant des fleurs dans un vase, une nouvelle nappe sur la table préparée pour le dîner, un coussin coloré sur le divan. Parfois, il n'a pas envie de parler. Parfois, même, il ne saurait vraiment pas quoi lui dire. Alors elle trouve un aliment émotionnel en regardant un feuilleton à la télévision tandis qu'il regarde le sport.

Mais, lorsqu'il tombe amoureux, l'homme est lui aussi amené, qu'il le veuille ou non, à ressentir des vibrations, éprouver des sentiments, des passions, et il sent le besoin de les exprimer à la personne aimée. Lorsqu'il est amoureux, l'homme le plus bourru s'émeut, soupire, pleure et désire fusionner avec celle qu'il aime, tout lui dire de lui et tout savoir d'elle. Mais cette phase d'ouverture, de fusion ne dure souvent que peu de temps. Lorsque l'homme est certain d'être aimé, sa vieille défiance envers l'expression affective resurgit. Il reprend la cuirasse avec laquelle il est habitué à vivre.

La vie du couple dépend de sa capacité à garder, ne serait-ce qu'en partie, l'intimité provoquée par l'état de l'amour naissant. L'institution doit être la gardienne et l'héritière de la promesse de l'état naissant, donner une part de ce qu'il a fait entrevoir et espérer. Mais ce serait une erreur de penser que la stabilité de l'amour du couple est proportionnelle au degré de fusion, d'identification des deux amants l'un à l'autre, qui peut aller jusqu'à les rendre presque impossibles à distinguer l'un de l'autre, comme s'ils formaient une seule et même personne. C'est le type d'intimité que connaissent les vrais jumeaux homozygotes où chacun voit en l'autre sa propre image, ses propres sentiments, ses pensées, ses gestes ; il le connaît donc en profondeur, sans barrières, sans défenses, il se connaît lui-même à travers l'autre qui est son image spéculaire. Au contraire, l'intimité amoureuse implique toujours une distance, une différence, une découverte. Cela ne va pas de soi, c'est une conquête, ou un don.

Certains affirment que les époux doivent tout se dire, ne rien se cacher l'un à l'autre, ne jamais se mentir. S'ils ressentent une impulsion d'agressivité, il leur faut l'exprimer, la crier si nécessaire. S'ils éprouvent du désir pour une autre personne, ils le manifestent, car ce qui est montré au grand jour ne peut faire de mal, tandis que ce qui est dissimulé devient inconscient et nocif. Tout cela n'a aucun sens. Le « flux de la conscience » est un enchevêtrement chaotique de pensées, de raisonnements, d'hypothèses, d'émotions, de doutes, de craintes, de rêves, d'impulsions amoureuses et agressives[7]. C'est un fleuve qui naît de mille ruisseaux, qui se perd en mille affluents, se recompose et se divise encore. Se laisser guider par ce flux signifie changer de façon chaotique, laisser exploser les violences, se démentir continuellement.

La vie de couple exige que l'on se dise la vérité, que l'on soit sincère, mais elle demande aussi de la cohérence, un projet. Il faut savoir taire les pensées et les émotions qui pourraient troubler ou offenser excessivement la personne aimée. Les paroles malveillantes, les excuses rageuses, les vulgarités, les insultes laissent des marques qui, peu à peu, creusent un abîme.

Chacun de nous est, en réalité, constitué de nombreux individus différents. Au cours de notre vie, nous avons pris divers chemins, nous avons commencé à construire telle ou telle personnalité que par la suite nous avons abandonnée. À chaque changement de notre existence, chaque fois que nous avons pris une orientation nouvelle, nous avons utilisé tel ou tel fragment de ces moi antérieurs que nous avions écartés. Tous ces *moi antérieurs* continuent, quoi qu'il arrive et tout en étant subordonnés à notre nouvelle identité, à faire partie de nous, ils constituent le noyau profond de notre être où nous pouvons puiser en cas d'urgence ou pour nous différencier encore.

Lorsque nous tombons amoureux, au cours du processus d'historicisation, nous racontons à la personne aimée ce que nous avons été et comment nous sommes devenus ce que nous sommes. En faisant retour sur notre passé, nous retrouvons ces êtres d'autrefois et les réveillons. Ils sont comme des démons endormis et enchaînés qui peuvent nous apporter des forces extraordinaires, mais que nous ne pouvons délivrer et laisser faire irruption comme ils en ont envie. Au cours du dialogue intime nous pouvons les évoquer, les faire parler et agir, mais toujours à l'intérieur du cercle magique de l'exorcisme. Si on les laisse resurgir chaotiquement, ces démons vont briser notre personnalité, qui devient le jouet du désordre. Cela détruirait l'amour car l'état naissant est précisément le passage du désordre à l'ordre. L'*intimité* est donc la révélation de nos rêves impossibles, la libération de nos personnalités interdites, mais toujours en des termes compatibles avec notre nouvel amour, la nouvelle identité personnelle et collective. En tant qu'instrument de créativité dans le processus de *co-évolution*.

Ces *moi antérieurs* constituent aussi une ressource extraordinaire pour affronter des situations nouvelles et imprévues. Dans un célèbre récit de Rabindranath Tagore, un grand homme d'État devenu vieux décide de se retirer sur la montagne pour méditer. Pendant des années et des années, il vit dans une solitude absolue, sans plus prononcer un seul mot, se rapprochant du niveau de la plante, du rocher. Les gens de l'endroit le considèrent comme un saint, mais n'osent l'approcher. Un jour, la région est frappée par un ouragan d'une violence sans précédent. Des torrents de pluie emportent les villages, les maisons, les gens courent en tous sens, fous de terreur. Alors le vieillard, comme s'éveillant d'un rêve, redevient ce qu'il était autrefois : un grand homme d'État. Il donne des ordres, organise cette population affolée, fait construire des remblais, des défenses, et parvient à la sauver. Puis il repart en silence vers ses montagnes pour retrouver son immobilité ascétique.

Dans le processus de *co-évolution*, il faut parfois,

pour affronter des situations nouvelles qui réclament des modes d'action différents, faire appel à ces ressources enfouies. Cela devient plus facile si les amants se font confiance, ils peuvent alors se révéler, sans craintes, ces aspects cachés et dangereux de leur personnalité et de leur propre histoire.

Complicité

Le mot complice, en italien, a un sens négatif ; il se réfère à la solidarité, à la confiance et à l'aide réciproque entre deux personnes agissant en dehors de la loi. Le complice est celui qui aide le voleur à voler et à se soustraire à la justice. Peu importe le motif pour lequel il agit, pour de l'argent, par amitié ou par amour. Du point de vue de la loi c'est indifférent, et l'acte reste condamnable. Mais, en français, il a également un sens positif de confidence, d'accord secret, de solidarité entre deux amis, entre deux personnes qui s'aiment. La complicité est un des aspects intimes, secrets, de l'amour, qui exprime le fait que deux personnes amoureuses l'une de l'autre sont du même bord, qu'elles font front commun contre ceux qui les contrarient, qui les menacent, qui pourraient mettre leur union en danger. C'est là une signification importante. En effet, il ne suffit pas de dire que deux personnes sont d'accord, qu'elles s'entraident, se soutiennent. Dans la relation de couple, il y a quelque chose de plus : la défense vis-à-vis du monde extérieur. Un couple amoureux est une entité sociale qui doit survivre dans un monde hostile. Ce couple doit donc être aussi une forteresse, repousser les attaques, monter au créneau, passer à l'offensive. Comme dans un état-major, les deux complices doivent élaborer des stratégies, mettre au point des plans, les mener à terme avec patience, sans en parler à personne.

Chacun connaît les qualités et les faiblesses de l'autre. Il s'appuie sur ses points forts, supplée à ses carences. Dans la vie sociale, il met ses talents en valeur et dissimule ses défauts. Lorsqu'il est attaqué, il se précipite à son secours en usant de tous les moyens : l'argent, le mensonge, et si nécessaire la violence.

Il y a un plaisir de la complicité. C'est un sentiment que connaissaient bien les guerriers des tribus anciennes, lorsqu'ils partaient, en petits groupes, mener une incursion sur le territoire ennemi où chaque buisson, chaque ombre, pouvait dissimuler un piège. Mais ils n'étaient pas seuls puisque chacun sentait l'autre vigilant, à ses côtés, le protégeait, couvrait sa progression. Ce plaisir ancien se retrouve lorsque deux amis, deux amants, deux époux affrontent ensemble un obstacle, relèvent un défi. Nous constatons cette complicité dans les couples les plus divers. Prenons le cas d'un couple qui gère ensemble un commerce, leur union semble reposer exclusivement sur l'intérêt, pourtant ils vivent cette activité commune comme une aventure de chasse et de guerre, un jeu de rôles, un perpétuel théâtre où un regard, une inflexion de la voix suffisent pour se transmettre un message, comme entre deux vieux tricheurs au poker. J'ai vu des conjoints diriger ainsi des entreprises : apparemment en désaccord, en réalité complémentaires, indispensables l'un à l'autre. La complicité, dans le mariage, est un lien qui peut être plus fort que l'érotisme, s'y substituer lorsqu'il décline.

La complicité est un des visages de l'amour, mais non des passions fortes. Généralement, elle se renforce avec la vie en commun, avec la connaissance réciproque, avec l'habitude de lutter ensemble. Elle se nourrit de vertus éthiques comme la sincérité, la confiance, l'intimité, mais pour affronter et résoudre les problèmes ensemble, jauger les individus, élaborer des stratégies, elle a absolument besoin des froides ressources de l'intellect. Les passions la perturbent, la jalousie la détruit. En effet, la jalousie est soupçonneuse et conduit les amants à s'épier comme deux ennemis potentiels. La complicité est troublée également par la colère et par la peur, émotions trop « chaudes », trop instables. Elle repose sur la complémentarité, ne peut jouer si tous deux se laissent prendre par la même émotion, s'excitent l'un l'autre. Si l'un a peur, l'autre doit rester maître de lui-même, garder son sang-froid. Si l'un s'emballe, l'autre doit savoir freiner. Si l'un perd la tête, l'autre doit la garder solidement vissée sur les épaules.

CHAPITRE DIX-HUIT

LA CRISE TARDIVE

Pourquoi elle se produit

De nombreuses recherches démontrent que la vie commune, la répétition des gestes, la connaissance réciproque renforcent la confiance, rendent l'affectivité plus stable, mais affaiblissent l'intérêt sexuel et l'attente du nouveau[1]. Ainsi s'instaure peu à peu un amour sans passion, sans problèmes, sans aventure. Ce qu'Erich Fromm décrit dans son *Art d'aimer* se réfère à ce second type d'amour conjugal basé sur la certitude sereine de pouvoir compter sur l'autre, mais sans avoir besoin de sa présence physique à chaque instant, sans être saisi d'émotion en le voyant marcher, dormir, respirer, sans frissons érotiques, sans avoir la gorge nouée, sans accès de bonheur irrépressible et d'extase.

Les recherches menées avec mon équipe ont montré que la passion est plus forte, tant chez les hommes que chez les femmes, durant les trois premières années du mariage. Puis elle s'estompe. Dix ans plus tard, elle a diminué plus fortement chez les femmes qui, cependant, en souffrent davantage que leur partenaire[2]. L'homme s'adapte plus facilement à la monotonie de la vie matrimoniale, il s'y sent à l'aise. La femme l'apprécie moins, car c'est elle qui s'occupe des tâches domestiques et de l'organisation de la maison tandis que l'homme en est le bénéficiaire, mais aussi parce qu'elle attache une plus grande importance au sentiment, au dialogue, à l'intimité. La spécialiste des questions du mariage Laura Remiddi déclarait dans une interview : « Je n'ai jamais eu affaire à un homme qui demande la séparation ou le divorce parce que sa femme ne dialogue pas avec lui, alors que ce motif est souvent invoqué par les femmes[3]. » Le malaise que provoque cette aridité est tel que certaines femmes choisissent de vivre seules plutôt que de partager leur existence avec un mari qui leur paraît un retraité. Elles ont la nostalgie de l'époque incandescente et dorée de l'énamourement, où ce même homme était passionné et plein d'attentions. Il se comportait en chevalier rempli de courage et de gentillesse et faisait vibrer leur cœur. Puis un jour, elles ne se rappellent pas précisément quand, elles ont commencé à éprouver la nostalgie de l'amour. Après la nostalgie est apparu le sentiment d'être devenue une étrangère, et ensuite une sourde colère. Une colère que l'homme ne comprend pas et qui les rend donc plus furieuses encore. Jusqu'à la décision de vivre seules. D'autre part, leurs maris, souvent dès les premières années du mariage, avaient commencé à regarder leurs épouses avec des yeux sans désir. Ils semblaient attirés seulement par les autres.

Qu'y a-t-il derrière ces phénomènes ? Un processus graduel d'atténuation de l'érotisme, une accoutumance à la vie quotidienne et à sa banalité, ou l'accumulation d'innombrables crises mal gérées, non résolues ? Tout cela à la fois.

1. *L'usure du quotidien.* Les amoureux, au début, pensent que « l'amour et l'eau fraîche » leur suffisent. Ils découvrent ensuite la fatigue des levers matinaux, les tensions au travail, les enfants qui pleurent. Ils avaient rêvé un avenir facile, radieux. Maintenant, les obstacles qu'ils rencontrent tendent à affaiblir leur élan, à priver le monde de sa poésie. Les gens optimistes, pleins de vie et d'amour, affrontent le monde avec générosité, se battent, surmontent les frustrations, trouvent des satisfactions y compris dans leurs petits succès. D'autres sont plus fragiles et ont une impression d'échec.

Revenons à ce que nous avons dit : le facteur crucial est la force de l'énamourement, la charge d'énergie, d'enthousiasme, de détermination, la foi en soi-même, l'amour et le plaisir de lutter pour qu'il triomphe, pour rendre heureuse à tout prix la personne aimée. Ensuite, il y a le processus de *transfiguration* grâce auquel nous voyons de la valeur et de la beauté en toutes choses. Pour tous, y compris les plus amoureux, la vie commune est faite d'une multitude d'obligations, de tâches ennuyeuses. Chacun a besoin que l'autre en accomplisse certaines, il le lui demande et, s'il n'obtient pas de résultat, il proteste, lui fait des reproches, le critique.

Si ce processus n'est pas maîtrisé, l'érotisme en souffre. L'érotisme a besoin du jeu, de l'enthousiasme, que l'on se courtise mutuellement. L'érotisme est toujours une rupture de la vie quotidienne, ordinaire[4]. C'est souvent ainsi que naît l'infidélité : une révolte contre la monotonie, le devoir, l'esclavage du quotidien, par besoin de se sentir à nouveau vivant, frais, neuf, sans que personne ne vous demande de faire ceci ou cela, sans obligations. Avec une personne inconnue et différente, on peut alors oublier qui l'on est, avec ses frustrations et ses devoirs. La rencontre érotique est comparable à des vacances. Elle interrompt le train-train de la vie normale, faite de travail, de conflits, d'attentes, de protestations, de responsabilités. L'amant (ou la maîtresse) ne fait pas de reproches, ne critique pas, ne proteste pas. L'amant est gentil, il donne à sa maîtresse la sensation qu'elle est de nouveau belle, intéressante, désirée. Elle a l'impression de respirer de nouveau, de rajeunir, de retrouver sa liberté, de pouvoir rechercher seulement le plaisir.

2. *Les crises.* Mais à lui seul ce processus n'explique pas tout. Le couple est une société vivante qui a une histoire, qui évolue.

Elle subit des tensions, des crises. Ces crises peuvent être classées en trois catégories. La première est due au retour du passé. La deuxième, à l'évolution divergente où les deux membres du couple réagissent différemment aux circonstances de la vie. La troisième est le produit du développement d'une *compétition envieuse* et d'une haine réciproque avec vengeances et représailles.

Le retour du passé

Nous avons rencontré des cas de femmes qui désiraient un enfant ou voulaient se consacrer à une activité créatrice mais dont le mari bloquait les aspirations. D'autres fois, c'est le rappel du passé qui est bloqué. C'est le cas de *La femme du Sud* qui épouse un chef d'entreprise du Nord. Cet homme est pour elle l'homme idéal et elle est disposée à se modeler à son image, à devenir telle qu'il désire qu'elle soit. Mais l'homme est très attaché à sa famille, à ses habitudes, il est férocement hostile à la culture du Sud. Il refuse d'aller voir ses beaux-parents. Il lui ordonne de rompre avec sa région, ses parents, ses traditions. Il lui reproche son accent. Elle s'inscrit dans une école de diction pour le changer. Bref, il lui impose une naturalisation forcée. Elle s'adapte à ces demandes bien qu'elle les considère comme excessives et, parfois, humiliantes. Mais au bout d'un certain nombre d'années, elle ressent fortement le désir de revenir sur sa terre natale, de passer un peu de temps avec ses parents, de réentendre son dialecte. Son mari l'emmène toujours dans des pays différents, ce qui lui donne l'impression d'être en exil. Quand sa mère tombe malade, elle demande à son mari la permission d'aller la voir. Il fait des objections parce qu'il est habitué à s'en remettre à elle pour toutes les tâches quotidiennes. Mais elle insiste. Ils se disputent. Elle part et, dès son arrivée à l'aéroport, elle a l'impression d'avoir enfin conquis sa liberté. Le mari continue à lui téléphoner, il lui demande de revenir. Il ne comprend pas son problème, il ne s'enquiert pas de l'état de santé de sa belle-mère. Pour la première fois, la femme éprouve un sentiment de répulsion, de haine. Elle se rebelle. Elle lui dit clairement qu'elle est fatiguée de sa tyrannie, qu'elle veut vivre dans sa région d'origine, qu'elle ne reviendra que quand elle en aura envie. L'homme se sent abandonné, trahi, il est convaincu qu'il s'agit d'un complot familial. Ainsi s'ouvre une crise qui aura de très graves conséquences.

C'est le retour du passé. Un passé qui semblait sans importance, mais qui faisait partie de la personne. Dans le processus amoureux nous renonçons à bien des aspects de nous-mêmes. Nous nous transformons. Mais nous gardons en notre for intérieur des désirs, des besoins, qui peuvent se manifester très longtemps après. C'est ce qui arrive à *L'ingénieur*, un homme issu d'une famille pauvre, qui a réussi professionnellement et a épousé une femme riche. Au bout de quelques années de mariage, tous deux décident de faire construire une grande villa. Sa femme lui propose de l'édifier sur un vaste terrain qui appartient à son père. Ce qu'ils font. *L'ingénieur* y investit toutes ses économies. Sa femme qui, de l'avis même de son mari, a beaucoup de goût, choisit l'architecte, le plan de la maison et l'ameublement. Lorsque la villa est terminée, l'ingénieur demande à son beau-père de lui vendre ainsi qu'à son épouse la partie de terrain qui l'entoure. Il veut réaliser un rêve qui lui est cher : avoir une maison bien à lui avec un grand jardin. Mais son beau-père lui répond que c'est impossible, qu'il ne faut pas diviser la propriété qui est en commun avec les autres enfants. L'épouse approuve son père. *L'ingénieur* est vexé, il revient à la charge. Il découvre alors que la famille de sa femme est indignée d'une telle demande. Sa femme lui reproche d'avoir osé faire une telle proposition. Il a l'impression d'être à côté d'une étrangère liée exclusivement à sa famille et à sa tradition. Nous voilà donc face à un double retour du passé : le sien et celui de sa femme, pour lui, celui d'un rêve de jeunesse, pour elle celui de sa fierté familiale.

la femme éprouve un sentiment de répulsion, de haine. Elle se rebiffe. Elle lui dit clairement qu'elle est fatiguée de sa(?) tyrannie, qu'elle veut vivre dans sa région à(?) elle, ... qu'elle ... et elle(?) ... suivra ... qu'on(?) ... se sent abandonnée, triste, il est confrontée qu'il(?) ... il(?) s'agit d'un conflit ... familial. Ainsi s'ouvre une crise ... qui ... avec de graves conséquences.

Évolution divergente

Nous réagissons différemment aux défis que nous lance la vie, aux diverses occasions qu'elle nous présente. Deux personnes qui, au début, étaient unies, peuvent au fil des jours s'éloigner, prendre des chemins différents. Cela peut se produire lorsque la division des rôles entre les sexes est très forte : l'homme, hors de la maison, à son bureau, la femme occupée aux travaux domestiques et aux soins des enfants. Le mari a divers centres d'intérêt, des amis, des goûts différents de ceux de sa femme. Ainsi, le terrain de dialogue commun se réduit jusqu'à ce que l'un et l'autre prennent un amant et qu'ils aient encore moins de choses à se dire.

Aujourd'hui, cette évolution divergente a plus fréquemment pour cause la volonté de la femme de suivre sa vocation, de faire fructifier un don. C'est le cas de *La romancière*, dont il a déjà été question. La rencontre entre elle et celui qui allait devenir son mari avait été un véritable conte de fées. Un regard, un sourire, les yeux brillants qui avaient déjà dit « oui tu me plais » avant que l'accord ne fût formulé par des mots. Elle a dix-huit ans et lui vingt-sept lorsqu'ils se marient. Il possède une entreprise d'électronique. Il est riche, bon, gentil, amoureux. Il la couvre de cadeaux. Il met à son nom tout ce qu'il achète : une maison à la campagne, à la montagne, à la mer. Il veut lui faire connaître tous ses clients, il ne peut rester loin d'elle sans sentir qu'elle lui manque. Il l'emmène partout avec lui. Au bout de quelques mois, la jeune femme s'inscrit à l'université. Il prend la chose sans enthousiasme, il cherche même à l'en dissuader parce qu'il vient d'apprendre qu'elle attend un enfant. Mais la femme est inflexible. Elle fréquente l'université. Quand l'enfant naît, elle s'en occupe avec amour, elle obtient son diplôme. Puis elle sent naître le désir d'écrire et, alors qu'un second enfant vient de naître, elle se met à l'œuvre avec passion. Elle est enthousiaste, elle se fait de nouveaux amis, les invite chez elle. Les soirées passent en discussions intellectuelles, mais elles plaisent de moins en moins au mari. Il lui est très désagréable que sa femme soit toujours au centre de l'attention. Peu à peu il se retire, se tient à l'écart, de mauvaise humeur. La situation empire lorsque le roman de sa femme connaît le succès. Les critiques, les journalistes la sollicitent. Il devient jaloux. Il l'observe, lui reproche d'avoir laissé son chemisier trop ouvert : « Tu as montré tes seins pendant toute la soirée », lui dit-il. En même temps, la situation a quelque chose d'excitant. La soirée finie, il veut faire l'amour une, deux fois. Mais vite, sans geste de tendresse. C'est un acte de possession, comme s'il marquait son territoire, sa propriété. Il devient bientôt d'une jalousie obsessionnelle. Il lui demande avec qui elle était, ce qu'elle a fait. Mais quand elle lui demande de l'accompagner à une conférence littéraire, il entre dans une violente colère. Il finit par lui demander de ne plus écrire, de ne plus fréquenter ces abrutis d'intellectuels. La femme commence à souffrir de claustrophobie. La tension s'accroît et l'entraîne vers des idées de suicide. Un ou deux ans plus tard, elle quitte la maison avec ses enfants et demande le divorce.

Quand les deux amoureux sont très jeunes et ne connaissent pas encore toutes leurs possibilités, ils peuvent rapidement développer des aptitudes, des potentialités très différentes et, s'ils ne sont pas assez amoureux et ne savent pas transiger, ils n'acceptent pas le changement. C'est le cas de *Renato et Gianna* qu'a décrit Donata Francescato. L'homme dit : « Nous nous sommes mariés parce que nous étions très amoureux et éprouvions une très grande attirance physique. Pour moi le mariage était sacré et inviolable et j'espérais rester avec elle toute ma vie. Mais... elle a changé, elle est devenue différente de la femme dont j'étais tombé amoureux. Elle aimait mener une vie mouvementée de manager, moi je voulais une femme qui soit avant tout une mère de famille et une femme au foyer. C'était là le point le plus controversé... Nous avons développé deux visions différentes de la vie et de l'avenir. » L'épouse confirme en substance : « Je n'arrivais plus à être comme il désirait que je sois, j'aime ma famille, j'aime mon fils, mais je n'aime pas particulièrement rester à la maison : pour moi, ce n'est pas tant la quantité de temps passé avec une personne qui compte, mais la qualité. J'aimais beaucoup voyager, rencontrer des gens, élever mon fils, mais hors de la maison aussi. Mon mari est exactement l'opposé, il a fini par me dire qu'il n'approuvait pas non plus le fait que je travaille[5]. »

L'évolution divergente peut provenir d'échecs qui ont affaibli la vitalité d'un des deux conjoints. Mais elle peut aussi être causée par la richesse, le succès. De très nombreux couples connaissent une crise lorsque l'un des deux rencontre un succès soudain. Christian Barnard avait épousé dans sa jeunesse une infirmière qui l'avait aidé dans sa difficile carrière de chirurgien. Avec sa première greffe du cœur, il connut une célébrité mondiale et devint une star entourée de femmes jeunes, riches et belles. Il tomba alors amoureux de l'une d'elles et l'épousa.

Compétition et envie

Certains pensent qu'une certaine dose de compétition est bénéfique pour la vie de couple. Une recherche empirique[6] que nous avons réalisée démontre le contraire. Nous ne devons pas confondre le désir de s'affirmer dans la vie pour montrer à l'autre que l'on mérite son amour avec celui de s'affirmer comme meilleur que lui, supérieur à lui.

Toute personne humaine veut que sa valeur soit reconnue. Elle ne veut pas seulement se sentir aimée, elle veut aussi être appréciée pour ses mérites, ses talents et ses capacités. Même dans le couple le plus uni, le plus solidaire et plein d'amour, chacun veut sentir l'estime de l'autre, sentir qu'il a une valeur à ses yeux, savoir que ce qu'il fait est apprécié. Si une femme qui a épousé un grand chirurgien s'occupe de ses enfants et de sa maison, leur amour n'est possible que s'il parvient à transmettre à sa femme la sensation qu'elle joue un rôle important, noble et tout aussi riche de significations que le sien. Cela est possible car l'énamourement crée des critères de valeurs propres au couple et ignore souverainement les critères sociaux.

Mais lorsque l'énamourement s'estompe, la société et ses valeurs pénètre à nouveau la vie du couple. La femme qui voit son mari constamment admiré, adoré, tandis qu'elle reste au second plan, éprouve une sensation de vide. Au début elle était heureuse, aujourd'hui elle ressent de l'amertume. C'est le drame de l'amour pour l'idole. L'adoration de la star, le bonheur d'être aux côtés d'une personne célèbre font naître peu à peu le désir plus que naturel d'avoir sa propre lumière, sa propre valeur. Mais si, dans des cas comme ceux-là, une compétition se déclenche il y a danger, car c'est la société qui va rendre le jugement. La compétition est vouée à l'échec. Et avec l'échec se fait jour l'envie.

L'envie est le sentiment que nous éprouvons lorsque quelqu'un qui a à nos yeux une valeur identique à la nôtre nous surpasse et fait l'objet de l'admiration des autres. Nous avons alors l'impression d'une profonde injustice du monde. Nous tentons de nous convaincre qu'il ne mérite pas ce succès, nous nous efforçons de le ramener à notre niveau, de le dévaluer. Nous disons du mal de lui, nous le critiquons. Mais si la société persiste à le tenir sur un piédestal, la colère nous ronge et nous sommes en même temps assaillis par le doute. Parce que nous sommes sûrs d'être dans le vrai, parce que nous avons honte d'être jaloux, et surtout d'être perçus comme envieux.

Le caractère insidieux de la compétition et de l'envie est particulièrement fort dans les couples où tous deux travaillent dans le même domaine et se considèrent comme de valeur égale. Car il suffit que la société, à tort ou à raison, offre à l'un une reconnaissance plus marquée pour que l'autre soit en proie au doute et au malaise. Aurore Dupin — qui plus tard prendra le nom de George Sand — et Jules Sandeau étaient très amoureux et avaient écrit ensemble un roman, *Rose et Blanche*, qu'ils avaient signé du pseudonyme de Jules Sand. Mais par la suite, Aurore affirme son indépendance. Elle se retire dans la maison de campagne de Nohant et écrit seule, d'un seul jet, un nouveau roman, *Indiana*. Elle ne le signe pas de son nom, Aurore. Elle change le pseudonyme choisi pour le précédent roman : Jules Sand devient George Sand. Le livre remporte un succès triomphal. Jules Sandeau, étonné et embarrassé, commence peut-être à se sentir un peu jaloux, mais lorsque Aurore écrit seule un autre roman, *Valentine*, et le signe George Sand, c'est la catastrophe. Elle est devenue la célèbre George Sand adulée de tous et lui est presque oublié. Leur amour n'y survit pas.

Il faut un grand, un très grand amour pour surmonter l'envie. Il faut que l'un des deux parvienne à être heureux du succès de l'autre. Cela peut advenir plus facilement s'il collabore activement à sa construction, par exemple en tenant le rôle de l'agent. Ainsi, il parvient à vivre ce succès comme le sien. Il faut aussi que cette contribution soit reconnue publiquement et soit récompensée par la fidélité.

Vexation et provocation

Lorsque l'amour décline, les frustrations que les membres du couple s'infligent l'un à l'autre ne sont plus minimisées, pardonnées, oubliées. Elles provoquent la colère, le ressentiment. Jour après jour s'accumulent ainsi des rancœurs qui souvent s'expriment par des vexations et des provocations.

La vexation est un acte agressif caché qui vise à désamorcer les griefs de l'autre. Ce dernier tombe alors des nues et répond, dédaigneux : « Comment oses-tu m'accuser d'une chose aussi mesquine ? » Si quelqu'un m'insulte ouvertement, je peux lui répondre, s'il me menace, je peux le menacer moi aussi. Mais face à la vexation, ou je baisse les bras ou je dois accepter son jeu et le vexer à mon tour. Le jeu, comme l'a montré le psychologue Eric Berne[7], devient dès qu'il commence une enceinte magique, une barrière mentale que le sujet ne parvient plus à briser. La dernière vilenie à son encontre va déclencher en lui une colère aveugle et il ne pensera plus qu'à se venger par des représailles adéquates.

Dans le couple s'instaurent des jeux féroces de vexations réciproques. Chacun tient une sorte de comptabilité perverse où sont consignés tous les torts subis afin de pouvoir se venger en proportion. Certaines femmes humilient leur mari en lui refusant précisément ce qu'il désire le plus. S'il tient à dîner à une certaine heure, elle arrivera chaque fois en retard mais elle trouvera des centaines de motifs pour se justifier et paraîtra toujours innocente. Il y a des maris qui, lorsque leur femme est allée chez le coiffeur ou a acheté une nouvelle robe et est finalement prête à se montrer en public, leur disent systématiquement qu'elle a grossi, qu'elle a de la cellulite, que la robe ne lui va pas, que cette coiffure la vieillit.

La provocation ressemble à la vexation mais elle est plus grave, plus systématique, et a pour but de faire sortir l'autre de ses gonds sous l'effet de la colère, de déclencher une crise de nerfs, de lui empoisonner l'existence. J'évoquerai deux cas mentionnés par Mara Palazzoli Selvini[8]. Une femme très jeune et pleine de charme a épousé un industriel constamment accaparé par son travail. Il lui a acheté une splendide villa où elle n'a rien à faire. Mais elle est toujours en retard. Le repas n'est jamais servi à l'heure voulue. Lorsqu'ils doivent sortir avec des amis, elle se fait attendre. Le matin, elle n'est jamais réveillée. Lorsqu'ils partent, les bagages ne sont jamais prêts. Le mari s'irrite, il se met en colère. Le temps passant, il en vient à l'insulter, à la traiter d'idiote en public. Qu'est-ce qu'obtient cette femme en provoquant ainsi son mari ? Elle démontre à elle-même, à son mari et aux amis, qu'il n'est pas l'homme équilibré, sage et impartial qu'il prétend être. La provocation, en général, frappe une qualité à laquelle l'individu attache une grande importance. Le second cas est celui d'un homme qui a épousé une artiste très belle et très raffinée qui charme tous ceux qui l'écoutent. Quand sa femme prend la parole, il est chaque fois pris d'une crise de bâillements qui fait perdre complètement à sa femme le contrôle de la situation et donne à l'assistance l'impression qu'elle est stupide.

Lorsque vous voyez un couple se disputer, des femmes qui ont des crises de larmes, des maris qui entrent dans de violentes colères, presque toujours chacun cherche à pousser l'autre à bout. Souvent les provocateurs commencent la bataille dès le matin. Cette jeune femme ne parvient pas à se réveiller si elle ne boit pas son café au lit et lui a envie d'aller le prendre au bistrot. Alors il dit, de mauvaise humeur, qu'il a le droit de prendre un bon café. Elle lui répond que c'est juste un prétexte pour ne pas rester à la maison une minute de plus. Le jeu est sans fin.

Le jeu de la provocation est un jeu agressif qui vise à rendre l'autre fou. Dans les cas graves, à le tuer. J'ai en mémoire une histoire impressionnante. À côté de chez moi vivait un couple d'âge mûr, avec des enfants. Lui était gros, rustre, triste. Elle était fluette, calme, avec un délicat accent vénitien. Je n'entendais que la voix de l'homme lorsqu'il rentrait le soir. Jamais la sienne, car elle parlait en murmurant. Il commençait à se plaindre de quelque chose concernant les enfants. Ils n'avaient pas fait leurs devoirs, ils ne s'étaient pas lavés, ils avaient eu de mauvaises notes. Elle les défendait et continuait à parler sans interruption avec cette voix monotone, toujours égale. Lui haussait le ton. Elle lui répondait avec entêtement tout en effectuant les tâches ménagères. Peu à peu le volume de la voix de l'homme augmentait, augmentait jusqu'à exploser en des hurlements, en une crise de colère sans frein. Il ne faisait rien qui soit physiquement violent, il se limitait à hurler. Un soir, au plus fort de la énième crise, il eut un infarctus et, quelques heures après, il mourut. En parlant avec les médecins, j'appris qu'il avait déjà eu précédemment des infarctus et que sa femme et ses enfants avaient été avertis qu'une violente colère pourrait le tuer. Après sa mort, l'épouse parut renaître à la vie.

Mutation des cycles vitaux

Autrefois, c'était l'homme qui, ayant atteint quarante ans, tombait amoureux d'une femme plus jeune et commençait avec elle une vie nouvelle. Aujourd'hui, il arrive de plus en plus souvent que ce soit la femme qui quitte son mari, prenne un amant ou tombe amoureuse d'un autre homme. Avant, c'était l'homme qui sortait de la maison, qui avait des activités sociales, faisait du sport, de la politique, évoluait. Ainsi parvenu à un certain stade de sa vie, il se sentait prêt à entreprendre un nouveau cycle vital, à recommencer. La femme, absorbée par la monotonie de la vie domestique, épuisée par les grossesses et par son travail, vieillissait précocement. Aujourd'hui, les femmes font des études, travaillent, gèrent leur carrière. À quarante ans elles ont encore des airs de gamines. Elles sont plus jeunes et ont plus de vitalité que leur mari. Elles ont encore plus de la moitié de leur vie devant elles parce qu'elles vivront jusqu'à plus de quatre-vingts ans. Leurs enfants achèvent leur période scolaire. Elles peuvent discuter, voyager avec eux. Elles ont accompli leur tâche de reproduction. Elles sont prêtes à commencer une nouvelle phase de leur vie.

Lorsqu'une phase de notre vie s'achève, les devoirs du passé deviennent insupportables. Même les plus légers. Les femmes qui ont encore sur les épaules la responsabilité de la gestion de la maison, des enfants et du mari, ne supportent plus la routine. Mettre de l'ordre, préparer les repas, toutes ces activités monotones qui ne bénéficient d'aucune reconnaissance leur pèsent. Elles ont l'impression d'avoir consacré leur vie au service de leur mari et de leurs enfants, sans rien préserver pour elles-mêmes. Elles se sentent déçues, trompées, frustrées. Elles étaient optimistes, pleines d'espérance et de rêves, elles cherchaient le grand amour, la grande aventure. Qu'est-ce qu'elles ont eu ? Elles ont envie de se révolter, de hurler.

Puis, peu à peu, la rancœur laisse place au désir, à l'espoir. Elles veulent rattraper le temps perdu, vivre la vie qu'elle n'ont pas vécue, réaliser les aspirations qu'elles ont négligées. Elles veulent redevenir jeunes et belles, gérer leur temps comme il leur plaît, sortir avec des amis, voyager, être de nouveau courtisées, désirées. Elles sentent en elles une grande énergie vitale, un désir d'érotisme et d'action. Et leur mari ? Souvent elles y sont attachées. Mais c'est un amour fait d'accoutumance, dépourvu d'élan, de passion, d'aventure. Lui est tranquille, sûr de lui. Parfois, il lui fait l'effet d'un retraité qui rentre à la maison et trouve tout prêt. Si dans cette phase de la vie le mari ne change pas, ne redevient pas amoureux de sa femme, ne lui fait pas la cour, et s'ils n'inventent pas ensemble une nouvelle vie, la tension de la femme peut devenir explosive. Elle est prête pour une profonde mutation, pour une métamorphose, pour une mort-renaissance. Elle est prête pour un état naissant. Certaines femmes, dans cette phase de leur vie, retournent à l'université, d'autres se consacrent aux soins de leur corps, d'autres encore se lancent dans une nouvelle activité professionnelle ou créent une entreprise, d'autres s'occupent de philosophie orientale ou de psychologie, d'autres encore écrivent des romans ou des poèmes. Certaines se trouvent un amant, ou tombent amoureuses.

Nous tombons amoureux lorsque nous sommes profondément insatisfaits du présent et en même temps animés d'un grand élan vital, lorsque nous sommes prêts à mettre fin à une expérience usée jusqu'à la corde et que nous avons l'énergie d'entreprendre une nouvelle exploration, pour exploiter une capacité que nous avions jusque-là ignorée, pour réaliser nos rêves et les projets qui ont mûri dans notre cœur. Alors il suffit que nous rencontrions quelqu'un qui symbolise une autre vie, plus libre, plus jeune, pour que nous nous jetions dans l'aventure, dans la nouveauté. Les cycles vitaux des hommes et des femmes changent, et avec les cycles vitaux changent les amours.

La fin de l'énamourement à travers un état naissant

L'amour généralement s'achève par lente consomption, une accumulation graduelle de déceptions, de jalousies, d'amertumes. Ce qui reste, à la fin, est un sentiment d'indifférence et de vide rancunier. Il arrive aussi que l'amour s'achève brusquement à travers un phénomène d'état naissant qui n'est pas un énamourement. Le sujet vit une expérience de libération joyeuse, de renaissance, de découverte de son authenticité et de sa vérité. Mais personne ne vient prendre la place de la personne précédemment aimée.

Un exemple d'état naissant qui marque la fin d'un amour devenu oppressant est le voyage de Goethe en Italie. Pendant de nombreuses années, Goethe a été le précepteur du duc Charles Auguste à Weimar. Il aime Charlotte von Stein. Mais il s'implique également dans l'administration du duché, ce travail devient peu à peu étouffant et l'amour de Charlotte l'oppresse. Il est prêt pour le passage à un nouveau stade de sa maturité. Alors, sans avertir personne, il part pour l'Italie. Il va vers quelque chose qu'il entrevoyait depuis toujours, un monde spirituel qui l'attirait profondément. Il a à peine franchi les Alpes, à Trente, lorsqu'il écrit : « On se remet à croire en Dieu. Il me paraît être né et avoir grandi en ce pays, et maintenant y revenir... Je suis comme l'enfant qui doit à nouveau apprendre à vivre[9]. » C'est une explosion de joie, une libération, un état naissant. Il court vers Rome avec « l'impatience d'un homme sûr de sa victoire qui va bientôt voir son rêve d'amour s'accomplir ; et qui cependant se laisse aller, dans les dernières heures, à savourer à l'avance, aiguisée par le doute, la joie qui l'attend[10] ». Lui-même interprète son expérience comme une transformation spirituelle, une renaissance semblable à la conversion, comparable à celle que tout pécheur connaît en renaissant dans le Christ : « Je fête mon second anniversaire, ma renaissance à compter du jour de mon arrivée à Rome[11]. »

On peut distinguer nettement deux périodes dans la vie de Gabriele D'Annunzio. Au cours de la première, qui va jusqu'en 1915, son intérêt est toujours centré sur quelque amour. Un amour s'achève, un autre commence et chacun d'eux donne naissance à des poèmes, des romans, des drames amoureux. Mais lorsque la Première Guerre mondiale éclate, D'Annunzio ne tombe plus amoureux, n'écrit plus sur l'amour. Plus un roman ne sort de sa plume, plus un drame, plus un poème, seulement des discours, des proclamations, des souvenirs, mémoires, poèmes inspirés non plus par les femmes mais par la patrie[12]. À l'état amoureux naissant a fait place une conversion politique.

Certaines personnes se libèrent, se découvrent elles-mêmes en même temps que leur propre destin en se jetant dans un mouvement religieux, en se convertissant à une foi. D'autres peuvent trouver la solution dans un mouvement politique, une action militante fanatique et ardente. L'apparition d'un nouveau mouvement politique ou religieux produit presque toujours des effets d'évolution divergente dans le couple. Ils peuvent être dévastateurs lorsque les desseins du mouvement sont en opposition ouverte avec ceux de la vie amoureuse conjugale. En ce cas, l'évolution individuelle, l'aggravation de l'insatisfaction personnelle au sein du couple ne comptent plus. L'action militante arrive comme une trombe de l'extérieur et arrache les individus à leurs rapports habituels et solidement établis. La montée du féminisme a déterminé, chez un grand nombre de femmes, une évolution divergente par rapport à celle des hommes. Nous avons évoqué les cas dramatiques de Bruno et Bruna, de Carlo et Carla. Nous avons dit qu'à notre époque ce sont surtout les femmes qui remettent la vie conjugale en question. Au bout d'un certain nombre d'années de mariage, souvent passé l'âge de quarante ans, lorsque les enfants sont grands, la femme a l'impression d'avoir consacré sa vie et ses énergies au travail, à ses enfants, à son mari, et pas du tout à elle-même. Les premières rides apparaissent, elle sent que le temps de la jeunesse s'est évanoui, alors elle désire d'une manière frénétique, forcenée, récupérer le temps perdu. Elle voudrait redevenir jeune fille, vivre seule, gérer son temps à sa guise, se lever tard, manger quand elle en a envie, veiller tard, sortir avec qui elle veut, se retrouver avec elle-même, avec la femme d'autrefois qui a oublié en cours de route ce qu'elle voulait. Souvent il n'y a plus de place, dans ce projet de vie, ni pour son mari ni pour un nouveau mariage, seulement pour un amant avec qui elle peut sortir danser, aller au cinéma, renaître à une nouvelle vie riche d'émotions et d'érotisme. Pas pour quelqu'un qu'elle verrait tous les jours, tel un fiancé régulier. Elle désire quelqu'un avec qui elle aurait des relations sans obligations, sans devoirs, sans routine, comme lorsqu'elle était adolescente. Pour quelques cas, cette libération se produit à travers une véritable explosion de joie, un état naissant.

Ce désir de libération, cette envie de rompre les chaînes des devoirs familiaux sont représentés dans le roman *Paolo et Francesca* de Rosa Giannetta Alberoni. Francesca, qui a quitté un mari qu'elle avait épousé par ambition et par convention, s'écrie : « Je me suis sentie libérée, mon corps vivait, il avait cessé de s'immoler. Je me sentais puissante, jeune, légère. Je me sentais une autre. Je me sentais femme. Depuis lors les mains de Paolo sur mon corps me sont devenues insupportables. Un jour, par miracle, j'ai trouvé le courage de lui hurler tout le dégoût qu'il m'inspirait. Oui, au fond, il est facile de dire "Tu me dé-goû-tes". Je n'ai pas de remords, j'ai envie de le répéter à l'infini : tu me dégoûtes, tu me dégoûtes. Chaque fois que j'y pense, chaque fois que je peux le lui crier, c'est comme une explosion, une libération, une joie inconnue. Mon corps exulte, vibre, jouit d'une indicible euphorie. C'est comme si je me purifiais[13]. »

Le film *Thelma et Louise* symbolise également cette rébellion féminine contre le rôle qui lui est traditionnellement assigné. Les deux femmes quittent leur maison presque par jeu, mais elles sont agressées par un violeur. Elles le tuent. Après ce meurtre, elles se libèrent de toutes leurs inhibitions. Elles pillent un supermarché, se débarrassent d'un policier, font exploser le semi-remorque d'un homme qui les a offensées. Elles se transforment en « guerilleras » qui vengent leur sexe et affrontent la mort en souriant comme deux guerriers antiques.

Presque deux siècles auparavant, George Sand quittant son mari et découvrant sa vocation artistique écrivait : « Vivre ! Quelle douceur ! Quelle merveille ! En dépit des maris, des tracas, des dettes, des parents, des convenances et au prix de violents désespoirs et de cuisantes piqûres d'aiguilles. Vivre est une ivresse. Aimer et être aimés, c'est le bonheur, le paradis ! Ah, par le ciel ! Vivre la vie d'artiste avec pour drapeau la vérité[14]. »

Qu'est-ce que l'amour ? C'est une question à laquelle il nous faut trouver une réponse à l'intérieur de notre théorie. Pour y répondre, prenons comme point de départ l'expérience clé de l'énamourement bilatéral. Deux personnes, à un moment de leur vie, entreprennent une mutation, se rendent disponibles pour se détacher des précédents objets d'amour, des liens antérieurs, pour donner vie à une nouvelle communauté. Elles entrent alors dans un état naissant, un état fluide et créatif dans lequel elles se reconnaissent réciproquement et tendent à la fusion. Elles constituent ainsi un *nous*, une collectivité d'une très haute solidarité et d'un très haut érotisme. À l'intérieur de ce *nous*, chaque individu réalise ses rêves, et tout d'abord ses rêves érotiques, ses aspirations, ses possibilités inexprimées. La très haute solidarité, l'immense plaisir érotique qu'ils se donnent l'un l'autre permettent à chacun de subir et d'exercer sur son partenaire de formidables pressions qui incitent l'un et l'autre à concevoir un projet commun, à se donner une commune vision du monde. Le nouveau couple naissant est animé d'une énergie inextinguible et d'un enthousiasme débordant. Le monde lui paraît merveilleux, leurs possibilités d'action infinies. Il élabore une nouvelle conception de la vie, reconsidère ses relations intimes et sociales, se construit une nouvelle niche écologique.

L'énergie créatrice, fluide, de l'état naissant se transforme ainsi en une structure, une norme, un ensemble de principes, de règles, de conventions, d'habitudes, construits avec entrain et une adhésion enthousiaste parce qu'ils s'élaborent au moment de la plus forte poussée fusionnelle. Ce sont des pactes qui garantissent l'espoir et la promesse de l'état naissant, où transparaît toujours l'absolu. Avec le passage de l'institution à l'état naissant s'était produite une conversion de la structure — famille, maison, enfants, amis, convictions — en énergie. C'est maintenant le contraire. L'énergie se traduit de nouveau en structure : nouvelle maison, nouveaux amis, nouvelle conception du monde.

Demandons-nous maintenant : dans cette perspective, qu'est-ce que l'amour comme émotion, sentiment, expérience subjective, état d'âme ? L'amour est le revers émotionnel intérieur de la naissance d'une nouvelle collectivité et d'un nouveau soi-même. La personne aimée est le pivot, l'axe autour duquel se met en œuvre cette reconstruction. C'est l'expérience de la fusion avec l'être aimé pour former une nouvelle entité qui remodèle le sujet, le recrée et recrée le monde dans lequel il vit. C'est l'expérience de la découverte de soi comme partie intégrante d'un monde nouveau, d'un nouveau ciel et d'une terre nouvelle dont la personne aimée est la porte d'accès.

L'amour comme émotion d'amour, comme élan, langueur, désir, tourment, rêve, est donc l'énergie créatrice à l'œuvre, la manifestation de cette envie créatrice qui, en me traversant, m'utilise comme substance pour édifier un nouveau monde et un nouveau moi-même. C'est pourquoi nous aimons ce qui nous crée et ce que nous sommes en train de créer, ce dont nous sommes en même temps les enfants et les parents.

L'énamourement est cela même. Mais pouvons-nous également appliquer cette définition à d'autres formes d'amour que nous connaissons ? Commençons cette vérification par l'examen de *l'amour de la mère* envers son enfant. Qu'avons-nous dit ? Nous aimons ce que nous créons et ce qui nous recrée. La mère, lorsqu'elle attend son enfant puis quand elle l'allaite, le nourrit, l'élève, expérimente la création d'un être à travers lequel elle se recrée elle-même. Elle crée une nouvelle communauté avec un nouveau monde au sein duquel l'un et l'autre vont se transformer. C'est la création à deux d'un monde. L'enfant n'est pas passif. Il répond aux stimulations de sa mère et l'incite à se redéfinir constamment elle-même en même temps que son rapport à lui et au monde. Ce processus va durer toute la vie. C'est parce qu'il se renouvelle sans cesse que l'amour entre une mère et son fils est un amour durable.

Nous pouvons nous demander maintenant pourquoi ce type d'amour ne court-il pas le risque de disparaître comme cela se produit dans le couple ? Pourquoi résiste-t-il aux frustrations les plus terribles, aux déceptions les plus amères ? Parce que le couple se constitue à partir de deux individus déjà formés, chacun ayant ses propres liens amoureux individuels et collectifs, sa propre conception du monde. Dans l'énamourement, ils destructurent le moi précédent, le monde d'avant. Mais seulement en partie. Le processus de création à deux du couple se produit à travers des antagonismes, des épreuves, des compromis. Chacun consent à des renoncements mais maintient fermement certaines valeurs. Le temps passant, les deux personnalités peuvent se développer dans des directions divergentes. L'univers commun aux enfants et aux parents est immensément plus étendu. Le processus d'ajustement réciproque se met en œuvre lorsqu'un enfant est malléable et se poursuit, jour après jour, sous la houlette de celui de ses parents qui gère le changement et évite que ne surgissent des conflits insolubles, des écarts insupportables, lesquels ne doivent apparaître que dans l'adolescence ou dans la vie adulte.

Voyons maintenant le rapport amoureux qui s'établit dans l'*amitié*. Celle-ci est fondée sur le principe du plaisir. Elle ne se constitue pas à chaud, durant le processus d'état naissant. Ce n'est pas une fusion initiale, ardente, risquée, passionnée. L'amitié se constitue lentement, rencontre après rencontre, où chacun jette un pont entre la précédente et la suivante. C'est la stratification historique de relations réussies, gratifiantes, rassurantes, amusantes. Les deux amis tendent eux aussi à une fusion partielle, à élaborer une vision commune du monde. Eux aussi constituent un *nous*, mais sans la destruction violente et radicale du monde précédent. S'il existe entre eux dès le début des divergences dans les croyances politiques et religieuses, dans la diversité des goûts, des habitudes, des opinions, ce n'est pas un processus de fusion dans lequel ils se dissolvent comme dans un creuset. Ces différences demeurent et rendent la relation délicate. Les amis restent unis parce qu'ils se découvrent peu à peu des affinités électives, parce qu'ils accomplissent un effort de volonté pour s'adapter l'un à l'autre, cherchant ce qui les unit et non ce qui les sépare. Mais si apparaissent des divergences idéologiques, des conflits d'intérêts, ou si l'un des deux se comporte d'une manière éthiquement incorrecte, la relation d'amitié est brisée et, généralement, la rupture est irréparable. L'ami peut pardonner le mensonge, la trahison, mais la relation n'est plus celle d'avant. L'amitié est la forme éthique de l'éros. Le sentiment amoureux de l'amitié dépend lui aussi de la construction commune d'un monde et d'une identité qui lui est propre. Il se manifeste dans les moments de changement, de crise, lorsqu'on se confie à l'ami, lui demandant soutien et conseil. Il s'intensifie à travers l'échange d'expériences, en affrontant ensemble les problèmes, en combattant au coude à coude un adversaire, une menace, comme deux chasseurs, comme deux guerriers.

Prenons maintenant le cas de l'admiration, de l'***adoration d'une idole*** à la base duquel nous avons situé le mécanisme de la désignation. Lorsque cet intérêt est très fort, le personnage devient une composante importante des processus de définition de soi-même et du monde. Songeons à ce que représentent, pour les adolescents, les champions sportifs, les stars du spectacle, les chanteurs. Ils les prennent comme des modèles auxquels ils s'identifient. Les jeunes femmes participent aux vicissitudes amoureuses de leur idole préférée, parfois même elles imaginent une vie de couple avec lui.

Le processus qui est en œuvre dans la relation avec le chef charismatique d'un mouvement politique ou religieux est plus profond encore. Le chef charismatique est celui qui interprète la situation historique, qui donne au monde un sens, qui définit un but, indique la direction. L'amour envers le chef charismatique ressemble à celui que nous éprouvons envers la personne dont nous sommes amoureux. Si le chef garde son pouvoir pendant longtemps, l'amour que l'on éprouve pour lui se rapproche de celui que l'on ressent envers un père ou une mère et constitue un point de référence fixe face à tous les problèmes de la vie.

Cette définition de l'amour vaut aussi pour le mécanisme de la perte. Dans la perte, notre monde solidement établi, familier, nos objets de référence stables, nos objectifs, sont soudain bouleversés, menacés de destruction. Nous nous trouvons soudain face au néant abyssal. Nous sommes alors contraints de réexaminer la valeur de ce que nous avons, de repenser notre vie, notre avenir, nous-mêmes, de redéfinir ce qui a une valeur et ce qui n'en n'a pas. La lutte pour soustraire notre objet d'amour individuel ou collectif à la perte est donc une reconstruction du monde. Ce n'est pas l'apparition d'un monde nouveau, ce n'est pas la marche vers la Terre promise, mais c'est la marche vers la patrie perdue dont on a redécouvert la valeur et la beauté, cette patrie qu'il faut reconquérir en sachant que c'est le bien le plus précieux, et qu'elle vaut même la peine que l'on meure pour elle.

Ainsi, nous avons vu que toutes les formes d'amour, tant celles qui surgissent de l'état naissant que celles qui procèdent d'autres mécanismes, le plaisir, la désignation et la perte, comportent toujours la création ou la re-création d'une collectivité dont nous faisons partie et qui nous modèle. Nous pouvons donc conclure en disant que l'amour est l'aspect subjectif, émotionnel du processus dans lequel nous engendrons et sommes à notre tour engendrés par quelque chose qui nous transcende.

Ce que nous venons de dire est porteur d'une conséquence capitale : si l'amour dure, s'il se prolonge dans le temps, c'est que les processus, les mécanismes qui ont agi au moment initial de la révélation, de la découverte, de l'énamourement, continuent à agir. L'amour, s'il existe, dans la mesure où il existe, est toujours « naissant ». Il est toujours découverte, révélation, admiration, adoration, désir de fusion avec quelque chose qui nous transcende et qui donne au monde ordre et signification. La personne que nous aimons est toujours, au moment où nous l'aimons, ce qui se révèle à nous comme l'axe, le centre du monde, ce à travers quoi transparaît l'essence du monde, l'ordinateur du monde. L'amour est donc toujours le frisson de l'absolu dans le contingent, quelque chose de mystérieux, de merveilleux et de divin. Lorsqu'il est partagé, c'est un don, une grâce qui demande en retour louanges et reconnaissance.

CHAPITRE VINGT

LE COUPLE AMOUREUX

Le couple amoureux

Il existe des couples où l'un et l'autre, même après des années, restent amants, restent amoureux. Peu importe si cela dure toute la vie ou seulement une longue période. Peu nous importe aussi de savoir si ces cas sont nombreux ou rares, si à l'avenir ils augmenteront ou diminueront. Ce qui compte, c'est qu'ils existent. Dans ces couples, les propriétés extraordinaires de l'état naissant ont la capacité de se régénérer. Le mouvement devient institution, mais l'institution conserve la fraîcheur, l'énergie du mouvement. L'énamourement se mue en amour mais l'amour conserve l'émotion, l'érotisme, le frisson de l'énamourement. Chacun regarde son mari ou sa femme avec les yeux étonnés et reconnaissants qui sont ceux de l'amoureux regardant son amoureuse. Au réveil, il s'étonne en voyant la beauté à côté de lui. De temps à autre, il frissonne d'émotion et se sent ému. Il est conscient de cet extraordinaire privilège, du don fabuleux qui lui a été concédé. Il peut alors dire légitimement : « Je suis amoureux de ma femme », elle peut dire : « Je suis amoureuse de mon mari. »

Comment est-ce possible ? Nous devons revenir sur ce que nous avons découvert, en répondant à la question : « Qu'est-ce que l'amour ? » L'amour n'est pas une manière d'être, mais de devenir. C'est la résonance interne d'un processus dans lequel chacun engendre ce qui à son tour l'engendre. Ce sont des yeux qui s'ouvrent, étonnés, sur la beauté de l'être. Un couple reste amoureux si les deux personnes changent, évoluent, se transforment et se retrouvent, se redécouvrent, se revoient avec les yeux resplendissants de l'état naissant.

Un couple peut rester uni par l'habitude, la tendresse, l'aide réciproque, par le fait d'avoir construit des choses en commun. Mais il ne reste amoureux que s'il parvient à satisfaire l'impulsion créative de la mutation. Toutes les recherches montrent que l'exposition répétée à une même stimulation positive produit, à un moment donné, des réactions négatives. Que la répétition de la même sollicitation érotique suscite l'ennui et l'indifférence. Seule l'introduction de nouvelles stimulations produit l'excitation et le plaisir[1]. Le couple reste amoureux s'il répond à cette exigence de nouveauté, si de nouvelles sollicitations se rallument en son sein comme la succession interrompue des gouttelettes du jet d'eau fraîche. Le couple amoureux n'est pas celui qui ne modifie rien en lui ni autour de lui, mais celui qui renouvelle continuellement son monde. Ce n'est pas celui qui demeure identique, mais celui qui se transforme. L'organisme ne vit que parce que ses cellules se renouvellent constamment. La pensée n'est à l'œuvre que si elle prend en considération des arguments nouveaux. Penser veut dire créer des problèmes et les résoudre. La vie est renouvellement, recherche et ascèse. Le couple reste amoureux si l'énergie du changement, l'énergie exploratrice continuent à agir sur lui en le revitalisant.

Cela signifie que le couple reste amoureux s'il conserve une composante de surprise, de risque, d'incertitude, de découverte, de révélation. La vie amoureuse du couple se déroule entre *deux pôles opposés et tous deux indispensables*. Le premier est la sécurité, la fidélité, la capacité à se rassurer réciproquement, le développement de comportements communs à travers lesquels l'un et l'autre se donnent les moyens d'affronter, de la même manière, les problèmes et les dangers. Le second pôle est le mystère, l'enchantement, l'aventure. Il est nécessaire que le rapport entre les deux amants conserve une marge d'incertitude, d'insécurité, d'aléas. Un comportement absolument prévisible est typique du monde inanimé de l'automate, de la machine. La vie est, par définition, imprévisible. L'esprit, c'est la liberté. Aussi, au sein du couple amoureux, chacun ne peut pas être absolument certain de la réponse de l'autre ou de son amour. L'autre reste un être autonome, libre, et toujours nouveau. L'alliance n'existe pas en elle-même, tel un objet inanimé, tel un rocher. Elle n'existe que si elle est constamment renouvelée. Pour ce faire, elle doit être soumise à la discussion, défier divers dangers, être mise à l'épreuve de la séduction. Au sein du couple amoureux, chacun doit scruter le visage de la personne aimée pour voir si elle est contente ou non, pour y saisir une réponse et un sourire. Derrière le rideau il doit toujours y avoir un peu d'insécurité, de palpitations, de jalousie, d'anxiété. Chacun doit approcher l'autre avec attention, respect et même un peu de crainte, car personne ne peut être absolument certain de la totale réciprocité des sentiments de son partenaire. Mais cette recherche, ce doute, cette attente d'approbation que l'on scrute dans le visage de l'être aimé se concluent toujours sur un mode positif. Le roman a une fin heureuse.

Mais cela reste-t-il un roman ? Le fait qu'il se termine toujours bien ne va pas de soi, il doit être recherché et mérité. Il apparaît toujours comme un don, une grâce. Le oui de l'aimé apparaît toujours comme un miracle. Un miracle qui se répète. Dans la prière *Jozer-'or* du *Shemah*, nous remercions Dieu parce qu'il fait apparaître quotidiennement la nuit et le jour, parce qu'il renouvelle chaque jour l'œuvre de la création[2].

En amour nous refaisons une infinité de fois l'expérience de la perte et des retrouvailles, de l'exil et de l'arrivée en Terre promise. Je t'ai désiré et je t'ai rencontré. Je suis parti et je suis revenu. Je t'ai perdu et je t'ai retrouvé. L'amour est une quête continuelle, une perte continuelle, et de sempiternelles retrouvailles. L'être n'est que découverte, quelque chose qui vient vers soi, qui se dévoile. Parce que dans le monde tout reste fragile et précaire, tout s'évanouit. Mais en amour tout cela revient, tout cela se retrouve, vient vers nous plus que nous ne l'aurions mérité, davantage, même, que nous ne l'aurions imaginé et pensé. Notre vie est restée inaccomplie dans d'autre domaines, mais point dans celui de l'amour. Là elle a connu la perfection. C'est une vie digne, parce que touchée par la grâce.

Une perpétuelle renaissance

L'état amoureux dure aussi longtemps que continuent à fonctionner les mécanismes que nous avons vu à l'œuvre dans l'énamourement : le plaisir, la perte, la désignation, l'état naissant. Ils ne fonctionnent plus sur un mode explosif, comme dans une supernova ou dans une explosion thermonucléaire, mais sur un mode contrôlé, comme dans le cas du soleil ou d'une centrale atomique. Les processus sont les mêmes, la nature des énergies est identique. Mais au lieu d'une seule et violente explosion, c'est une succession d'éclairs de feu. L'amour reste, dans sa nature profonde, discontinu. Dans les tempêtes, dans les erreurs et les angoisses de la vie, la personne aimée redevient chaque fois le centre du monde. Au sein du couple amoureux nous retrouvons donc les mêmes expériences que dans l'énamourement, mais comme des vagues, des sursauts, des jets d'eau fraîche qui le renouvellent.

Commençons par le *caractère unique* de notre aimé. Le miracle de l'amour consiste à concéder à tout être humain, même au plus pauvre, même au plus laid, la divine expérience de la possession de ce qui est plus important que tout, de ce qui est le plus précieux au monde. Cette expérience, extrêmement intense au moment de l'énamourement, disparaît dans la plupart des couples. Au bout de quelque temps, on fait des comparaisons avec les autres et il nous semble que quelque part se trouve quelqu'un de préférable à notre femme ou à notre mari. Au sein du couple amoureux, il y a toujours un moment, par exemple au cours d'une fête ou d'une randonnée, où le mari regarde sa femme et reste « sous le charme ». Il prend conscience qu'il la préfère à toute autre, qu'il n'aurait pas pu trouver mieux, que la vie, en lui donnant cette compagne, lui a donné infiniment plus qu'il n'aurait pu imaginer. Il se sent reconnaissant, comblé, heureux.

Lorsque nous tombons amoureux, la personne aimée nous fait entreprendre une nouvelle vie et en construit le couronnement. C'est comme une journée ensoleillée : elle commence avec elle et se termine avec elle. Elle est l'alpha et l'oméga, l'aube et le couchant. C'est cette expérience de commencement et d'achèvement qui accompagne, rythme la vie du couple amoureux. Non pas de manière continue, mais discontinue, en une suite d'ascensions, de recommencements. De temps à autre, en repensant à notre vie, nous la voyons dans son entier et nous nous rendons compte que, grâce à l'amour, elle a été très belle. Nous comprenons que nous avons reçu l'essentiel et que nous en sommes satisfaits. Certes, nous pouvons vivre encore très longtemps et nous avons une infinité de choses à faire, mais, quoi qu'il arrive, nous savons que nous avons reçu beaucoup, et que cela pourrait nous suffire. Nous sommes prêts à affronter notre destin. À côté de l'être aimé nous parvenons à regarder, sans peur, jusqu'au seuil de la mort. Une vie complète est parfaite et inclut aussi sa mort.

Tous les amoureux, au début, se *font la cour*. Chacun veut se montrer beau, intéressant, fascinant, pour plaire à l'autre. L'homme est gentil, empressé, et sent jaillir spontanément sur ses lèvres des expressions poétiques. La femme devient plus douce, plus tendre, plus attirante. L'un et l'autre veulent se plaire, se rendre désirables, irrésistibles. En même temps, ils se promettent de s'aimer et de se consacrer l'un à l'autre. Se faire la cour est un engagement, une promesse. « Regarde, dit-il, comment je me comporterai avec toi quand nous serons mariés. » Habituellement, ces comportements disparaissent, balayés par la routine quotidienne, comme si, une fois assurée la possession de la personne aimée, il n'y avait plus aucune nécessité à la conquérir, à la séduire. Mais dans le couple amoureux, la séduction continue. La femme se prépare au rendez-vous avec son mari comme si elle allait à une fête, comme si elle voulait se faire courtiser par un inconnu. Nous avons un besoin absolu de nouveauté. C'est précisément à cela que servent la vie mondaine, les fêtes, les bals, les corps nus sur la plage, les séparations, les jeux. Ils servent à pouvoir regarder sa femme ou son mari avec les yeux des autres. Dans le couple amoureux, chacun veut plaire à l'autre, veut le séduire comme si c'était un inconnu. Il ne considère rien comme acquis. Il pense toujours que l'autre pourrait ne pas l'aimer, qu'il doit le mériter. Chaque rencontre garde ainsi un peu de ce qui fait battre le cœur des amoureux.

Dans le couple amoureux, chacun veut aussi mettre en évidence sa propre *valeur* sociale. Toutes les sociétés ont des épreuves, des rites au cours desquels l'homme exhibe ce qui est considéré comme important : la prestance, la force, la dextérité, le courage, la richesse, la capacité guerrière, la force de caractère. La femme montre sa beauté, son élégance, sa grâce, sa fidélité, son intelligence. Une fois le mariage conclu, au cours de la vie commune, souvent ce processus s'interrompt. Dans le couple amoureux, en revanche, chacun veut continuer à démontrer à l'être aimé qu'il a une valeur, que les autres l'apprécient pour ses qualités, pour ses talents, et que pour ces raisons il mérite son estime et son amour. Dans le couple amoureux, chacun sait que l'amour se mérite, qu'il lui faut le gagner aussi sur le plan social.

Dans le couple amoureux se poursuit également la recherche de la vérité, de *l'essence de chacun*. Aimer signifie s'élever et aider l'autre à s'élever sur l'échelle de l'être. Chacun est donc engagé dans un perfectionnement ininterrompu de lui-même à ses propres yeux, aux yeux de l'aimé, aux yeux des autres. En même temps, tandis que nous regardons la personne aimée comme un prodige de l'être, nous savons aussi qu'elle peut fleurir, éclore. Nous sentons que notre but est de l'aider à révéler le meilleur d'elle-même. Dans le couple amoureux, ce perfectionnement de soi et de l'autre perdure avec la prudence, la patience nécessaires. Chacun se transforme pour se conformer à son propre idéal et à celui qu'il incarne aux yeux de l'autre. De cette manière, tous deux deviennent meilleurs qu'ils ne l'auraient été s'ils étaient restés séparés. Leurs volontés se fécondent, leurs intelligences agissent l'une sur l'autre, leurs capacités se complètent. C'est le contraire de la compétition et de l'envie où chacun s'efforce de dominer l'autre, de le rabaisser. Dans le couple amoureux, chacun désire la perfection de l'être aimé et veut que cette perfection soit reconnue. Aussi l'aide-t-il à s'élever également socialement.

Les personnes qui s'aiment véritablement se disent la *vérité* par nécessité intérieure. Elles ne ressentent pas le poids de la peur du mensonge. L'intimité a été définie comme possibilité de se communiquer des sentiments profonds, risqués, et donc de se mettre en jeu, avec la crainte que l'autre ne comprenne pas, qu'il ne réponde pas. Elle suscite des émotions violentes et c'est une grande joie lorsqu'on se rend compte que l'on est compris par l'autre et qu'il est du même côté que soi[3].

Les amoureux sont toujours frais et légers. Ils ne se laissent pas encroûter par les habitudes. Ils ne traînent pas derrière eux une infinité de besoins. Ils savent renoncer. Une caractéristique du couple amoureux est *l'ouverture d'esprit*, la capacité à se modifier, à s'adapter. Parce qu'il conserve la malléabilité des origines. Nous sommes capables d'apprendre et de nous corriger. L'amour, comme toute chose vivante, survit grâce à l'invention, à la souplesse, à l'intelligence.

Une autre caractéristique de l'amour qui dure est le

communisme amoureux. Les gens qui continuent à s'aimer ne tiennent pas une comptabilité de ce qu'ils donnent et de ce qu'ils ont. Même le couple qui a décidé de vivre sous le régime de la séparation des biens agit selon le principe du communisme. Chacun donne selon ses possibilités et chacun prend selon ses propres besoins. L'amour, précisément parce qu'il est sincère et vise à l'essentiel, donne à l'un comme à l'autre le sens de la mesure et de la modération.

Outre le communisme amoureux, le sentiment de l'égalité des valeurs est lui aussi très fort. Les amoureux se sentent *absolument égaux* parce que chacun pense que l'autre vaut plus que lui-même. L'amour finit au moment où l'un pense qu'il vaut davantage que l'être aimé et qu'il a davantage de droits.

Pour continuer à aimer, il faut que la personne aimée soit toujours, ne serait-ce qu'en partie, transfigurée, qu'elle apparaisse « dans la lumière de l'être » dans laquelle nous voyons la splendeur des choses telles qu'elles sont. Cela n'est pas sans rapport avec l'humilité, un sentiment proche du *religieux*. Le respect et la crainte que nous éprouvons en nous approchant de l'être aimé ont quelque chose de religieux. Parce que si l'être aimé nous est infiniment proche, il est, dans le même temps, infiniment lointain et infiniment désirable. Nous savons aussi que, s'il ne nous aimait pas, nous serions perdu. Alors nous entrevoyons, comme dans un halo, ce qu'aurait pu être notre vie si nous ne nous étions pas rencontrés, si nous ne nous étions pas aimés, si nous ne nous aimions pas, et nous frissonnons de peur. Grâce, miracle, stupeur, crainte sont des émotions qui rapprochent l'amour de l'expérience religieuse.

Dans l'énamourement, je veux être aimé pour ce que je suis, pour le meilleur et pour le pire. Mais, le temps passant, la relation se consolidant, cela ne me suffit plus. Il ne me suffit pas que l'autre me dise : « Je t'aime, je t'aime. Quoi que tu fasses, je t'aime. Tu es stupide mais je t'aime, je ne t'estime pas, mais je t'aime. » Chacun veut s'affirmer, veut être reconnu selon sa valeur, objectivement. Être aimé ne me suffit pas, je veux aussi être estimé, apprécié. Je veux pouvoir dire : « Je l'ai bien mérité. » Plus l'autre me dit : « Je t'aime, je t'aime », plus monte en moi l'objection : « Je ne veux pas que tu me dises que tu m'aimes, je veux t'entendre dire que tu m'estimes, que tu m'apprécies pour ce que je vaux vraiment. Si tu m'aimes toujours, quoi que je fasse, tu me traites comme un enfant, non comme un adulte. Si tu me fais cadeau de tant de belles choses mais ne me donnes pas l'occasion de les mériter, si tu me les donnes seulement comme un don arbitraire, capricieux, je te perçois comme un despote, comme un patron à qui je n'aurai jamais le droit de demander quoi que ce soit. Je ne veux pas seulement de l'amour, mais aussi de la reconnaissance et des droits. »

Une communauté vivante

Le couple est une communauté vivante dans laquelle un processus de différentiation, de création constante est à l'œuvre. En même temps, l'activité qu'il déploie colmate ces fractures, reconstitue l'unité et, de cette manière, la maintient en vie et en conserve l'identité.

Les grandes civilisations sont agitées de violents processus créatifs, de conflits, d'oppositions. Ces forces ne mènent pas à la désintégration parce que leurs membres sont conscients de l'importance de la civilisation qu'ils construisent et qu'ils l'aiment. Ils veulent la modifier, pas la détruire. Une communauté vivante utilise les individus, leurs énergies, les conflits, les créations pour s'accroître. Ce sont eux qui l'ont créée mais à son tour elle les crée, les modèle, leur indique leurs buts et leurs valeurs. Ses membres, d'ailleurs, n'imaginent pas en sortir. Comme le dit Roméo dans la tragédie de Shakespeare : « Le monde s'achève aux murailles de Vérone ! » Cette société, cette Église, ce parti constituent l'horizon de toutes leurs valeurs. C'est ce qui donne du prix à leurs actions et du sens à l'affrontement, au conflit. Les divers partis luttent pour améliorer le pays, les écoles théologiques pour la consolidation de la véritable religion. L'exilé continue à aimer sa patrie, même si elle l'a banni, l'hérétique sa religion, même si elle l'a condamné.

Nous n'avons pas seulement des objectifs d'amour individuel. Nous aimons aussi des objectifs collectifs : notre patrie, notre Église, notre famille. Ces entités collectives sont d'autant plus fortes que nous sommes fiers de leur appartenir et que nous leur consacrons nos vies.

Même chose pour le couple. L'amour du couple n'est pas seulement le produit de l'amour que chacun éprouve envers l'autre, mais aussi de celui que tous deux éprouvent envers la collectivité qu'ils forment ensemble. Le couple ne peut durer que si existe ce type d'amour, de fierté. Il dure si nous donnons de l'importance à notre amour, à l'existence de notre couple, à ce que nous faisons ensemble, si nous acceptons jusqu'au bout notre vocation amoureuse. Ce n'est pas seulement le désaccord individuel qui rend l'amour fragile, mais surtout le manque de foi envers notre union, notre mission.

Les amoureux sont fiers de leur amour, ils sont fiers d'eux-mêmes. Ils sont convaincus qu'ils ont une valeur et une tâche à accomplir, ils pensent que chacune de leurs actions doit être exemplaire, un modèle pour tous. Dans l'état naissant, l'entité collective qui émerge est plus importante que chacun des membres qui en font partie, parce que c'est à travers elle qu'ils se reconnaissent, se renouvellent, se perfectionnent. Par la suite, l'amour ne continue à vivre que si ce type d'expérience, cette fois, se renouvelle encore. Lorsque les deux membres du couple commencent à tenir une comptabilité des gains et des pertes, quand ils redeviennent importants en tant qu'individus singuliers, lorsque l'individu se replie sur lui-même, sur son égoïsme et sur sa mesquinerie, l'amour s'évanouit. L'amour n'existe que s'il est capable de donner plus qu'il ne reçoit, que s'il réussit à fondre le sujet en une entité plus importante que lui-même, qui le transcende et l'enrichit.

Le couple est une entité vivante qui veut exister, qui veut s'affirmer dans le monde, qui doit être considérée comme une puissance sociale, culturelle, idéologique, politique, comme un centre organisateur doté d'une idéologie.

Le couple est conscient de sa valeur, justifie ses actes, se donne ses propres lois. Il s'étend en organisant son domaine comme un État, un parti, une Église. Pour survivre, il doit être capable de contrôler ses tensions internes et celles qui proviennent du milieu. Le couple sait se défendre contre les innombrables attaques, repousser victorieusement les menaces qui tendent à l'affaiblir et à le désintégrer.

Histoire et destin

Toute formation sociale évoque avec fierté son passé pour projeter son avenir. Même la plus petite tribu commémore les hauts faits de ses ancêtres, de ses héros, les perpétue à travers ses récits. En les faisant revivre, elle ennoblit et fait resplendir le présent. Le rituel religieux est la réactivation de l'époque divine des origines, lorsque les dieux habitaient la terre. Selon Mircea Eliade[4], chaque religion est animée d'une profonde nostalgie des origines. La loi et le rituel de la religion juive font revivre ce qui a été accompli à l'époque des patriarches Abraham, Jacob, Moïse. Le christianisme rappelle et revit ce que le Christ a accompli sur la terre, l'islam la vie de Médine et la parole divine dictée à Mahomet. Le marxisme lui-même a ses pères fondateurs et ses textes sacrés. Chaque communauté tire sa vitalité du souvenir et de l'évocation de ses moments héroïques, créatifs. Elle trouve la force de regarder vers le futur en plongeant dans ses souvenirs, ses périodes heureuses, ses gloires, ses héros, ses grands hommes.

Mais nous savons que chaque communauté tire sa source de l'état naissant. Nous savons que le temps divin des origines n'est autre que l'état naissant dont elle est née. *Le temps divin des origines* est le temps de la création, où tout était possible. Chaque civilisation ne grandit et n'évolue en gardant son identité que si, périodiquement, elle retrouve son passé et y puise de la force et la fraîcheur du renouvellement. De cette manière, elle parvient à rester jeune et à se recréer. Tous les grands mouvements religieux du christianisme — nous pensons à ceux de saint Benoît, de saint François, de Luther ou de Calvin — sont nés d'un retour aux origines, à la vie et à l'enseignement du Christ. Ceux qui sont apparus par la suite se sont inspirés de ces grands personnages religieux, constituant ainsi une tradition ininterrompue. La même chose s'est produite dans la religion juive et dans l'islam. Il en va de même dans le domaine laïc de la politique : la nation américaine s'est toujours réclamée de l'esprit de ses Pères fondateurs, de la déclaration d'Indépendance, de ses grandes figures du passé, Abraham Lincoln, par exemple.

Ainsi, le couple n'est que la plus petite communauté qui soit. Pour elle, les lois sont les mêmes que celles de la plus grande communauté. Le couple naît lui aussi d'un état naissant, l'énamourement, et se revitalise à travers de nouvelles étapes de re-naissance. Il dure et se renforce si ces processus puisent dans l'énamourement initial, le redécouvrent, y trouvent des énergies fraîches, créatives. Le couple reste amoureux s'il redécouvre périodiquement ses origines, s'il en retrouve l'esprit, la souplesse, l'enthousiasme, et s'y régénère. Nous pouvons dire que chacun retombe amoureux de la même personne.

Lorsque tout cela se produit, les souvenirs, les expériences exaltantes que les deux amoureux ont en commun, les luttes qu'ils ont menées ensemble, les expériences amoureuses sont réactivées, rappelées, et constituent un ferment vivant, une énergie qui alimente le présent. L'homme ne voit plus sa femme seulement telle qu'elle est aujourd'hui mais comme elle a été autrefois, dans les moments les plus beaux de leur vie, et éprouve de nouveau la tendresse, la fierté, la joie d'alors. La femme, regardant l'homme d'aujourd'hui, revoit celui qu'il était, le visage, les gestes qu'elle admirait et adorait. Elle ressent de nouveau la douceur des baisers et des étreintes d'alors. Chaque individu n'est pas limité à son être présent, il acquiert de l'épaisseur, de la profondeur, de la richesse à partir de tout ce qu'il a été.

Pour mieux comprendre ce processus, nous devons rappeler que l'énamourement est un mouvement collectif. Un chef charismatique n'est pas une personne ordinaire mais un être extraordinaire qui brille d'une lumière divine. Au fil du temps, une légende se crée autour de lui. Les gens évoquent ses débuts difficiles, ses batailles, ses triomphes. Tous ces moments se sculptent dans la mémoire collective et dans le cœur des fidèles. Chaque moment de sa vie fait l'objet d'un récit et devient exemplaire. Eh bien, dans l'énamourement, chacun est le chef charismatique de l'autre. Chacun voit en l'autre un être d'une grande élévation, admirable, sublime et, lorsque l'amour perdure, sa vie, comme celle du chef, se transforme en une biographie admirable dont tous les moments sont importants et, lorsqu'ils sont plus tard évoqués, ils transmettent de la force, de la joie, de l'émotion. L'amant s'émeut en regardant les photographies de l'aimé lorsqu'il était enfant, lorsqu'elle était jeune. Quand il repense au passé, il revoit les photographies ou les films de certains moments vécus ensemble, il retrouve la joie, la tendresse, l'entrain d'alors. Ces émotions réchauffent et enrichissent le présent.

Dans le couple, il n'y a pas seulement mon histoire et celle de l'autre. Il y a aussi l'histoire du *nous*, de la collectivité que nous avons créée ensemble. Il y a le souvenir de ce que nous avons fait ensemble, des difficultés, des luttes, des efforts, des victoires et des réalisations concrètes dues à notre travail commun.

L'amour dure tant que ce passé et ses objectivations sont vécus comme un seul et même mouvement positif, qui regarde vers l'avenir. Car passé et avenir se construisent ensemble, l'un n'existe pas sans l'autre. Lorsque le passé se brise, l'avenir se fêle aussi et vice versa. Aussi un couple doit-il garder les souvenirs agréables et craindre le souvenir des conflits et des blessures que les deux amants se sont infligés.

Érotisme

Une communauté d'amants doit avoir aussi une histoire *érotique* et un avenir érotique. L'érotisme est une composante essentielle de l'histoire du couple. S'il perd de son importance, s'il laisse place à d'autres valeurs, s'il n'y a pas de mémoire de l'érotisme passé, peu à peu l'érotisme présent s'éteint à son tour. Il en est de même pour l'avenir. Si le couple n'attache pas d'importance à l'érotisme, s'il le place après le reste, l'érotisme, jour après jour, disparaît. Il est remplacé par la sympathie, la tendresse, la confiance et l'aide réciproque, par l'amitié, qui sont des formes d'amour, mais non d'énamourement. Il existe beaucoup de couples de ce type, au sein desquels les deux conjoints ne se désirent plus, ne se touchent même plus, comme s'ils étaient frère et sœur, comme s'ils étaient séparés par le tabou de l'inceste. Certaines personnes s'en satisfont. Mais nous ne pouvons les considérer comme des couples amoureux. L'état naissant amoureux se différencie de l'état naissant de tous les autres mouvements précisément parce qu'il est enflammé par l'érotisme, parce qu'il produit le désir spasmodique de la communion, de la fusion des corps. Le ciment de la communauté amoureuse est le plaisir que les corps se donnent. L'érotisme constitue le langage spécifique, irremplaçable, de l'énamourement. Sans érotisme, l'énamourement est aphasique, il ne sait pas parler, il ne peut exister. Un couple érotiquement muet est une entité différente. Ce n'est pas un couple amoureux.

L'amour envers la communauté elle-même, qui œuvre pour ses affirmations, ses réalisations objectives — les enfants, la maison — ne suffit pas non plus. Il faut que l'un et l'autre se plaisent. Il faut que l'autre plaise sur le plan physique, érotique, que l'on aime ses yeux, ses cheveux, son nez, ses seins, ses épaules, sa manière de marcher. Il faut éprouver le désir de le toucher, de l'embrasser, de se faire embrasser, de l'étreindre et de se faire étreindre, de se coucher nus ensemble, de faire l'amour. Et puisque ce corps n'a pas rassasié l'autre, le désir renaît, revient, se renouvelle. Les amoureux ne vont pas au lit pour dormir, mais pour faire l'amour même si finalement, épuisés, ils s'endorment main dans la main.

Le désir érotique n'est pas tout le temps présent, à chaque instant. La vie commune n'est pas toujours uniformément faite d'érotisme. On se réveille, on s'endort, on mange, on travaille, on discute, on voyage. Mais au sein du couple amoureux, l'érotisme n'est jamais loin, prêt à faire irruption : pendant que l'autre se lave, ou se rase, qu'elle ôte un pull et montre son corps nu, ou encore lorsque, parfaitement maquillée, elle lève des yeux malicieux. L'érotisme est toujours un réveil, des yeux qui s'ouvrent étonnés, brûlants de désir. C'est le passage à une autre dimension[5]. Comme ouvrir une porte.

Le couple amoureux est aussi celui où chacun, lorsqu'il voit de loin l'être aimé en compagnie d'autres personnes, quand il le croise dans la rue, quand il l'observe sans être vu lors d'un déjeuner, d'une fête, a une curieuse impression de dédoublement. Il sait que cette personne est sa femme, ou son mari. Pourtant, il reste sous l'effet d'un enchantement et la regarde comme si c'était un ou une inconnue. Il est fasciné, il est incapable d'en détacher ses yeux. Il lui semble que c'est la plus belle créature qu'il ait jamais vue, la plus fascinante, la plus désirable. Et il s'émerveille que cette personne qui lui plaît tant soit précisément celle qui vit avec lui, celle qui partage ses journées et son lit. Il a du mal à le croire. Il se surprend à penser que, s'il ne la connaissait pas déjà, il voudrait faire sa connaissance, lui parler. Il se demande s'il aurait le courage de l'aborder, parce qu'elle lui semble distante, dans une sphère supérieure. Il serait hésitant, timide.

N'est-ce pas cela, l'expérience du coup de foudre, des moments de révélation, de discontinuité typiques de l'énamourement ? Nous savons que ces expériences se produisent lorsque nous relâchons nos défenses, lorsque nous nous abandonnons au charme de l'autre, à son pouvoir de séduction. Dans le couple amoureux, la vie quotidienne crée peu à peu des zones opaques, des résistances. La fatigue, le travail, les discussions sont comme autant de pierres dressées devant le visage de la personne aimée. Ce sont des voiles, des chiffons posés sur nos yeux, des freins, des résistances, des peurs qui tiennent nos enthousiasmes en cage, qui freinent notre désir d'une vie extraordinaire. Le quotidien nous a repris, nous a éteints. Mais voici que, soudain, notre élan vital reprend le dessus, il rompt la barrière opaque et nous fait voir de nouveau l'objet de notre désir, qui a toujours été là ; même dans les moments où nous nous étions assoupis, endormis. Nos yeux s'ouvrent. L'érotisme est un réveil.

Complexité

Le couple amoureux est une entité complexe dans laquelle chaque individu assume, aux yeux de l'autre, d'innombrables rôles, comme si ce n'étaient pas seulement deux personnes qui ont des activités différentes, qui s'influencent l'une l'autre, discutent, créent et modifient le monde. Le couple amoureux n'est pas construit comme un dialogue *mais comme une symphonie.*

Elle est fondée sur la coexistence de deux principes

apparemment opposés. Le premier est celui de la complémentarité. Le second celui de l'interchangeabilité.

Commençons par le premier. Dans les couples, les capacités des deux membres doivent être *complémentaires*. Les capacités et les qualités du premier doivent compléter et corriger celles de l'autre. Si l'un est enthousiaste, l'autre sera réfléchi et prudent, si le premier est optimiste et ne voit pas les dangers, il sera bon que l'autre soit un peu pessimiste, vigilant. Si l'un est violent, l'autre devrait être diplomate, si l'un est prodigue il vaut mieux que l'autre soit parcimonieux. Si le premier est rigide, que l'autre soit tolérant. Les activités devraient également être complémentaires, les tâches partagées. Il est inutile que tous les deux fassent tout. Celui des deux qui a le plus de goût pour cela s'occupera de la décoration de la maison, le plus habile et le plus capable s'occupera de la gestion. L'autre devrait être assez humble pour reconnaître ses capacités et le laisser faire. Il y a des gens qui ont une vision d'ensemble, d'autres qui savent porter attention aux détails. Certains sont dotés d'imagination, d'autres sont plus réalistes, les premiers inventent alors les histoires, les jeux pour les enfants, les seconds veillent à l'organisation de la maison, de la vie commune. Bref, chacun tire parti librement de ses qualités, de sa créativité.

Voyons maintenant le principe d'*interchangeabilité*. Dans les couples amoureux et expérimentés, l'un et l'autre doivent aussi avoir de grandes affinités électives. Chacun doit comprendre, apprécier le travail de l'autre, être en mesure de collaborer avec lui. Si le mari n'est pas porté sur l'esthétique et la décoration, il est cependant important qu'il sache comprendre et apprécier l'aménagement de l'appartement qu'a réalisé sa femme. S'il est distrait, il doit être d'accord sur le fait que l'ordre est préférable et savoir exécuter avec soin les directives qui lui sont prodiguées. En réalité, dans un couple amoureux, même si chacun se choisit pour rôle ce qu'il sait faire le mieux, il s'identifie aussi avec l'autre. Il le comprend parfaitement, partage ses buts, les apprécie et sait reproduire ses processus mentaux.

Les deux conjoints amoureux se comprennent sans se parler, un simple geste, un regard suffisent, ou parfois même rien. Ils réagissent de la même manière sans même se consulter. Même s'ils travaillent dans des domaines différents, chacun suit les activité de l'autre et peut l'aider, le conseiller, lui faire des suggestions utiles. Il peut même le remplacer s'il est défaillant, prendre une décision à sa place.

Je me souviens d'un couple particulièrement solide. Le mari avait créé une entreprise d'instruments électroniques connue dans le monde entier. Sa femme n'y avait jamais travaillé. Selon leur division des tâches, c'était là le domaine du mari. Pourtant, il lui racontait ce qui se passait dans l'entreprise. Elle l'écoutait avec attention, participait intensément. De cette manière, au fil des ans, ils avaient abordé ensemble tous les problèmes et toutes les décisions financières et organisationnelles majeures. Elle connaissait les collaborateurs de son mari et plusieurs fois elle avait exprimé son jugement et fait des suggestions. Mais elle était toujours restée au-dehors, elle n'avait jamais eu aucun rôle formel. Lorsque son mari mourut, tout le monde s'attendait à ce qu'elle vende l'entreprise. À la grande surprise des dirigeants, elle les convoqua et leur dit qu'elle prenait personnellement la direction de l'affaire. Ils devraient seulement se montrer assez patients en lui expliquant les aspects techniques qu'elle ne connaissait pas encore. Elle apprendrait. C'est ce qu'elle fit. Elle s'installa dans le bureau de son mari et en peu de temps prit la situation en main. Elle se révéla une excellente dirigeante d'entreprise, et aujourd'hui son affaire est plus prospère qu'autrefois.

Dans le couple amoureux, chacun voit dans l'autre non pas une personne, mais plusieurs, toutes différentes, toujours nouvelles et toujours stupéfiantes. Un soir, au cours d'une conversation avec un de mes amis qui, après quinze ans de mariage, regardait sa femme avec des yeux amoureux, je lui dis : « Ta femme, pour toi, n'est pas une femme unique. Elle est plusieurs femmes différentes. Fragile comme un roseau, gracieuse, tu la tiens sur tes genoux comme une enfant, tu joues avec elle : c'est ta fille. En même temps elle prend soin de toi : c'est ta mère. Elle est belle, tu l'admires : c'est une déesse. Mais c'est aussi ta maîtresse, ta geisha. Elle s'occupe de ta maison, elle est donc ta gouvernante. Elle t'aide, pleine de sollicitude : c'est ta secrétaire. Elle te sert aussi de guide : c'est ton manager. Elle apprend de toi : c'est ton élève. Elle t'enseigne comment agir : c'est ton professeur, et, comme tu es névrosé, c'est ta psychothérapeute. Elle te soutient : c'est ta complice. Elle te désapprouve : c'est ta conscience. Enfin, c'est ta plus fidèle alliée dans la bataille de la vie. Vois-tu, vous deux êtes en réalité un grand nombre de personnes différentes. Et vous avez tant à faire, à discuter, à vous dire, que vous ne vous lasserez jamais l'un de l'autre. »

hens sur ses genoux comme une enfant. Tu joues avec elle? c'est ta fille. En même temps elle prend soin de toi: c'est ta mère. Elle est belle, tu l'admires: c'est une déesse. Mais c'est aussi la maîtresse, la sœur. Elle s'occupe de ta maison, elle est donc ta gouvernante. Elle t'aide, pleine de sollicitude: c'est ta secrétaire. Elle te sert aussi de guide... c'est ton initiateur. Elle répond de toi: c'est ton cheval, elle t'enseigne comment agir: c'est ton professeur. Comment se névrose? c'est ta psychothérapie. Elle te soutient: c'est ta confidente. Elle te désapprouve: c'est ta conscience. Enfin, c'est ta plus fidèle alliée dans la bataille de la vie. Vois-tu, vous deux êtes en réalité un grand nombre de personnes différentes. Et vous avez tant à faire, à discuter, à vous dire, que vous ne vous lasserez jamais l'un de l'autre.»

NOTES

CHAPITRE PREMIER

1. Il est curieux de constater que les spécialistes de la famille, le plus souvent, les ignorent complètement. Voir, par exemple, Pierpaolo Donati, *Famiglia e politiche sociale*, Franco Angeli, Milan, 1981. William Goode, *World Revolution and Family Patterns,* Collier. MacMillan, New York, 1963. Chiara Saraceno, *Sociologia della famiglia*, Il Mulino, Bologne, 1988. Antonio Golini, *La Famiglia in Italia*, ISTAT, Rome, 1986. Rossella Palomba, *Vite di coppie e di figlio*, La Nuova Italia, Florence, 1987. Marzio Barbagli, *Provando e riprovando*, Il Mulino, Bologne, 1990.

2. Il est impressionnant de voir le petit nombre des recherches menées sur ce sujet ainsi que l'imprécision qui règne dans ce domaine. Avec, naturellement, quelques exceptions. Parmi celles-ci nous rappellerons en particulier l'ouvrage de Murray S. Davis, *Intimate Relations*, The Free Press, Macmillan, New York, 1973. Dorothy Tennov, *Love and Limerence*, Stein and Day, New York, 1979. C. S. Lewis, *The Four Loves* (1960), Fount Paperback, Harper Collins, London, 1970. R.G. Sternberg, « A triangular Theory of Love » in *Psychological Review*, 1986, 1993, pp. 119-135. Et parmi les ouvrages plus récents Willy Pasini, *Intimità*, Mondadori, Milan, 1992. Gilbert Tordjman, *Le Couple*, Hachette, Paris, 1992. Giorgio Abraham, *Un amore tutto nuovo*, Mondadori, Milan, 1995.

3. Sigmund Freud, *Psychologie des masses et analyse du moi*, *Œuvres complètes* XVI, PUF, Paris, 1991.

4. Pour expliquer cette anomalie, Freud a dû changer son explication donnée précédemment. Il nous dit que l'énamourement ne naît pas d'une succession d'expériences sexuelles agréables mais, au contraire, d'une impulsion sexuelle dont l'objet est prohibé. Ne pouvant se satisfaire, la libido sexuelle éclate et produit une surévaluation de l'objet aimé. Sigmund Freud, *Psychologie des masses et analyse du moi*, *op. cit.*

5. Simone de Beauvoir, *Le Deuxième Sexe*, Gallimard, Paris, 1949.

6. Properce, *Élégies*, Livre II. (Traduction originale.)

7. Helen Fisher, *Anatomy of Love*, Touchstone, NY, London, 1992, p. 50. Et l'auteur ajoute : « Les Bem-Bem des hauts plateaux de la Nouvelle-Guinée n'admettent pas non plus qu'ils éprouvent des passions, mais il peut arriver parfois qu'une fille refuse d'épouser l'homme que son père a choisi pour elle et prenne la fuite avec son "véritable amour". Les Tiv d'Afrique, qui ne possèdent pas une idée explicite de l'amour, appellent *folie* cette passion. » *Ibidem*, p. 50.

8. Voir William Jankoviak et Edward Fischer, « A cross cultural perspective on romantic love », in *Ethnology* 31 (n° 2), 1992, pp. 149-155.

9. Deux sociologues bien connus ont traité de l'apparition de l'amour dans cette période historique. Niklas Luhman dans *Love as Passion*, Polity Press, Cambridge, 1986, et Anthony Giddens dans *The Transformation of Intimacy*, Polity Press, Cambridge, 1992. Mais ni l'un ni l'autre ne sont en mesure d'en donner une explication. Alors que le phénomène est parfaitement compréhensible à la lumière d'une théorie qui considère l'énamourement (qu'il soit appelé passion ou amour romantique) comme un processus collectif donnant naissance à la formation d'un couple. Tant que les familles parentales sont très fortes, le mariage est arrangé ou dominé par celles-ci. Mais, à un certain moment, la transformation économique et la division du travail affaiblissent ces liens traditionnels et le couple se forme alors grâce aux mêmes mécanismes qui permettent aux autres communautés d'apparaître : l'état naissant et les processus d'institutionnalisation. On assiste alors à une importance croissante de la passion amoureuse et à une épidémie d'énamourements. Voir cette thèse dans Francesco Alberoni, *Genesis*, trad. franç. Ramsay, Paris, 1992.

10. Shakespeare était en avance sur son temps. L'énamourement comme base du mariage est présent dans toutes ses œuvres, de *Roméo et Juliette* à *Beaucoup de bruit pour rien*, jusqu'à *La Tempête*. Goethe et Manzoni ont aussi prêté leur voix à la sensibilité populaire. Dans *Werther* de Goethe, le protagoniste voudrait épouser Lotte, rappelant ainsi un épisode de la vie même de Goethe qui s'était épris de Charlotte Buff. *Les Affinités électives* commencent par un dialogue entre Édouard et Charlotte qui, après leurs mariages imposés à l'un et à l'autre par leurs familles, réalisent enfin leur amour en s'épousant. Dans *Les Fiancés* de Manzoni, Renzo et Lucia sont deux paysans qui s'aiment, et l'Église se bat pour permettre leur mariage en dépit des obstacles dressés par l'arrogant don Rodrigo.

11. José Ortega y Gasset, *Écrits en faveur de l'amour*, trad. franç. Éditions Distance, Biarritz, 1986.

12. Denis de Rougemont, *L'Amour et l'Occident*, Plon, Paris, 1933. Nouv. édit., 10/18, Paris, 1971.

13. Erich Fromm, *L'Art d'aimer*, trad. franç. F. Tcheng, Paris, 1991.

14. Je crois que cela dépend du fait que l'anglais n'a pas le mot « énamourement », et le concept manque souvent quand le mot manque. L'attention s'est alors fixée sur les formes historiques dans lesquelles l'énamourement se présente. Le concept d'*amour-passion* a été emprunté à Stendhal alors que celui de *romantic love* est tiré de sources littéraires. Voir comment il est analysé par Anthony Giddens *(The Transformation of Intimacy, op. cit.,* pp. 51-57), ou par Steven Seidman *(Romantic Longings*, Routledge, New York, 1991). Des échelles ont été fixées pour mesurer cette « idéologie romantique », comme dans le cas de I. M. Rubin, *The Social Psychology of Romantic Love*, The Univ. of Michigan, PH. D. These. Beaucoup ont fini progressivement par identifier *romantic love* et énamourement. Pour échapper à cette ambiguïté, Dorothy Tennov a créé le néologisme peu heureux *limerence*.

15. Cette thèse est soutenue par tous les psychanalystes. Voir par exemple, parmi les centaines de citations possibles, Jole Baldaro Verde et Gian Franco Pallanca, *Illusioni d'amore*, Rafaello Cortina, Milan, 1984. La théorie de l'amour comme attachement ne fait que développer la même idée. Les gens deviennent amoureux et s'attachent à des substituts des parents, et ils établissent entre eux des rapports de protection réciproques comme ceux qui existent entre la mère et l'enfant. Sur ce sujet, le lecteur trouvera une bibliographie exhaustive dans le livre de Lucia Carli, *Attacamento e rapporto di coppia*, Raffaello Cortina, Milan, 1995. La présence de ce schéma dans la psychologie jungienne est aussi visible dans les remarquables ouvrages d'Aldo Carotenuto, *Eros e patos*, Bompiani, Milan, 1987 ; *Amare tradire*, Bompiani, Milan, 1991 ; *Riti e miti della seduzione*, Bompiani, Milan, 1994.

16. C'est la thèse que j'ai soutenue dans mon livre *Innamoramento e amore*, Garzanti, Milan, 1979.

17. Sigmund Freud, *Trois Essais sur la théorie de la sexualité*, Gallimard, Paris, 1962 ; *Introduction à la psychanalyse*, Payot, Paris, 1989.

18. Martin Heidegger, *Être et Temps*, trad. franç. Gallimard, Paris, 1992.

19. Abraham Maslow, *Religions, Values and Peak-Experience*, Penguin Books, Londres, 1976.

CHAPITRE DEUX

1. Dino Buzzati, *Un amour*, trad. franç. Robert Laffont, Paris, 1964 (Le Livre de Poche, p. 376).

2. *Ibidem*, pp. 376-377.

3. *Ibidem*, p. 379.

4. Ludwig Biswanger, *Drei Formen missglückten Daseins : Verstiegen heit, Verschrobenheit, Manierheit*, Niemeyer, Tübingen, 1996.

5. C'est la thèse exposée par Stendhal dans *De l'amour* (1820). Selon

notre théorie, l'énamourement apparaît en passant par de nombreuses explorations. Dans chaque exploration, le sujet évalue la possibilité d'être payé de retour. S'il est certain de ne pas l'être, l'énamourement n'a pas lieu. Mais il peut aussi commettre une erreur : interpréter une attitude amicale ou gentille, ou une réponse érotique, comme une disponibilité à l'amour réciproque.

6. Sigmund Freud, *Deuil et Mélancolie, Œuvres complètes*, vol. XIII, 1988.

7. Le terme *porte* apparaît aussi dans le langage religieux. Dans les litanies, la Vierge Marie est appelée *janua coeli*, du ciel. Dans le monde islamique, *bab* est la porte d'accès à la divinité. Le gouvernement du Sultan est appelé *la Sublime Porte*.

8. Roland Barthes, *Fragments d'un discours amoureux*, Éditions du Seuil, Paris, 1977, p. 43.

9. Edith Wharton, *Le Temps de l'innocence*, trad. franç. Flammarion, J'ai lu, Paris, 1985, p. 186.

10. David Herbert Lawrence, *L'Amant de lady Chatterley*, trad. franç. LGF, Paris, 1971, pp. 25-27.

11. *Ibidem*, pp. 33-36.

12. *Ibidem*, p. 76.

13. *Ibidem*, p. 83.

14. Sigmund Freud, *Le Délire et les rêves dans la* Gravida *de Wilhelm Jensen*, Gallimard, Paris, 1949.

15. Nous avons déjà fait référence à l'autre courant de pensée qui considère le lien amoureux comme le développement et l'élaboration de l'attachement maternel ainsi qu'il a été étudié par John Bowlby : vol. I, *Attachment* (1969), Penguin, Harmondsworth, 1982 ; vol. II : *Separation, Anxiety and Anger* (1973), Penguin, Harmondsworth, 1975 ; et *The Making and Breaking of Affectional Bonds*, Tavistock London 1979. Sur ce sujet, voir aussi Lucia Carli, *Attacamento e rapporto di copia*, Raffaello Cortina, Milan, 1995.

16. John Money, *Lovemaps ; Clinical Concepts of Sexual/Erotic Health and Pathology, Paraphilia and Gender Transposition in Childhood, Adolescence and Maturity*, Irving Publishers, New York, 1986 ; *Amore e mal d'amore*, trad. ital. Feltrinelli, Milan, 1983.

17. Goethe a fait de ce personnage le héros de trois livres : *La Vocation théâtrale de Wilhelm Meister* (1777), *Les Années d'apprentissage de Wilhelm Meister* (1797) *et Les Années de voyage de Wilhelm Meister* (auquel il travailla jusqu'en 1829).

18. Pietro Citati, *Goethe*, Adelphi, Milan, 1990, p. 73.

19. *Ibidem*.

20. Erica Jong, *La Peur de l'âge*, trad franç. Grasset, Paris, 1995, pp. 300-302.

21. La cause en est deux fontaines magiques nées en Ardenne et qui ne sont lointaines. Le voyageur qui à l'une s'abreuve d'amoureux désir

voit s'emplir son cœur ; qui boit à l'autre sans amour demeure, froide glace devient sa prime ardeur. (L'Arioste, *Roland furieux*, chant I, 78.)

22. Françoise Giroud, *Alma Mahler ou l'art d'être aimée*, Robert Laffont, Paris, 1988, pp. 61-67.

CHAPITRE TROIS

1. Francesco Alberoni, *L'Amitié*, trad. franç. Ramsay, Paris, 1985. Pocket, Paris, 1995.

2. C'est la théorie déjà citée de John Money, *Lovemaps...*, *op. cit.*

3. Madame de La Fayette, *La Princesse de Clèves*, Booking International, Paris, p. 112.

4. Françoise Giroud, *Alma Mahler ou l'art d'être aimée*, *op. cit.*

5. De cet auteur, voir en particulier René Girard, *Mensonge romantique et vérité romanesque*, Grasset, Paris, 1964 ; *La Violence et le Sacré*, Grasset, Paris, 1972 ; réédition Hachette, Collection « Pluriel ».

6. René Girard, *La Violence et le Sacré*, *op. cit.*, p. 217.

7. *Ibidem.*

8. Pour élaborer le concept d'état naissant j'ai utilisé en particulier les recherches de Max Wertheimer sur la solution des problèmes. Plus généralement, sur la psychologie de la forme, voir Kurt Koffka, *Principles of Gestalt Psychology*, Harcourt & Brace, New York, 1963. Wolfgang Köhler, *Psychologie de la forme*, trad. franç. Gallimard, Paris, 1964. Gaetano Kanisza, *Grammatica del vedere*, Il Mulino, Bologne, 1980, enfin, Max Wertheimer, *Il pensiero produttivo*, trad. ital. Ed. Univ. Fiorentina, Florence, 1965.

9. Arthur Koestler, *The Act of Creation* (1967), Penguin, Harmondsworth, 1989, pp. 118-119.

10. J'ai dû introduire ce principe pour expliquer le processus explosif des mouvements collectifs et de l'énamourement. La théorie complète des trois principes de la dynamique est exposée dans Francesco Alberoni, *Genesis*, trad. franç. Ramsay, 1992.

11. L'idéalisation, selon cette théorie, est le produit des mécanismes de défense contre l'ambivalence. Ils sont de type dépressif et persécuteur. Voir l'exposition complète dans Francesco Alberoni, *Genesis*, *op. cit.*, pp. 179-208.

12. Ils sont une élaboration de la position dépressive et schizoïdoparanoïde de Melanie Klein. Voir sur ce sujet les travaux de Franco Fornari, *La Vita affettiva originaria del bambino*, Feltrinelli, Milan, 1963, et *Genesis*, ouvrage déjà cité.

13. Lou Salomé écrit : « Au fond l'amoureux ne s'intéresse pas à la façon dont il est vraiment aimé [...] il lui suffit de savoir que l'autre le rend merveilleusement heureux. Il ne sait pas comment. Les deux restent des mystères l'un pour l'autre. » Lou Andreas Salomé, *Die Erotik* (1910), Munich, 1979. Sur l'inconnaissabilité de la personne aimée,

voir Roland Barthes, *Fragments d'un discours amoureux, op. cit.*, et Alain Finkielkraut, *La Sagesse de l'amour*, Gallimard, Paris, 1984.

CHAPITRE QUATRE

1. Il existe trois types de formations sociales : la *Société*, la *Communauté* et le *Mouvement collectif*. Les deux premières ont été décrites par le sociologue allemand Tönnies (Ferdinand Tönnies, *Gemeinschaft und Gesellschaft*, 1887). La *communauté* préexiste à l'individu et elle est fondée sur la tradition. L'individu y naît et il est lié aux autres membres par des sentiments, des émotions, des idées communs. La famille, la nation, la cité-État, l'Église sont des *communautés*, tandis que la *société* est construite par les individus, avec leur volonté, avec leur raison, au moyen d'un pacte, d'un contrat. Par exemple, une société par actions, une association sportive.

Tönnies ne connaissait pas le troisième type de formation sociale, le *mouvement collectif*. Il a des caractères de la communauté, car ses membres ont des sentiments et des valeurs en commun. Mais il n'est pas fondé sur la tradition. Il naît comme la société, mais il n'est pas construit froidement par la raison sous la forme d'un accord, d'un pacte. Il jaillit sous l'impulsion des émotions, de la foi et des passions. Au commencement, celui qui s'y joint vit une expérience de libération, de renaissance, de révélation. C'est cette conversion, cette mutation intérieure que nous avons décrite précisément comme *état naissant*. Et tous ceux qui se trouvent dans cet état se *reconnaissent* entre eux et tendent à se fondre ensemble, à créer une *communauté* dotée d'un niveau très élevé de solidarité. L'institution est en même temps une communauté à cause des liens émotionnels entre ses membres, et une société à cause des pactes et des contrats qui la règlent.

2. Voir l'essai sur l'adultère de Tony Tanner, *L'Adulterio nel romanzo*, Marietti, Gênes, 1990.

3. Le christianisme est vu par les chrétiens comme la floraison du judaïsme, mais, pour les juifs, il a été une fracture de la communauté hébraïque, une terrible hérésie qui a causé d'innombrables dommages au peuple juif. La Réforme protestante peut être vue comme la création d'un nouveau christianisme, l'émergence d'une pluralité de communautés religieuses : les luthériens, les calvinistes, les anabaptistes et autres, jusqu'aux méthodistes et aux baptistes réformés. Mais elle peut être aussi considérée comme la désintégration de l'Église catholique médiévale, la perte irréparable de son unité. Le bolchevisme s'est imposé en détruisant le système politique russe, les sociaux-révolutionnaires, le Parti des Paysans, le Bund. Les mouvements de jeunesse des années soixante, il suffit de penser aux hippies, ont bouleversé les universités, mis les associations anciennes en difficulté, modifié les rapports à l'intérieur des familles. Et le même phénomène a eu lieu

avec le féminisme, unissant les femmes, mais altérant, détruisant ou modifiant les rapports entre les sexes.

4. La naissance de la moralité à partir du dilemme éthique est exposée dans Francesco Alberoni, *Innamoramento e amore*, Garzanti, Milan, 1979, et surtout dans *Le Ragioni del bene e del male*, Garzanti, Milan, 1981. La description que Dorothy Tennov donne de l'énamourement dans *Love and Limerence, op. cit.*, est incomplète car elle ignore sa nature conflictuelle. Elle décrit l'*idylle*, non la réalité concrète de l'amour.

5. Voir Francesco Alberoni, *Valori*, Rizzoli, Milan, 1992, p. 90.

6. Voir le chapitre « Sexual Difference », in James Q. Wilson, *The Moral Sense*, Free Press, New York, 1993.

7. Dans le livre divertissant de Maria Venturi, *L'amore s'impara : come conquistare e tenersi un uomo*, Rizzoli, Milan, 1989, toutes les stratégies pour garder un mari et vaincre la rivale se basent sur le sentiment de culpabilité de l'homme. Elles l'activent, l'accroissent, l'exaspèrent. Ces mêmes mécanismes ne sont pas applicables à une femme.

8. Françoise Giroud, *Mon très cher amour...*, Grasset, Paris, 1994.

9. Comme dans le livre de Suzanna Tamaro, *Va où ton cœur te porte*, trad. franç. Plon, Paris, 1995.

CHAPITRE CINQ

1. C'est la même définition que celle qu'utilise Karl Marx dans *L'Idéologie allemande*, trad. franç. Messidor/Éd. Sociales, Paris, 1982.

2. Voir Jurg Willi, *Che cosa tiene insieme il coppie*, trad. ital. Mondadori, Milan, 1992.

3. Verena Kast, *Paare, Beziehungsphantasien oder : Wie Götter sich in Menschen Spiegeln*, Krenz, Stuttgart, 1984, trad. ital. *La coppia*, Ed. Red, Côme, 1991.

4. Sur la recherche de la perfection esthétique de soi-même et de l'autre, voir Sasha Weitman, *On the Elementary Forms of Socioerotic Life*, Pro Manuscripto, Univ. of Tel Aviv, 1995.

CHAPITRE SIX

1. Le processus est illustré de la façon suivante :

Véritable énamourement

État naissant

Principe du plaisir	La perte	Désignation
Faux énamourement érotique	Amour compétitif	Faux énamourement pour l'idole

355

2. Edgar Morin, *Les Stars*, Éditions du Seuil, Paris, 1972. Francesco Alberoni, *L'Elite senza potere*, Vita e Pensiero, Milan, 1963 et Bompiani, Milan, 1973 ; *Le Vol nuptial*, trad. franç. Plon, Paris, 1994.

3. C'est un thème développé dans Francesco Alberoni, *L'Érotisme*, trad. franç. Éditions Ramsay, Paris, 1987.

4. Voir Francesco Alberoni, *Le Vol nuptial, op. cit.*

5. Dorothy Tennov, *Love and Limerence, op. cit.* p. 47.

6. Si l'on veut représenter dans un graphique les liens amoureux existant à l'intérieur du mouvement, nous n'avons pas seulement les dispositions stellaires entre le chef et ses disciples, mais aussi un lien entre eux et la collectivité tout entière. Aussi l'amour qui s'établit entre les différents membres n'est-il pas, à proprement parler, un amour entre des individus, mais a la collectivité pour médiateur. Voir l'illustration :

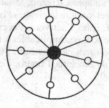

7. Voir l'illustration :

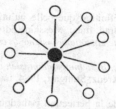

8. Sigmund Freud, *Psychologie des masses et analyse du moi, op. cit.*

9. Sigmund Freud, *Totem et Tabou*.

10. Giacomo Casanova, *Mémoires*.

11. Carlo Castellaneta, *Le Donne di une vita*, Mondadori, Milan, 1993.

12. Jeanne Cressanges, *Ce que les femmes n'avaient jamais dit*, Grasset, Paris, 1982.

13. Carlo Castellaneta, *Passione d'amore*, Mondadori, Milan, 1987.

14. Francis Scott Fitzgerald, *Gatsby le Magnifique*, trad. franç. Le Sagittaire, Paris, 1946 (Le Livre de Poche, p. 211).

15. Elena Gianini Belotti, *Amore e pregiudizio*, Mondadori, Milan, 1992, p. 92.

16. Rosa Giannetta Alberoni, *Paolo e Francesca*, Rizzoli, Milan, 1994.

17. Jurg Willi, *La Collusione di coppia*, trad. ital. Franco Angeli, Milan, 1993, pp. 50-57.

CHAPITRE SEPT

1. Une description précieuse de l'érotisme amoureux nous a été donnée par Sasha Weitman, *On the Elementary Forms of the Socioerotic Life*, *op. cit.* Il est caractérisé par le plaisir, le naturel, l'enjouement, la générosité, le plaisir de donner, le désir de beauté pour soi et pour l'autre.

2. Robert Woods Kennedy, *Un anno d'amore*, trad. ital. Rizzoli, Milan, 1973.

3. Vladimir Nabokov, *Lolita*, trad. franç. Gallimard, Paris, 1959, p. 51.

4. *Ibidem*, p. 55.

5. *Ibidem*, p. 70.

6. *Ibidem*, p. 190.

7. Elena Gianini Belotti, *Amore et Pregiudizio*, *op. cit.*

8. *Ibidem*, p. 223.

9. *Ibidem*, p. 225.

10. Marguerite Duras, *L'Amant*, Éd. de Minuit, Paris, 1984, pp. 54-55, 63.

11. *Ibidem*, p. 102.

12. *Ibidem*, p. 123.

13. *Ibidem*, p. 141.

14. H.F. Peters, *Ma sœur, mon épouse. La vie de Lou Andreas Salomé*, trad. franç. Gallimard, Paris, 1967.

15. Voir Francesco Alberoni, *L'Amitié*, *op. cit.*

CHAPITRE HUIT

1. Le concept d'*amour-passion* a été introduit par Stendhal et coïncide, dans une large mesure, avec notre concept d'énamourement. Stendhal, *De l'amour*, 1822. Nous devons considérer que le terme énamourement manque en français. S'*énamourer* et le substantif *énamouration* existaient mais ils ne sont plus employés. En anglais, c'est l'expression *to be enamoured* qui signifie « je suis énamouré de », mais elle n'est pas d'un usage courant. Les deux langues ont voulu souligner non le processus, mais la discontinuité : *tomber amoureux*, *fall in love*. Roland Barthes pensait qu'il serait opportun de réintroduire en français le terme *énamoration*. Pour la même raison, j'estime qu'en anglais on devrait pouvoir employer, du moins à un niveau scientifique,

the nascent state of love, to be enamoured, et *enamouration*. Mais jusqu'à présent personne ne l'a fait.

N.d.T. Dans ce qu'on appelle en abrégé le Grand Robert de la langue française, le mot *énamouré* est noté comme « vieilli ou (employé) par plaisanterie ». Le terme *énamoration* proposé par Roland Barthes est signalé comme un doublet savant d'*énamourement*, mais un emploi d'*énamourement* est relevé chez les Goncourt en 1881. Nous avons préféré ce terme à celui qui fut proposé par R. Barthes.

2. Étienne Gilson, *Héloïse et Abélard*, Vrin, Paris, 1984. Maria Teresa Fumagalli Beonio Brocchieri, *Eloisa e Abelardo*, Mondadori, Milan, 1984.

3. Denis de Rougemont, *L'Amour et l'Occident*, *op. cit.* p. 31.

4. Voir le chapitre « Zarathoustra » dans Francesco Alberoni, *Genesis, op. cit.*

CHAPITRE NEUF

1. Sur la jalousie, voir Peter van Sommers, *Jealousy*, Wiley, Sidney and London, 1972.

2. Henri Troyat, *Tolstoï*, Fayard, Paris, 1979.

3. Dino Buzzati, *Un amour*, trad. franç., *op. cit.*, p. 377.

4. Paul Robinson, *Caro Paul*, dans AA. VV., *Omosessualità*, trad. ital. Feltrinelli, Milan, 1981.

5. Voir le beau travail de recherche de Letitia Ann Peplau, où sont comparés des couples homosexuels masculins et féminins et des couples hétérosexuels : « What Homosexuals Want », in *Psychology Today*, mars 1981. Voir aussi le chapitre « Betwen Pleasure and Community », *in* Steven Seidman, *Romantic Longings, op. cit.*

CHAPITRE DIX

1. Francesco Alberoni, *Le Vol nuptial, op. cit.*

2. Igor A. Caruso, *La Separazionde degli amanti*, trad. ital. Einaudi, Turin, 1988.

3. *Ibidem*, p. 81.

4. *Ibidem*, p. 41.

5. *Ibidem*, pp. 36-37.

6. *Ibidem*, p. 92.

7. Sigmund Freud, *Deuil et Mélancolie, op. cit.*

8. John Bowlby, *Separation, Anxiety and Anger, op. cit.* ; et *The Making and Breaking of Affectional Bonds, op. cit.*

9. H.F. Peters, *Ma sœur, mon épouse, op. cit.*

CHAPITRE ONZE

1. Aldo Carotenuto, *Riti e miti della seduzione, op. cit.*
2. Francesco Alberoni, *L'Érotisme, op. cit.* Pocket, 1994.
3. Pierre Choderlos de Laclos, *Les Liaisons dangereuses*, 1782.
4. *Ibidem*, Les Grands Textes classiques, Paris, 1993, p. 207.
5. *Ibidem*, p. 203.
6. Voir Roland Barthes, *Fragments d'un discours amoureux, op. cit.*
7. Maria Venturi, *L'Amore si impard*, Rizzoli, Milan, 1988, p. 323.

CHAPITRE DOUZE

1. Peter Berger, M. Kellner, « Marriage and the Construction of Reality », *in Diogenes*, 46, 1964.
2. Cf. Francesco Alberoni, *Innamoramento e amore, op. cit.*
3. Le *pacte* amoureux correspond à la constitution des grands mouvements collectifs. La constitution pose des limites infranchissables à la souveraineté du groupe, à sa violence totalitaire. Le souverain s'incline aussi devant elle.

CHAPITRE TREIZE

1. Sur la signification du litige, voir Murray S. Davis, « Il litigio : meccanismo integrativo di un'intimità in pericolo », *Rassegna Italiana di sociologia*, anno XIII, 2, aprile-giugno 1972, pp. 327-339.
2. Marcel Mauss, *Essai sur le don*. Paru dans *L'Année sociologique*, 1923-24, il est publié avec d'autres travaux in *Sociologie et Anthropologie*, PUF, Paris, 1950.
3. Les trois étapes que nous décrivons sont les mêmes que celles qui ont été décrites pour la première fois par Giambattista Vico dans *La Science nouvelle*, au début du XVIIIᵉ siècle. Trad. franç., Gallimard, coll. Tel, Paris, 1993. Voir aussi Rosa Giannetta Alberoni, *Gli esploratori del tempo*, Rizzoli, Milan, 1994. Selon Vico, la société passe cycliquement par trois âges : l'âge divin, l'âge des héros et, le troisième, l'âge humain. Au premier correspond le besoin, au deuxième la commodité, au troisième le luxe.
4. Voir Luisa Leonini, *L'Identità smarrita*, Il Mulino, Bologne, 1988.

CHAPITRE QUATORZE

1. Murray S. Davis, *Intimate relations, op. cit.* pp. 170-171.
2. Extrait des lettres de Karen Blixen citées par Pietro Citati, *Ritratti di donne*, Rizzoli, Milan, 1992, p. 248.

3. Erica Jong, *La Peur de l'âge*, *op. cit.*

4. *Ibidem*, p. 163.

5. *Ibidem*.

6. Il y a une amusante histoire de Patricia Highsmith, *La Pondeuse*, dans *Toutes à tuer*, trad. franç. Julliard, Paris, 1976 (pp. 57-71 de l'édition Pocket), où la femme exprime toute sa féminité en faisant des enfants jusqu'à ce que son mari finisse par devenir fou.

7. Michel Foucault, *Histoire de la sexualité*, vol. II : *L'usage des plaisirs*, Gallimard, Paris, 1984.

8. Il s'agit d'un phénomène répandu dans le monde animal tout entier, voir Lynn Margulis Dorien Sagan, *La Danza misteriosa*, trad. ital. Mondadori, Milan, 1992.

CHAPITRE QUINZE

1. Il existe aussi des traditions amoureuses où fidélité ne signifie pas exclusivité. Par exemple dans les sociétés polygames des Sénoufo Nafata de Côte-d'Ivoire, le mariage n'existe pas. Les hommes, pendant la nuit, vont visiter des « amies ». Dans ce cas, la fidélité signifie la même chose que l'amitié. Celui qui revient, qui n'oublie pas, qui aide, est considéré comme fidèle. Voir Andras Zempleni, *L'amie et l'étranger*, in Cécile Wajsbrot, *La Fidélité*, Éd. Autrement, Paris, 1990, p. 57.

2. Georges Bataille, *L'Érotisme*, Éditions de Minuit, Paris, 1957.

3. Voir Gay Talese, *La Femme du voisin*, trad. franç. Pocket, Paris, 1982.

4. En conséquence la forme générale des cycles amoureux est la suivante :

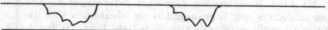

5. Gay Talese, *La femme du voisin*, *op. cit.*

6. Albert Goldman, *Elvis Presley*, trad. ital. Mondadori, Milan, 1983. Le schéma de la promiscuité absolue peut être représenté ainsi :

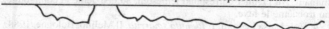

7. Joseph Barry, *George Sand*, trad. ital. Dall'Oglio, Milan, 1980.

8. Le schéma des amours successifs peut être représenté ainsi :

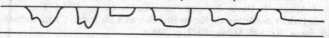

9. Nous pouvons représenter ainsi cette modalité :

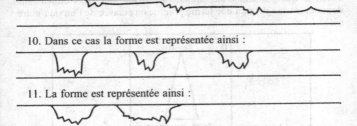

10. Dans ce cas la forme est représentée ainsi :

11. La forme est représentée ainsi :

12. Ernest Jones, *La Vie et l'œuvre de Sigmund Freud*, trad. franç. PUF, 3 t., Paris, 1958-1969.

CHAPITRE SEIZE

1. Voir Helen Fisher, *Anatomie de l'amour*, op. cit., pp. 52, 55.
2. Donata Francescato, *Quando l'amore finisce*, Il Mulino, Bologne, 1992, p. 73.
3. *Ibidem*, p. 70.
4. Voir Francesco Alberoni, *Le Vol nuptial*, op. cit., p. 93.
5. Dalma Heyn, *The Erotic Silence of the Married Woman*, Bloomsbury, Londres, 1991.
6. Jurg Willi, *Couples in Collusion*, op. cit.
7. Henri Troyat, *Tolstoï*, op. cit., p. 273.
8. Robert Woods Kennedy, *Un anno d'amore*, op. cit.
9. Rosa Giannetta Alberoni et Guido di Fraia, *Complicità e competizione*, Harlequin/Mondadori, Milan, 1992.

CHAPITRE DIX-SEPT

1. À mon avis, ce concept a été introduit par Jurg Willi, qui y a consacré une longue étude, voir *Che cosa tiene insieme le coppie*, op. cit.
2. Sur le thème de l'envie, voir Francesco Alberoni, *Gli invidiosi*, Garzanti, Milan, 1991.
3. Sur le thème des relations et des différences entre amitié et énamourement, voir Francesco Alberoni, *L'Amitié*, op. cit.
4. Robert J. Sternberg, « The Love Triangle », *in* Robert J. Sternberg & Michael L. Barnes (sous la direction de), *The Psychology of Love*, Yale University Press, New Haven-Londres, 1988. Ces trois dimensions peuvent être mesurées selon des échelles spéciales et représentées

sous forme de triangle. Dans le couple équilibré elles sont d'intensité égale, le triangle sera donc équilatéral. Si une des trois dimensions domine, le triangle aura une forme pointue ou écrasée de l'un ou l'autre côté.

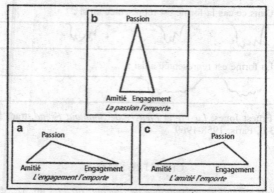

5. En effet, le triangle disparaît. Voir le croquis tiré de Guido di Fraia, *La Passione amorosa*, Harlequin/Mondadori, Milan, 1991, p. 59.

6. Dans le domaine de l'étude des relations intimes, citons l'œuvre de pionnier de Murray S. Davis, *Intimate Relations*, *op. cit.* Pour ses applications au couple, voir Willy Pasini, *Intimità*, Mondadori, Milan, 1990.

7. Dans *Ulysse*, James Joyce a cherché à exprimer ce « flux de conscience ».

CHAPITRE DIX-HUIT

1. Des études réalisées dans des kibboutz montrent que, sur 2 769 mariages, 13 seulement ont été contractés entre des gens qui étaient ensemble depuis l'enfance. La vie en commun durant l'enfance et l'adolescence tend à développer des sentiments de tendresse et d'amitié, tandis qu'elle affaiblit l'attraction érotique.

2. Guido di Fraia, *La Passione amorosa*, *op. cit.*, pp. 82-83. Les différences sont illustrées dans la figure de la page suivante.

3. Interview réalisée dans le cadre de la recherche qui fut publiée dans le livre de Francesco Alberoni, *Le Vol nuptial*, *op. cit.*

4. C'est la thèse que soutient Sasha Weitman dans son essai en cours de publication *On the Elementary Forms of the Socioerotic Life*, *op. cit.*

5. Donata Francescato, *Quando l'amore finisce*, *op. cit.*, pp. 88-90.

6. Rosa Giannetta Alberoni et Guido di Fraia, *Complicità e competizione, op. cit.*

7. Eric Berne, *Games People Plays*, 1964, Penguin, Londres, 1968.

8. AA. VV. *I giochi psicotici nella famiglia*, Raffaello Cortina, Milan, 1988.

9. Emil Ludwig, *Goethe*, trad. franç. PUF, Paris, 1957, p. 73.

Figure illustrant la note 2

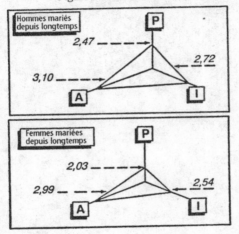

10. *Ibidem.*

11. Piero Citati, *Goethe, op. cit.*, p. 30.

12. Guglielmo Gatti, *Le Donne nella vita e nell'arte di Gabriel D'Annunzio*, Guanda, Milan, 1951, p. 281.

13. Rosa Giannetta Alberoni, *Paolo e Francesca, op. cit.*, p. 152.

14. George Sand-Alfred de Musset, *Correspondance*, t. II, Garnier, Paris, 1966, pp. 164-165.

CHAPITRE VINGT

1. Voir K. Kelley, D. Musialowsky, « Repeated Exposure to Sexually Explicit Stimuli : Novelty, Sex and Sexual Attitudes », *in Archives of Sexual Behaviour*, 1986, 15, pp. 487-489.

2. Joseph Heineman, *La Preghiera ebraica*, Edizioni Qiqajon, Vicence, 1992, pp. 115-116.

3. Voir R.H. Steven, E. Beach, A. Tesser, « Love in Marriage », *in*

Robert J. Sternberg et Michael L. Barnes, *The Psychology of Love*, *op. cit.*, pp. 359-360.

4. Mircea Eliade, *Traité d'histoire des religions*, Payot, Paris, 1987.

5. Voir Sasha Weitman, *On the Elementary Forms of the Socioerotic Life*, *op. cit.*

INDEX

TABLE DES MATIÈRES

OUVRAGES DE LA COLLECTION « ÉROTIQUE »

ÉGALEMENT CHEZ POCKET
LITTÉRATURE GÉNÉRALE

Achevé d'imprimer en septembre 2000
sur les presses de l'Imprimerie Bussière
à Saint-Amand (Cher)

POCKET - 12, avenue d'Italie - 75627 Paris Cedex 13
Tél. : 01-44-16-05-00

— N° d'imp. 1828. —
Dépôt légal : octobre 1998.

Imprimé en France